【长篇纪实文学】

锻红尘

储金霞铁画人生

芜湖市文学艺术界联合会 ○ 组编　　王永祥 ○ 执笔

安徽师范大学出版社

· 芜湖 ·

图书在版编目（CIP）数据

锻红尘：储金霞铁画人生 / 芜湖市文学艺术界联合会组编. — 芜湖：安徽师范
大学出版社，2017.12
　　ISBN 978-7-5676-3136-6

　　Ⅰ.①锻… Ⅱ.①芜… Ⅲ.①储金霞－生平事迹Ⅳ.①K825.72

中国版本图书馆CIP数据核字（2017）第226777号

锻红尘——储金霞铁画人生　　　　芜湖市文学艺术界联合会 组编
DUANHONGCHEN CHUJINXIA TIEHUA RENSHENG　　王永祥 执笔

责任编辑：李克非
装帧设计：任　彤
出版发行：安徽师范大学出版社
　　　　　芜湖市九华南路189号安徽师范大学花津校区
网　　　址：http://www.ahnupress.com/
发 行 部：0553-3883578　5910327　5910310（传真）
印　　刷：浙江新华数码印务有限公司
版　　次：2017年12月第1版
印　　次：2017年12月第1次印刷
规　　格：700 mm×1000 mm　1/16
印　　张：19
字　　数：250千字
书　　号：ISBN 978-7-5676-3136-6
定　　价：88.00元

如发现印装质量问题，影响阅读，请与发行部联系调换。

铁画大师储金霞

铁陨石：生命的启示（代前言）

像是闪电挟着雷鸣划破混沌的苍穹，又像是瞬间绽放的礼花洋洋洒洒溅落尘埃，天外来客的陨石为人类文明史进入具有划时代意义的铁器时代创造了条件。

地球上最初的生命来自宇宙，是陨石把生命带向了地球。

铁画，这一科技与艺术的高度结合体，它的载体，最初便是由天外来客的陨石赐予。

那还是在3300多年以前，富有创新精神的中国先民们发现天空中落下的陨石含有铁的元素（含铁量90%左右）。认识到陨石是铁、镍和钴的混合物，于是在青铜冶锻的基础上进行了铁器冶锻。

科技与艺术从来都是一对离不开的翅膀，翼动着人类社会发展史在浩瀚广袤的时空中飞翔。有时候是科技催发艺术，有时候又是艺术促进科技发展。

早在4000多年以前的新石器时代，一些不知姓名的远古人类艺术家发挥丰富的想象力和聪明才智，以石为笔，以岩为墨，以大地为案，在内蒙古阴山、江苏连云港将军崖绘下"天书"般原始岩画。被认为是中国绘画艺术的"开山之作"，掀开了中国绘画史首页华章。

从那以后，中国绘画先后经历了"以刀为笔"，在青铜器等坚硬器物上作画；"以毫（动物的毛）为笔"，在绢帛和纸上作画。

从"以石为笔"的石器时代跨越3600多年的历史长河，历史定格在明清时期，勤劳智慧的先人们又"以锤为笔、以铁为墨、以砧为案"，发明了铁画。用铁的材质运用铁的锻造技艺，"直教六法归洪炉"，按照中国画绘画要求，结合剪纸、雕塑等相近艺术门类，制作成精美的图画。

绘画艺术尽管存在各种画法，但有着几千年历史的传统中国画却一直占据中国绘画艺术的主导地位。在科技发展进程中，冶锻技艺也始终担纲着正能量的主角，引领各类发明创造在科学道路上向前奔跑。

中国古代有"一耕二读三打铁"的"三十六行"排名之说。"打铁"这一行当被排在种田人和读书人后面，位居"三十六行"前三名，可见锻工地位之不同凡响。从中还可见得对冶锻技艺以及对科技事业的重视。

史料记载，古代不少名人围绕铁器冶锻，在他们的事业道路上进行着人生角色的变换。

恍兮惚兮，充满神秘色彩。

春秋时期与孔子交谊甚厚的曹邴氏本是一介文人，他"去文学而趋利"，成为"以铁冶起，富至巨万"的铁冶大亨；曾娶曹操曾孙女为妻官至曹魏中散大夫的嵇康，弃官而隐居山林，在大柳树下"叮叮当当"打铁，"竹林七贤"的另一位贤者向秀在一旁拉着风箱；沈括《梦溪笔谈》记载"四大发明"之一活字印刷的发明者毕昇曾是一名锻工，"锻工毕昇，在禁中为捷锻金"；清代诗人梁同书《铁画歌》里"前身定是郭铁子"的宋代郭铁子，起初也是一名锻工，"善锻铁作方响，故号为铁子"。

郭铁子锻造的"方响"（乐器），就是铁画前身"铁花"的雏形。

锻
红
尘
——
储金霞铁画人生

后来郭铁子在绘画艺术上取得成功，被北宋朝廷特招为宫廷画师。

宋元以降，逮至明清，资本主义在中国萌芽。手工业与商业发达，出现了一支技艺精湛且造诣颇深的民间职业绘画队伍。时被称作"画工"。与宫廷画师、文人画师并列为三大绘画艺术主流群体。推动中国绘画事业发展繁荣。

在这支庞大的绘画队伍中，有一位锻工兼画工双重身份的人物，他就是铁画创立者汤天池。由于铁画在不断发展过程中产生非常大的影响，享誉海内外，薪火传承，从业乃至崇拜者甚多，故汤天池又被称作"铁画始祖"。

汤天池来到既是江南冶锻中心，又是姑孰画派画家集聚地的芜湖。一边操锤打铁，一边学习作画。在"铁到芜湖自成钢"的环境熏染和有着丰富冶锻经验的芜湖锻工师傅们指导下，锻、焊、铆、钻、锉，技艺日渐长进，且学会掌握了很多门功夫绝活。在此同时汤天池又不耻下问，虚心向身旁的文人画师和民间画工们学习请教，"日窥其泼墨之势"，工、写、皴、描、染，画艺娴熟，水平不断提高。

似乎是3300多年前天外来客陨石的有意安排，又似乎是4000多年前不知姓名的远古人类艺术家冥冥中点拨，踌躇满志一心想在打铁和绘画事业上有所进展的汤天池，结识了同样也是想在人生道路上体现核心价值寻求发展突破的文人画师萧云从。

汤天池"往诣萧尺木，求其稿"。萧云从"造请遂所求"，并将南宋梁楷"减笔画"糅合改进为"减笔皴"画法，提供画稿给汤天池。汤天池受"减笔皴"宣纸作画启发，在已经形成一定规模的"铁花"基础上，与萧云从深入切磋砥砺。一次次成功与失败的考验，"我自千锤百炼来"，具有里程碑意义的铁画终于创立成功。

铁画是芜湖一张铁打的文化名片，她凝聚着芜湖人民伟大的创造智慧。

铁画自清朝康熙年间创立，距今已有300多年历史。

把铁的形制冶锻演绎成为艺术，这是芜湖人民一大发明，是对中华文化乃至人类文化发展史的一大贡献。

铁画锻制技艺，现如今已被列为国家首批非物质文化遗产。一代又一代铁画艺人，用他们手中的锻锤，在砧台和炉火中诞生了一件又一件精美艺术品。装点人们的生活，并以独特的艺术形式传承和弘扬中华民族优秀传统文化。同时也体现了他们自身的核心价值。

不忘初心，无悔人生。

在这些人当中，就有着铁画大师储金霞。

储金霞从在她母亲肚子里的时候就接受特殊的"胎教"，聆听父亲储炎庆锻制铁画的锻锤声长大，与铁画结下了深深的不解之缘。

在储金霞的铁画生涯中，经受无数次历练，甚至是磨难，她硬是用钢铁般的意志挺了过来。其间有遭受挫折失败和不被理解的痛苦，也有成功和取得成就的喜悦。

储金霞把全部的爱倾注在铁画锻制事业中，她创作锻制的铁画作品，有的在国家乃至世界艺坛参展获奖；有的被作为"免检产品"热销市场；有的被国内外各大博物馆收藏；有的还被作为"国礼"赠送给外国政要和重要嘉宾。她远赴国外，现场演示铁画锻制技艺，向世界传播中华民族优秀传统文化，展示了铁画艺术的无穷魅力。

在铁画锻制技艺的传承与弘扬上，储金霞经过长期探索实践，不断创新，使古老的传统工艺焕发出新的生命。她除了当选为第九届全国人大代表外，还享有三个"国家级"光荣称号，即先后被评定为中国工艺美术大师、中国民间文化杰出传承人、国家级非物质遗产项目代表性传承人。同时她还是芜湖市铁画协会会长，铁画行业的掌门人。

储金霞的事迹，被海内外各大媒体竞相报道；她本人多次受到党和国家领导人的亲切接见；这些都给予了她莫大的鼓舞和鞭策。

"百炼化作绕指柔"。储金霞在锻制她视作第二生命的铁画的同时，也在不断锤炼自己的思想、品格，体现着"工匠精神"。她以极致的态度，从容独立，不懈追求事业和人生的成功和圆满。作为一名女性，这尤其难能可贵。

党和政府历来重视铁画事业的发展。铁画诞生地的芜湖，颁布的第一个地方立法就是《芜湖铁画保护和发展条例》，这无疑会对铁画事业的大发展大繁荣，起到有力的助推作用。

铁画的未来不是梦。一定会百花盛开，姹紫嫣红。出精品出人才，涌现出更多储金霞式人物。

我们期待着。

铁画作品——《徽州小镇》

目　录

（不知什么时候学会的"兰花指"）一投足的动作，活脱脱就是
剧团小演员的样子，艺校学员的做派噱头。

锻
红
尘
——
储金霞铁画人生

002

目
录

003

天行健,君子以自强不息。

——《周易》

这件被视作"国礼"的作品,就是出自铁画大师储金霞长满老茧的"纤纤之手",铿锵有力的"锤笔"(锻锤)之下。

锻
红
尘
——储金霞铁画人生

楔　子

　　说起储金霞的铁画人生，便不得不谈到距今已有300多年历史的"中华一绝"芜湖铁画的最初创立……

　　清朝初年，芜湖西城门外。清太平府同知（知府副职）赠光禄大夫黄尔昌寓居芜湖的府邸宅院，大夫第。

　　所谓"山不在高，有仙则名；水不在深，有龙则灵。"因铁工汤鹏在这里创立了铁画，引出来许多故事，便使得这座原本在全国范围内，尤其是在"诗书礼仪之邦"的皖南一带并非少见的府邸宅院，变得小有名气。

　　汤鹏，字天池，江苏溧水人。祖籍徽州歙县。

　　溧水位居太湖之滨。太湖是时为反清复明组织复社的根据地，南下清军常往清剿，战事不断。

　　古代冷兵器时代，铁工属于特殊行业，汤鹏在溧水的铁铺为锻造兵器之事，常遭交战双方袭扰。为避战乱同时也是为谋生存求发展，汤鹏怀揣一把锻锤，溯中江逆流而上，辗转来到铁业发祥地江南重镇芜湖。

祖籍徽州歙县的汤鹏，与客居芜湖的徽州祁门人黄尔昌有着"乡梓"之缘。徽州人历来重视老乡关系，加上志趣爱好的相投，黄尔昌便慷慨大方地将大夫第临街一间门面房，租赁给了汤鹏，使汤鹏能在芜湖安下身来，开设一家铁铺，锻铁售艺。

为了帮助汤鹏走出开业之初资金不足的困窘，黄尔昌还免收汤鹏房租，让汤鹏用锻制出来的铁件代替相抵。汤鹏心存感激，后创立出来的铁画价位远高于一般铁件，为了感恩报答，仍以铁件代替房租交费。而此"铁件"已非彼铁件，乃是"豪家一笑倾金赀"的铁画，价格比房租要高出好多倍。

说来也巧，几乎就在汤鹏租赁大夫第临街门面房锻铁售艺没多久，画家萧云从被南下驻芜清军从自家宅屋赶出，居无定所。黄尔昌以邀聘萧云从教习女儿绘画为由，在大夫第腾出一间较为宽敞的房间，辟作萧云从画室兼住所。

黄尔昌这一并非有意的撮合，便使得汤鹏和萧云从成为十分友好的邻居，促成了铁工与画家的结合，成就了一番铁画事业。

汤鹏一边锻铁售艺，一边跟着萧云从学习绘画，画艺日渐长进。汤鹏有着极高的艺术天赋，加上受到大夫第文人雅集"姑孰画派"画家们的熏陶影响，刻苦钻研，求新思变，在芜湖当地已有锻制"铁花灯""铁花"的基础上，经过无数次挫折与失败，终于创立了被称作"中华一绝"的芜湖铁画。

幽幽大夫第，成为芜湖铁画创立的历史见证。

大夫第的第三代主人、清朝一品大员黄钺以老房东的身份，讲述老房客汤鹏与萧云从的故事，写下了《汤鹏铁画歌》诗一首，比较真实地记录了芜湖铁画创立的基本史实。

汤鹏铁画歌

　　钱塘梁侍讲同书作《汤鹏前后铁画歌》，一时属和者甚众，顾传闻有异辞。鹏字天池，钺乡人，幼闻先大父言其事甚详，初赁屋于先曾祖，贫甚，技亦不奇，有道士乞火于炉，炉灭，诘之，曰："月余未锻也。"道士击其灶，曰："今可矣"，径去。后觉心手有异，随物赋形，无不如意。第惜山水未能也，往诣萧尺木，求其稿，今所见萧画也。辄举所闻。别作一诗。

楔
子

清泠水入中江流，以水淬铁铁可柔。

千门扬锤声不休，百炼精镂过梁州。

材美工聚物有尤，汤鹏之技古莫俦。

始者顽钝贾不售，锻灶冷落虚如邱。

星精下瞩神光麻，遂令炉鞲盘蛟虬。

攻金竟类攻皮鞣，赋形肖物皆我由。

柳嘶蚕蛰芦蜻蚰，以两钳当毫双钩。

更思山水堪卧游，法无从得心烦忧。

萧君隐德如沈周，寄情诗画娱清修。

汤亟造清遂所求，皴为减笔林不稠。

寒山古寺宜深秋，间有衰柳维扁舟。

请看真本铁笔道，果与萧画无别不？

我家有屋临庄馗，汤久赁之缗未酬。

岁终往往以画投，灯屏烛檠多藏收。

不关豪夺与巧偷，比年捃卖靡有留。

003

儿时大父辨绌优，我敬听之不敢谀。

太史作歌为阐幽，笔力直可回万牛。

盘空硬语雷同羞，谀闻岂足供旁搜，

继声聊作鸣虫啾。

汤鹏、萧云从画像

附：梁同书《铁画歌》

芜湖铁工汤鹏字天池。锻铁作草虫花竹及山水屏障，精妙不减图画。山水大幅非积岁月不能成。其流传不过径尺小景。以木范之若琉璃屏状，或合四面以成一灯，亦名铁灯。每幅数金，一时争购之。炉捶之巧，前代所未有也。汤亡十余年，其法不传，今间有效之者，已如张铜黄锡之失其真矣。

石炭千年鬼斧截，阳炉夜锻飞星裂。

谁教幻作绕指柔，巧夺江南钩镰笔。

花枝婀娜花璁珑，并州快剪生春风。

茭丛蓼穗各有态，络丝细卷金须重。

云匡扣束垂虚壁，茧纸新糊烂银白。

装成面面光青荧，桦烬兰烟锈不得。

豪家一笑倾金赀，曲屏十二珊网奇。

前身定是郭铁子，近代那数缑冶师。

采缯易化丹青改，此画铮铮长不毁。

可惜扬锤柳下人，不见模山与范水。

楔子

梁同书《后铁画歌》

君不见芜湖有汤鹏，一生不晓画家画，但能驱使铁汁镂铁英。

从来顽物出神妙，妙处只在炉锤精。

阴阳造化一大冶，山川草木同流型。

黿脂烧汞现火树，鸢血胶缀成金茎。

意匠直欲貌水墨，人间不许夸丹青。

呜呼，胡不铸鼎图写神奸形，又胡不鼓剑去斩蛟龙腥。

却穷岁月事摹绘，百炼要与九朽争。

传闻锻灶邻画室，画师激之意不平。

闭门落想敲铿铮，妙枝一出千缗轻。

至今画手排浮萍，铁画独有汤鹏名。

仙人化去神龙迎，三十六冶皆不灵。

此技亦可喻至学，研穿铁杵吾儒硎。

我今顽钝不受点，乃欲白战辄共诗人鸣。

举似铁君足一笑，且与他日好事供讥评。

第一章　九九女儿红

储炎庆指着妻子方爱珍的肚皮，对姚宣祥说："……
今天我把话撂在这里，如果你爱珍嫂嫂生下是个男的，
生下来以后就和你家鑫儿结为异姓兄弟；如果生下是个
女的，就和鑫儿结为夫妻，给宣祥你做儿媳妇……"

大夫第临街马路对面，有一居民大院，叫作"太阳宫"。

太阳宫早先是一道观，香火甚旺。日本鬼子来了以后，道长惨遭
杀害，道士们逃的逃窜的窜，不知去向。时隔不久，太阳宫便成为一
座居民混杂的住宅大院。

道教尊奉老子，老子俗又称太上老君。《西游记》等神话传说中有
太上老君炼丹的故事，因老子炼丹的炼丹炉跟铁匠的炼铁炉很相似，
故老子便被百业工匠之首的铁匠视作始祖，顶礼膜拜。

说来也巧，民国初年，太阳宫就住着一位铁匠，名字叫作储炎庆。

储炎庆（1902—1974），安徽枞阳人，世为铁工。储炎庆祖父在世
时，一面打铁，一面读书求功名，是当地一位小有名气的前清秀才。

古代冷兵器时代，铁工属于特殊行业。三百六十行，"一耕二读三

打铁"，铁工行当排在第三，可见其身份地位不低。如汤鹏字"天池"，便是一例。到了热兵器时代，铁工渐淡出特殊行业，身份地位与一般匠人没有多大区别，有时候甚至沦为市井俚民，"小铁匠"往往被人瞧不起。

储炎庆16岁那年，听说芜湖有人将铁锻制成画，芜湖的铁匠行当中也有铁画艺人这一行，于是勾起了他学习铁画锻制的欲望，他从老家枞阳辗转来到芜湖，跟在一位沈姓师父后面学徒。

储炎庆聪明勤奋，又有着世代相传的铁工基础，铁画锻制一学就会，很快就胜过师父。不久储炎庆在太阳宫开了家"储永昌铁铺"，一边打制生产生活铁制器具，一边锻制铁画在市场上销售，日子倒也过得去。

可不惑之年早过，储炎庆却一直膝下无子，妻子方爱珍的肚皮就是撑不起来，成为储炎庆一大心病。

这一年，储炎庆已是44岁。忽然有一天，方爱珍悄声告诉他，自己"怀上了"。

储炎庆一惊："真的?"

方爱珍潮红着脸："真的，不信你摸摸我肚皮……"

正在这时，储炎庆的好友 "姚宏发铁铺"老板姚宣祥一脚跨进门内，冲着储炎庆大声嚷嚷："老储，你看我给你带什么来了?"亮了亮手中酒瓶，"瞧，这是什么? '女儿红'，'女儿红'黄酒，是我特地从'小绍兴'那里弄来的。喝酒，我们喝酒!"

储炎庆喜欢喝酒，而且喜欢喝黄酒，大凡认识储炎庆的人，都知道他有这个嗜好。

黄酒进口绵柔，后劲大，喝起来不可以猛喝，不可以喝过量，需要喝的恰到好处，掌握一定的度。否则便容易喝过头，伤身体，得不偿失。

隔行不隔理。在储炎庆看来，锻制铁画跟喝黄酒的性质有点差不多，原理相近：炉冶时掌握火候，锤锻时把握轻重；不可以操之过急，需要恰到好处。只有这样，才能锻制成功上乘铁画作品，否则锻出来的只能是废铁疙瘩一个，效果事倍功半。

"小绍兴"其实不是浙江绍兴人，而是一位做酒生意的徽州商人，姓汪。因为专门售卖黄酒，且酒又多从浙江绍兴贩来，久而久之，人们便把他究竟是哪里人以及姓什么叫什么给忘了，统称呼他为"小绍兴"。

储炎庆常到"小绍兴"的店里买黄酒，回来喝。

这也是储炎庆为自己长年从事铁画锻制提个醒，触类旁通，心灵感悟。

储炎庆是时为芜湖铁业工会主任，姚宣祥是铁业工会副主任，两个人关系非常要好，情同手足。又是同一年出生，储炎庆比姚宣祥月份大，兄弟相处，特别亲近。

他们经常在一起喝酒、聊天。通常都是事先打好招呼，约好时间，谁请客做东，谁准备酒菜。

可是今天姚宣祥不请自来，而且还自带酒水，拎着瓶"女儿红"，这到底是怎么回事？不由让储炎庆感到有些费解。

姚宣祥还是一副兴冲冲喜不自胜的样子，可着嗓门对储炎庆说："老储，你听，外面什么声音？"

"嘭！啪！"

"噼噼啪啪……"

鞭炮声，继而响成一片。

"鬼子投降啦！"

姚宣祥异常兴奋，大声喊叫道。

储炎庆一直沉湎在铁画中，埋头构思锻制。或者说他在姚宣祥还没有到来之前，心思正专注于妻子方爱珍肚皮里的秘密，不知道外面发生了这么大的事，一时头脑转不过来弯。

姚宣祥说："喝酒！庆贺！"俨然以自家人的口气，吩咐一旁愣着的方爱珍，"嫂子，炒几个菜来，今天我要和老储，和我哥哥，喝个一醉方休。"

方爱珍答应了一声："哎！"转过身子，下厨房做菜。

姚宣祥从方爱珍转身离去的动作，忽然发现出来什么，自言自语地："咦！奇了怪了，难道……"

储炎庆一听到"鬼子投降"抗战胜利的消息，从此不再受日本人的窝囊气，心里面比什么都高兴。

鞭炮响个不停，夹杂着还有隐隐欢呼声。

储炎庆撂下手中锻锤，身上的工作围裙来不及卸，就着裙摆，拭了拭手，又接过姚宣祥拎着的"女儿红"，语不连贯地："鬼子投降，喝酒，是要喝酒，是要庆贺！爱珍，给宣祥做几个他最喜欢吃的，韭菜炒鸡蛋、油爆花生米，对了，爆过以后再加拌点约翰牧师送给我的白砂糖，到街上再斩点鸭子（卤鸭），今天我要和宣祥，痛痛快快地喝，就像宣祥说的那样，喝个一醉方休……"

姚宣祥依旧沉浸在刚才的发现。

作为"过来人"，姚宣祥有一种感觉：年过不惑从未尝过当父亲是什么滋味的储炎庆，就要当父亲了。

姚宣祥为储炎庆感到高兴，其高兴程度不亚于得知鬼子投降抗战胜利的喜讯。他凝望着方爱珍的背影，喃喃地对储炎庆说："老储，我的哥哥，你终于等来这么一天，你就要当爸爸了……"

储炎庆还是将信将疑："不会吧，都这么多年了。"

姚宣祥拍了拍储炎庆的肩膀，笑着说："打铁锻制铁画我不如你，这方面我可比你强。你要知道，我已经是两个孩子的父亲了。从刚一进门，一看到嫂子的肚皮，嫂子走路的样子，我就知道，嫂子准定是有喜……"

说话间，方爱珍已经把炒好的几个菜端上饭桌。白酒斟上，

毛主席观赏铁画

黄酒倒上，对姚宣祥说："你们先吃，我斩鸭子去，一会儿就回来。"

姚宣祥望着方爱珍的背影，叮嘱道："嫂子，路上当心……"

几杯酒下肚，话就多了起来。

储炎庆对姚宣祥说："宣祥，幸亏鬼子投降，要不然的话，我的命运也不会比太阳宫的道长好到哪里去，说不定就是同样下场……"说着勾起了往事的回忆，鼻子发酸，眼眶有点湿了。

年初的时候，农历二月十五真元节，祭拜铁匠始祖太上老君，太阳宫来了许多的人，汉奸维持会的人也来了。当发现太阳宫没挂日本"太阳旗"，汉奸维持会的人便让储炎庆给挂上，没承想遭到储炎庆的抵触，无声的拒绝。

储炎庆虽然看上去温和，但是性情倔强，骨子里有股子硬气，宁折不弯。再加上储炎庆在业界乃至城内的声望影响，汉奸维持会的人拿他没有办法，只好找个台阶自圆其场："太阳宫已经有了'太阳'（内含的两个字），太阳旗挂与不挂，一个样。"

储炎庆从鼻孔里蔑声哼出："哼！太阳宫的'太阳'，是中国人的太阳，跟日本人的'太阳'完全是两回事。"

汉奸维持会的人不知是听见还是装作没有听见，不与正面交锋，只是恶狠狠地朝储炎庆瞪上一眼，便拂袖而去。

此情此景，姚宣祥在一旁看得很清楚。姚宣祥知道，汉奸维持会的人是不会就这样善罢甘休，担心总有一天会来寻衅报复，吃不了兜着走。为储炎庆担心，捏着一把汗。

现在好了，鬼子投降，汉奸维持会的人也屁得不知龟缩到哪里去了。老百姓的腰板硬挺起来了，再也不用为太阳宫挂与不挂日本"太阳旗"，而担惊受怕了。

姚宣祥举起酒杯："干杯！"

储炎庆："干……"

方爱珍从外面买回来卤鸭，细心地摆放在饭桌上。为了表示对客人的尊重，她有意往姚宣祥面前挪了挪，在弯腰挪菜的时候，下意识地用手轻轻往腹部按了一下。

姚宣祥注意到方爱珍这一细微动作，乐呵呵地对储炎庆说："老储，我的哥哥，如果我没有猜错，嫂子怀孕已经快有半年多时间，也就是说真元节前后怀上的。我说你呀，成天只顾着忙你的铁画，这么大的事你一点儿都不关心。铁画，铁画能帮你生孩子吗？"

储炎庆被说得有点不好意思。可他还是不敢相信，这种"老来得子"很难遇上的好事情，能够降临到他储炎庆的身上："宣祥，你说你爱珍嫂嫂，她真的是有喜？"

姚宣祥语气肯定地："我敢断定，嫂子准定有喜。"

储炎庆举起手中酒杯："好，宣祥，就冲着你的这个好口彩，哥哥我再敬你一杯！"

姚宣祥露出不高兴的样子："怎么是我的'好口彩'？明明是嫂子给你带来的喜讯，你还不相信？"

储炎庆说："我信，干杯！"

姚宣祥撂下手中酒杯，说道："老储，我的哥哥，你还是不相信，我不傻，我能看得出来。"

储炎庆带着哭腔地："宣祥，我真的是不敢相信，这种天大的好事，会落到我储炎庆身上？这么多年来，我是天天盼月月盼年年盼，总盼着你爱珍嫂嫂生个大胖小子，把我的手艺传下去。或者不生个儿子生个女儿也行，只要我储炎庆有个后代，可是……"

姚宣祥安慰储炎庆道："老储，我的哥哥，你的心思我懂，像我们这些做手艺的，哪个不想把手艺传给后人，不能断代？我已经有了一个儿子，跟我后面学打铁，去年你弟妹又帮我添了一个，我给他取了个名字，叫作'士鑫'，三个'金'字打跺的'鑫'。干我们铁工行当的，离不开铁，'铁'字旁边有个'金'，士鑫的'鑫'还是三个'金'。老储，我的哥哥，我曾经不止一次地想过，如果你要是还没有自己的亲生孩子，我就把鑫儿过继给你。现在好了，嫂子怀上有喜了，你储炎庆有后代可以把手艺传下去了，做弟弟的我，打心眼里为你高兴啊！"

储炎庆听后，十分感动，把手中酒杯举得高高地："宣祥，为了你刚才说的这番话，我们把杯中酒，干了……"

带着几分醉意，储炎庆指着妻子方爱珍的肚皮，对姚宣祥说："宣祥，我的好兄弟，今天我把话撂在这里，如果你爱珍嫂嫂生下是个男的，生下来以后就和你家鑫儿结为异姓兄弟；如果生下是个女的，就和鑫儿结为夫妻，给宣祥你做儿媳妇，你看怎么样？"

姚宣祥也有点醉了："行，就这么定了。如果嫂子这回生下是个男的，就和我家鑫儿结为兄弟；如果生下是个女的，就跟我家鑫儿结为夫妻，做我姚宣祥的儿媳妇。"

储炎庆说："君子一言，驷马难追。"

姚宣祥把手中酒杯朝储炎庆碰过去："干！"

储炎庆把酒杯也迎了上去："干……"仰起脖子，一饮而尽，把喝干的酒杯朝桌子上重重一笃，发出清脆的响声，就像是锻锤砸在铁砧上，"当"的一声，一锤定音："就这么定了。"

"就这么定了！"姚宣祥也说。

姚宣祥醉眼蒙眬，放下手中酒杯，忽然说道："老储，我的哥哥，我们俩光顾着喝酒，我却把今天到你这里来，到底为的什么事，给搞忘了。"

储炎庆说："宣祥你今天来，不就是为着鬼子投降，抗战胜利，告诉我这一喜讯的吗？来，我们喝酒，庆贺。"

姚宣祥想了想，哑然失笑道："本来是鬼子投降，抗战胜利，我带着瓶'女儿红'，到哥哥你这里来，告诉你这一喜讯，喝酒，庆贺。可是现在，倒成为我带着礼物，上门提亲来了。"

储炎庆笑着打趣，问道："宣祥，你说你上门提亲，带着礼物，礼物在哪里，我怎么没有见着呀？"

姚宣祥回答："'女儿红'，'女儿红'酒呀！九九女儿红（'女儿红'俗又称'九九女儿红'），不都是给哥哥你喝掉了吗？"

储炎庆又笑着问道："你说你上门提亲，你有两个儿子，到底是为哪一个儿子提呀？是为你的大儿子士瑞，还是为小儿子士鑫？"

姚宣祥煞有介事地："大儿子士瑞已经有了，从小定的'娃娃亲'。小儿子士鑫才1岁多一点，当然是为小儿子士鑫了。"

储炎庆带着酒意，继续追问："宣祥，你说你为小儿子士鑫提亲，提的'娃娃亲'，你未来的儿媳妇，那个女孩，她现在在哪里呀?"

姚宣祥有点急了："'指腹为婚'，当然是在嫂嫂肚子里了。"

储炎庆说："不错，刚才是我亲口说过，如果生下是个男的，跟你家鑫儿结为异姓兄弟；如果生下是个女的，跟你家鑫儿结为夫妻，做宣祥你的儿媳妇。可你怎么就能那么敢肯定，你爱珍嫂嫂生下来的，就是个女孩呢?"

姚宣祥的酒猛然醒了。他情知自己说漏了嘴，赶紧解释道："老储，我的哥哥，你误会了，我不是这个意思，不是这个意思……"

第二章　锤子剪刀布

女孩抬起脸，问男孩："小哥哥，为什么你总是出'锤子'，就不怕我出'布'把'锤子'给包着，你输给我吗?"

已为人父的"过来人"姚宣祥，观察力特别强，跟从来没有尝过当父亲是什么滋味，一心只扑在铁画锻制上的储炎庆相比，不知强出多少倍。

姚宣祥一眼看出储炎庆的妻子方爱珍怀孕"有喜"，果然就是"有喜"。抗战胜利那年的 1945 年 11 月，方爱珍顺利产下一子，储炎庆当上了梦寐以求的父亲，撂下一桩郁结多年的心事。

岂止是观察力强，姚宣祥的预测力也相当准，他酒后吐真言，一下子吐出来个"指腹为婚"的准儿媳妇。方爱珍生下来的，果然就是一个女孩。

姚宣祥乐坏了。

可他这种乐，只能乐在心里，自个儿偷偷地乐。

因为姚宣祥知道，储炎庆盼子心切，本来满心指望生个男孩，可生下来的却是女孩，事与愿违。不难想象，储炎庆的内心肯定不是滋味。因此，姚宣祥告诫自己，不可以也不应该把自己未必不是快乐的快乐，建立在储炎庆未必不是痛苦的痛苦之上。

姚宣祥也知道，储炎庆有涵养，一般情况下真情不外露。即便是内心想着生个大胖小子，想要个儿子，但生下来的是个女孩，也只能顺乎其自然，既来之，则安之，外面场上同样表现出一副很是快乐的样子。只有当储炎庆和姚宣祥两个人单独在一起的时候，姚宣祥便能感觉到，储炎庆好像或是有意无意地，朝姚宣祥飚去一眼："臭嘴!"

这种眼神，只有姚宣祥能够观察体味得出。乃至储炎庆内心活动里并没有骂出口的"臭嘴"两个字，也只有姚宣祥能够体会出来。

因为他们俩是最要好的朋友，合作最为默契的同事。

往往只要一个眼神，一个细微的动作，便能觉察到对方心中想的是什么，以及接下来要做些什么。

顺理成章地，即便是他们俩单独在一起的时候，储炎庆也从来没有向姚宣祥提起过"指腹为婚"这件事。

同样如此，姚宣祥自从那次酒后失言，说了句不知该说还是不该说的话后，也再没有向储炎庆谈起过这件事。那次"指腹为婚"究竟

镜湖步月桥

是许下的诺言，还是酒后的戏言姚宣祥自己也不太确定了。

而这件事就好像在他们两人中间，从来没有发生过一样。

但姚宣祥注意到，储炎庆在给新生女儿取名字的时候，请来算命先生和旺族长辈，并与业内同行一起商议酝酿。酝酿来酝酿去，最后在众多待选的名字中，敲定为"金霞"。

"储金霞"，内嵌一个"金"字。"铁"字旁边是个"金"，"铁"与"金"相连。由此可以看出，储炎庆既有希望女儿将来接他的班，把手艺特别是铁画锻制技艺传下去，不至于出现断代。同时也蕴含与准女婿姚士鑫名字中"三个'金'字打垛"的"鑫"字相辅相成的意思。珠联璧合，巧妙匹配。

"鑫"与"金"加在一起，就是"四个'金'字打垛"。四（事）四（事）如意，金玉满堂……

一想到这里，姚宣祥就更加感到那回送给储炎庆那瓶"女儿红"，送对了，送的正是时候。

于是他更加乐不可支。

鬼子投降，抗战胜利。接下来就是解放战争，芜湖紧邻国民党首府南京，人民解放军百万雄师过大江的"渡江第一船"，就是在芜湖境内荻港板子矶登陆。

经历过大小无数次战斗，血与火的洗礼。不久，芜湖解放，新中国成立，接下来便迎来"三反""五反"、抗美援朝，以及与储炎庆和姚宣祥切身利益相关的"三大改造"运动。

一系列重大的社会变革，政治与经济生活的天翻地覆，使得储炎庆和姚宣祥无暇顾及儿女情长的家庭琐事，对"指腹为婚"究竟是诺言还是戏言，也就没有心思较真下去。一直拖延着。

时光荏苒，转眼到了1952年春天。

春天里，春天的故事。

柳树汩汩发芽，树上的鸟儿"叽叽喳喳"叫个不停。

芜湖市第一中心小学（后更名为环城西路小学）校园内，绿茵茵的草坪上，坐着两个孩子，一个是男孩，名叫姚士鑫，长得虎头虎脑，憨厚敦实；另一个是女孩，名叫储金霞，长得聪明灵巧，活泼可爱。

女孩称呼男孩"士鑫哥哥"，有时候也称"小哥哥"；男孩称呼女孩"金霞妹妹"，有时候也称"妹妹"。男孩与女孩，两个天真活泼的孩子，亲密无间。

他们在玩着一个游戏，锤子剪刀布。

男孩："锤子剪刀布！锤子……"

女孩："布！"

女孩高兴地对男孩说："布包锤子。小哥哥，你输了！"

男孩不服气地："再来。"

女孩说："再来就再来，锤子剪刀布！"

"锤子……"男孩又出"锤子"。

"布！"女孩还是出"布"。

女孩叫了起来："布包锤子。我又赢了，小哥哥你又输了！"

男孩还是不服气地："再来！"

几个回合下来，男孩总是输的多，赢的少。而且男孩总是出"锤子"的多，出"剪刀""布"的少。女孩发现这一情况，掌握到这一规律，便大多时候出"布"或"剪刀"。偶尔也出"锤子"，被男孩的"布"包住，输给男孩。

女孩抬起脸，问男孩："小哥哥，为什么你总是出'锤子'，就不怕我出'布'把'锤子'给包着，你输给我吗?"

男孩回答："我要是出'剪刀'，不就被你出'锤子'给砸着，我又输了吗？"

女孩说："那你就出'布'嘛！"

男孩说："我要是出'布'，不就被你出'剪刀'给剪着，我还是输吗？"

女孩不高兴了，以为男孩是故意输给自己："那你总不能老是出'锤子'，被我出'布'包着，输给我呀。这样玩还有什么意思，不玩了。"

男孩慌了："妹妹，金霞妹妹！我不是故意的，真的不是故意的。不知道怎么回事，一玩起'锤子剪刀布'，我脑子里就出现好多好多的锤子，所以一喊口令，一出手，也就自然而然成为'锤子'了。"

锻造台上的铁锤

女孩"噗嗤"笑了："会不会是你们家打铁打出来很多锤子，脑子里就出现'锤子'的吧？"

男孩回答："也许是的。"

女孩说："我们家也是打铁，我知道打铁既打锤子，也打剪刀。那你为什么只出或多出'锤子'，不出或少出'剪刀'呢?"

传统意义上的打铁，分为两大行当，杂火炉和钢火炉：在古代冷兵器时代打制刀、枪、剑、戟、锤、钺、斧、叉的基础上，衍生出来了生产生活类器具的杂火炉行当，主要生产有，锤子、榔头、锅铲、火钳、锚链、网坠等；而钢火炉（指有锋刃）行当生产的器具主要有，斧头、镰刀、菜刀、剪刀、犁、锄、锹等。

姚宣祥的"姚宏发铁铺"，既打杂火炉器具，又打钢火炉器具。除了不属于铁工行当的"布"，锤子和剪刀都打。

储炎庆的"储永昌铁铺"，也是既打杂火炉器具，又打钢火炉器具。不过比姚宣祥多出一样的就是，储炎庆还锻制铁画。正是由于这个原因，那年芜湖成立铁业工会选举负责人的时候，储炎庆当上主任，姚宣祥成为副手，当上了铁业工会副主任。

男孩冷不丁地："剪刀! 剪刀也是用锤子打出来的。"

是的，无论杂火炉还是钢火炉，也无论锤子还是剪刀，几乎所有铁制器具，都是用锤子锻打而成。

即便是锻制铁画，"以铁为墨，以锤为笔"，也还是离不开锤子。

锤子就是铁画作画的"画笔"，作画工具。

上课铃响了。

教室里，储金霞和姚士鑫同坐一张课桌。两人一同听老师讲课，一同完成老师布置的作业。

这一年，储金霞7岁，姚士鑫8岁。

在此之前，姚士鑫上过一年学，读过一年私塾。也许是姚宣祥有意安排，或是命中注定，本该读二年级跟班上的姚士鑫，"留级"一年，成为与储金霞同上一个年级，同班，同桌的同学。

两家相距不远，上学放学，又是同路。

班主任老师是位北方人，跟随丈夫南下，在芜湖当了名教师。她十分喜欢活泼可爱、忽闪着一对乌黑发亮的大眼睛，扎着两根细长小辫子，典型南方女孩特征的储金霞。经常拉着储金霞的手，抚捋着储金霞的发辫，嘘寒问暖。小学二年级的时候，班主任老师让储金霞当上了副班长。

"小绍兴"汪老板的儿子也在这个班。不知是学习过于用功，还是遗传因素，从小学二年级储金霞当副班长起，他就戴上了眼镜。跟他父亲一样，享受一个绰号："眼镜"。

"小绍兴"儿子的真名，叫作汪抗存。

他们这个班还有一个名字叫作高翔的男生，因为歌唱得好，便不无贬义地给他也取了个绰号，叫作"男高音"。

同在这个班的，还有约翰牧师曾经领养过的一个女孩，名叫"玉环"。约翰牧师在中国的时候，跟姓"约翰"，叫作"约翰玉环"。新中国成立后，外国神职人员纷纷回到他们自己的国家，约翰玉环被儿童福利院收养，去掉外国人的"约翰"姓，改姓"韩"（与"翰"同音），叫作韩玉环。

因芜湖铁资源丰富，从业人员铁工比较多，故储金霞和姚士鑫班上的不少同学，都是铁工子女，铁匠的后代。

姚士鑫读过一年私塾，有着不错的语文基础，上语文课的时候有点不大耐烦，喜欢做小动作。

为了防止干扰，储金霞在课桌上划了一道粉笔线，与姚士鑫隔开。你做你的小动作，我听老师讲课。

姚士鑫低声嘀咕："干吗呢，那么认真?"

用衣袖蹭了一下粉笔线。

储金霞认真地：“别闹，现在在上课。”

又将粉笔线划上。

姚士鑫不说话了。

岂止是上课做小动作，有时候老师布置的作业，姚士鑫也不按时完成，甚至不做。他说已经学过，懂了，没有必要再做，在同学中间，尤其是在储金霞面前显摆。

按照班干分工，副班长管收交作业本。

收作业本时，储金霞发现这一情况，用强硬的口气，非要姚士鑫把作业做好，收齐后交给老师。

姚士鑫调皮地：“这些我都会了，我还要做吗？”

储金霞回答得斩钉截铁：“只要是老师布置的作业，会了也要做。”

姚士鑫说：“我要是不做呢？”

储金霞说：“那我就回家告诉姚叔叔，让姚叔叔来收拾你。”

姚士鑫在家里的地位，比不上储金霞。储炎庆得“老来子”，对宝贝女儿储金霞视若掌上明珠。尽管方爱珍后来又生下第二个女儿，取名“银霞”，可储炎庆对第一次帮他解除“无后之忧”的长女储金霞，却是摆在首要位置看待。

这也是中国人一个不成文的传统习俗，对长子（女）一般看得比较重，其余次之。储炎庆概莫例外。

姚宣祥对他两个儿子的看法也是一样。大儿子姚士瑞在姚宣祥心目中的地位比小儿子姚士鑫的要高，如果不是有“指腹为婚”的潜在因素，极有可能会把两个儿子的轻重比对，差距拉得更大。

所以当储金霞提出要把姚士鑫不按时完成作业的事告诉给他爸爸，告诉给姚宣祥，姚士鑫非常害怕。

姚士鑫求饶地："好妹妹，求求你，千万不能把这件事告诉我爸！"

储金霞顺势而为，说道："那你就赶紧做作业，我等你做好后，一道交给老师。"

姚士鑫说："我做，我做……"

这一回，姚士鑫闹肚子。课只上了一半，便嚷叫"肚子疼"。

储金霞捅了捅姚士鑫胳膊："你声音轻一点好不好，正在上课呢？"

姚士鑫捂着肚子："我声音已经够轻的了。哎哟，我实在忍不住了，我要上厕所……"

上完厕所回来，因为肚子疼得太厉害，疼得姚士鑫满头大汗，他便急急慌慌收拾好书包，捂着肚子，来不及向老师请假，早退回了家。

姚士鑫走的时候，正巧老师不在，作业只做了一半，被丢在课桌上。储金霞看后，一声不吭地帮姚士鑫补齐，做好，合上作业本，交给了老师。

几天过后，姚士鑫肚子疼好了，又回到学校上课。当他看到自己只做了一半没有完成的作业，不但全部做好，还被老师批改打了个高分，感到十分奇怪。正在纳闷到底是怎么一回事，发现同桌的储金霞朝自己投来诡秘一笑，便立即明白过来。

姚士鑫心存感激地："金霞，你真好！"

储金霞说："这没什么。谁叫我们是同桌，我们的父亲又是非常好的好朋友呢！"说完她又笑了，笑得很甜。

姚士鑫嗫嚅地："我，我相信，我们也会成为好朋友的。像我们的父亲那样，非常好的好朋友。"

储金霞还是笑着说："我想会吧。只要你好好学习，上课听老师讲课，按时完成老师布置的作业。"

姚士鑫吞吞吐吐地："可是你……"

话只说了半句，后半句老半天也没说出来。

储金霞问："可是我！我怎么啦？"

姚士鑫大着胆子，终于把后半句要说的话给说了出来："可是你跟他，跟高翔好。那天我亲眼看见，你跟着高翔，一起进了黄家大院……"

第三章 "兰花指"

本来女孩子家喜欢打扮属于正常，可储金霞的打扮却是与别的女孩子不一样，有着艺术范儿。特别是她那一举手（不知什么时候学会的"兰花指"）一投足的动作，活脱脱就是剧团小演员的样子，艺校学员的做派噱头。

黄家大院，也就是前文所说，芜湖历史上最大一位高官黄钺的祖屋，汤鹏创立铁画的府邸宅院大夫第。芜湖人俗称"黄家大院"。

黄钺致仕（退休）回乡，一度在此开设义仓，赈济灾民。新中国成立后，先是作为军管会办公场所，继又被用作文工团办公和排练节目的场所。

唱歌唱得非常好的"男高音"高翔，父亲是文工团管后勤的一位副团长，母亲是文工团声乐演员。因为有着这一便利，高翔便能在文工团排练节目的时候，拉着储金霞一道，到黄家大院观看。

原来姚士鑫生气是为着这桩事。

储金霞笑着对姚士鑫解释："其实我也不想去，只是因为抹不开面子，才跟着他一道去的。"

储金霞说的是实话。起初高翔自恃家庭出身优越，有点瞧不起铁匠的女儿储金霞。这种态度从二年级储金霞开始当副班长起，一直延续到四年级。不知是什么原因，到了五年级上学期，高翔忽然来了个180度的大转弯，对储金霞态度出奇地好。

高翔的家庭经济状况比班上大部分同学要好，可他花钱抠门，没有姚士鑫慷慨大方。在对储金霞态度转变以后，莫名其妙变得爽气起来，经常买一些吃食和学习用具，送给储金霞。

新中国成立初期，文工团属于部队管理性质，排练节目一般不让外人观看。高翔占着文工团子女的光，又是副团长儿子，便能享受到文工团观看节目排练的特权。

在那个文化生活不丰富的年代，这种"特权"的享有，会让很多少人为之羡慕，可望而不可即。

如果高翔跟储金霞关系不怎么样，还像过去那种态度，他会带着储金霞到黄家大院观看文工团排练节目吗？

姚士鑫很生气，且不乏带有一种复杂心理的妒忌。

当然，姚士鑫的这种生气和妒忌，只是"两小无猜"友谊的一种情绪发泄，还没有上升到"爱情"或"爱情萌芽"的层面。

其时姚士鑫和储金霞，都还不知道有"指腹为婚"定亲这件事，也就谈不上有什么"醋意"了。

细说起来，高翔对储金霞态度的忽然转变，还是从那次学校举办的"六一"文艺晚会开始的。

红红的篝火旁，储金霞戴着鲜艳的红领巾，映衬着红红的脸蛋，唱了一首那个年代十分流行的歌曲。甜美的嗓音，圆润的歌喉，使得高翔忽然间懵住了，一双眼睛骨碌碌地盯着篝火旁的储金霞看，两只耳朵尖尖地竖起来听，生怕看漏了一眼，听漏了一句。

高翔从小在文工团长大，母亲又是声乐演员，长期跟演员接触。他看过不少好看的女演员，听过不少好听的歌喉，可他从来也没有看过这么好看的女孩，听过这么好听的美妙的声音。

带着一种与生俱来的文艺情结，高翔对储金霞产生起强烈好感。于是便有了态度的180度大转弯，以及给予储金霞享受观看文工团排练的"特权"。

其中不乏带有储金霞将来也成为一名演员的期盼，像高翔的母亲那样，登台表演，引吭高歌，迎来鲜花、掌声。

储金霞对高翔这种态度转变以及种种示好，并不领情，也不乐意接受。更就谈不上有什么好感。

储金霞同姚士鑫说的都是大实话，自己跟着高翔去黄家大院观看文工团排练节目，纯粹是"抹不开面子"，不得已而为之的一种做法。并不是姚士鑫想象中那种所谓的"好"。

当然，储金霞也不得不从内心承认，自己的确非常喜欢观看文工团排练节目，看演员表演，听演员唱歌。有时候甚至萌发出长大后当一名演员的念头。因为她不止一次地听人，特别是听高翔和高翔母亲夸她，形象好，嗓音不错，是一块当演员的好材料。

每想到这些，储金霞心里就痒痒地。

这一天，储金霞放学回家，看到家里来了位客人，身上穿着套象征干部身份的藏青色中山服，脚下

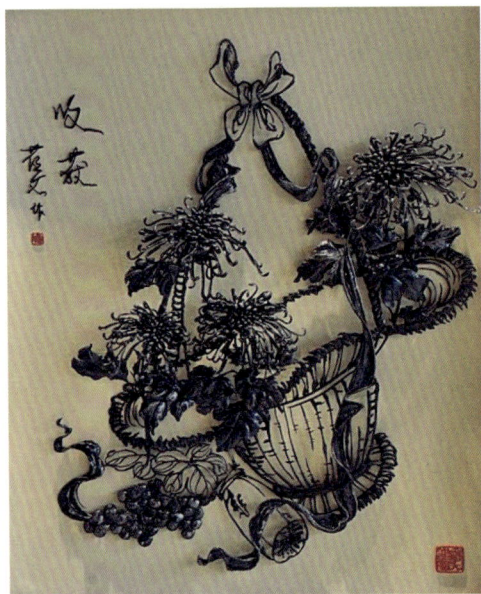

铁画作品——《收获》

蹬着双布底鞋，上衣口袋插着根自来水钢笔，一副温文尔雅的样子。

门口停着辆银灰色小轿车，司机坐在驾驶室里等候。

看样子客人来了已有好一会工夫，正准备离开，客气地打着招呼，跟储炎庆握手告别。当发现背着书包放学归来的储金霞，笑眯眯地问储炎庆："她就是你女儿，小金霞？"

绵绵的南方口音，亲切、和蔼。

客人走后，储金霞问储炎庆："爸，刚才来的是什么人？"

储炎庆回答："市委书记，郑家琪。"

郑家琪（1917—1989），徽州歙县人。新中国成立初期，曾先后担任了芜湖市工会筹委会主任、中共芜湖市委书记，是一位对铁画恢复事业做了大量工作和有一定贡献的市委领导。

郑家琪受传统文化影响较深，他博学多才，诗书画门门精通，尤其是在金石篆刻艺术上，有着自己独到的见解。

早在没有到芜湖工作之前，郑家琪就知道芜湖有一个铁画，用铁锻制出来的画。并且知道铁画创始人汤鹏祖籍徽州，跟自己还是一个县，徽州歙县。当郑家琪来到芜湖担任市委书记后，在那个百废待兴的和平建设年代，国家提出振兴传统文化，发展工艺美术，结合自己工作所在地芜湖实际情况，郑家琪首先想到的就是铁画。

通过调查研究，郑家琪了解到，曾经红火一时的芜湖铁画，基本上已经没有人再锻制，从业人员大多歇业转行，市面上很难看得到铁画身影。如再不进行恢复性抢救保护，极有可能会出现断代，甚至消亡。

让郑家琪感到欣喜的是，即便如此，芜湖仍有一人为铁画事业坚守着，他就是年近六旬的铁画艺人储炎庆。

其实在担任芜湖市工会筹委会主任期间，通过工作接触，郑家琪就已经知道铁业工会主任储炎庆有这方面的技艺特长。可让他感到费解的是，储炎庆迟迟不肯说出自己会锻制铁画的真情。于是，郑家琪决定亲自到太阳宫走一趟，登门拜访储炎庆，实地了解，到底是怎么一回事情。

经过一番长谈，郑家琪这才知道，储炎庆不是不愿意说出自己有锻制铁画的一技之长，也不是不愿意为恢复铁画出力，而是担心技艺不精，锻制不出好的作品，辜负领导希望，在同行中间也抬不起来头。

郑家琪耐心开导道："老储啊，我虽然不是搞铁画的，但我闲暇时间也搞一点金石篆刻。你锻制铁画用锻锤，我治印刻章用刻刀，说通俗点就都是手上功夫，把心中所思所想，通过自己的手，反映在作品当中。凭着我多年的经验，只要长期坚持，技艺一定不会生疏。"鼓励储炎庆，"你就不要想得那么多了，大胆地试，大胆地干吧。"

储炎庆想了想，回答道："郑书记我听您的，我试试看……"

郑家琪走后，储炎庆在太阳宫支起砧台，操起锻锤，重又燃起锻制铁画未烬的炉火。

尽管一时不怎么热烈，但也还有着一定的热度。

像往常一样，储炎庆锻制铁画的时候，自己围着砧台挥锤锻打，妻子方爱珍在一旁拉着风箱续火。有时候女儿储金霞放学回家，也帮着拉上几下。

储炎庆吩咐道："金霞，把风箱放下，让你妈妈拉，你去帮我砸煤块。"

储金霞砸的煤块又细又匀，烧起来好烧，该旺的时候旺，该埋的时候埋，恰到好处地，提供适宜火候。

储金霞很甜地答了一句："好咪，我这就去砸煤块。"

一家人忙得不亦乐乎。

这一天，郑家琪又来太阳宫找储炎庆。

赶上是个星期天，储金霞没去上学，休息在家。

远远看到小轿车朝自己家开来，储金霞认出那是市委书记郑家琪的轿车，高兴地对储炎庆喊道："爸，郑书记来了！"

储炎庆从砧台旁直起身子，对方爱珍吩咐："去，快去给郑书记泡杯茶，'黄山毛峰'。郑书记是徽州人，我猜他一定喜欢喝他们家乡的'黄山毛峰'。"

话音还没有落，郑家琪从车上走了下来，隔老远就跟储炎庆打着招呼："老储啊，你想的真周到，知道我是徽州人，爱喝家乡的'黄山毛峰'，你就让大嫂给我泡，多谢了！我也知道，你老储是安庆人，你们家乡的黄梅戏，想必你也一定喜欢看吧？"

储金霞在一旁拍着巴掌叫道："我爸他最爱看黄梅戏了！平时只要有演黄梅戏的来，不管科班还是草台班，我爸他宁可放下碗里的饭不吃，也要跑去看戏，回来就摇头晃脑唱给我们听。"

储炎庆不好意思地嗔储金霞道："小孩子家懂得什么，一边歇着去！"转又咧着嘴笑问，"郑书记，您今天到我家来，该不会是请我看黄梅戏的吧？"

安徽省黄梅戏剧团到芜湖演出《白蛇传》，著名黄梅戏演员严凤英领衔担纲，成为芜湖戏迷们众目所望。可是剧团在芜湖只演两场便赶往下一处，以至于出现一票难求的情况，戏票十分紧张。

郑家琪微笑着说道："让老储你给猜对了。我这次来，不为别的事，就是专门请你看黄梅戏，给你送戏票来了。"

一听说送戏票，看黄梅戏，储金霞心情激动起来，说话的声调都变了："真的吗？是真的送戏票来的吗？"眼巴巴地望着郑家琪，带有祈求地，"能不能……也给我一张，我也想去看……"

《断桥会》

《牛郎织女笑开颜》

储炎庆把手中锻锤往砧台上敲了几下，发出声响，呵斥道："小孩子家，瞎掺和什么？去，一边做作业去。"

"我作业早就做好了。"储金霞噘着嘴，很不情愿地。

郑家琪略显为难地："真的是对不起，我只准备了两张票，给你们送来。本来我是想让你和大嫂你们两个人去看的，现在金霞又想看，怎么办，要不我回去再去取？"

方爱珍端来茶杯，里面是泡好的"黄山毛峰"，飘溢着茶香，双手给郑家琪递上："郑书记，请用茶。您事情那么多，工作又那么忙，还有空到我家来给我们送戏票，实在让我们过意不去。金霞她爱看黄梅戏，就让她和她爸爸一道去看吧，两张票正好，不用劳驾您回去取了。我知道，这次严凤英到芜湖来演黄梅戏，想看的人特别多，戏票很紧张，两张戏票已经非常不容易，哪能再麻烦郑书记您呢？"

郑家琪笑着说道："戏票再怎么紧张，还能紧张到我市委书记头上，紧张到像老储他这样为恢复铁画做贡献的老艺人？没关系，我马上回去就让人办，三张戏票，连号的，你们一家三口，坐在一起看戏。"

储金霞低声嘀咕着："四张票，还有我妹妹银霞呢。"

"你！"储炎庆又要对女儿发作。

郑家琪制止住了储炎庆，又笑嘻嘻地对储金霞说："金霞你放心，这一点你郑叔叔早就想好了，你妹妹银霞还小，看戏不要票，到时候只要让大人抱在怀里看就行了。"

储炎庆感激地："郑书记，您……"

郑家琪笑着摆了摆手："老储，什么都不用说了，待一会儿我让人给你们送戏票来。明天晚上，你们一家人去看戏，看你们家乡的黄梅戏。"

却说储炎庆看完严凤英演的黄梅戏，又是市委书记亲自送上门的戏票，心情无比激动。他彻夜未眠，构思了一整夜，第二天一大清早便爬起身子，生起炉火，在砧台旁挥锤锻打，按照《白蛇传》戏中剧情，锻制成功一幅名叫《断桥会》的铁画。

中小学生学习铁画知识

一出黄梅戏乃至黄梅戏背后的故事，激发了铁画艺人储炎庆的创作热情，成就了一件铁画作品的诞生，从此一发而不可收。

但由此也勾起了小储金霞心底的演员梦。

抑或是储金霞潜在艺术特质跃跃欲试的一种释放。

自从看完严凤英演的黄梅戏回来以后，储金霞便像变了一个人似的，变得爱唱，爱跳，爱打扮了。

本来女孩子家喜欢打扮属于正常，可储金霞的打扮却是与别的女孩子不一样，有着艺术范儿。特别是她那一举手（不知什么时候学会的"兰花指"），一投足的动作，活脱脱就是剧团小演员的样子，艺校学员的做派噱头。

储金霞上学放学，走在路上唱，回到家里唱，甚至夜间做梦也唱。她有时候唱歌，唱那些熟悉好听的歌；有时候唱戏，唱黄梅戏，《女驸马》《天仙配》《打猪草》……

从五年级开始，班级排座位不再是男女生同坐，而是男生与男生坐，女生与女生坐。同一座位整整坐了四年的储金霞与姚士鑫，分开了座位。姚士鑫与"小绍兴"的儿子汪抗存坐一起，储金霞与约翰牧师的中国养女韩玉环（约翰玉环）同一座位。

调整座位以后，本来性格孤僻、喜独处，不爱唱跳打扮的韩玉环，受同座储金霞的影响，也变得性情活泼，唱唱跳跳，爱打扮起来。

过去上学放学，储金霞都是跟姚士鑫一道，可是自从重新排座位以后，储金霞便跟韩玉环一道了。

尽管这样一来要绕很多的路，有时候是储金霞绕，有时候是韩玉环绕，可是为了能够一道来去，她们俩心甘情愿这样去做。

储金霞和韩玉环，两个豆蔻年华的女孩，走在上学放学来来往往的路上，就像是两只飞来飞去的花蝴蝶，又像是两只快乐的小鸟，"叽叽喳喳"，唱个笑个乐个不停。

可是她们俩谁也没有发现，曾经是同样欢乐无忧的姚士鑫，一下子变得沉默起来。

少年不知愁滋味，姚士鑫存有心事。

姚士鑫感到难受和痛苦的是，曾经两小无猜，共同玩着"锤子剪刀布"游戏不分输赢的储金霞，现在她无论外在还是内在发生的变化，都使得姚士鑫稚嫩的心受到一定程度的刺激和伤害。

在姚士鑫看来，储金霞的这种变化，都是因为到黄家大院观看文工团排练节目所引起，都是因为文工团南下干部子女"男高音"高翔这个人。

这天放学的时候，姚士鑫在路上拦住了高翔。

铁匠儿子的姚士鑫，本来就长得又黑又壮，黑铁塔似的，加上心中有气，一副凶神恶煞的样子，不由让细皮嫩肉的高翔看了，有点发怵。

"你，你想干什么？"

高翔往一边躲让。

"不干什么。我只是想问问你，你为什么要拉着她去黄家大院，看你们文工团排练的什么节目？"

虽然声调不高，但让高翔听起来，每句话分量都是相当的重。像是一记记铁锤，砸在他有点发虚的心头。

姚士鑫此处说的"她"，当然指的就是储金霞。

"看排练节目是她自己要去，不是我拉她去的。"

高翔辩白解释道。

"你知道吗？自从她跟你到黄家大院看排练节目，迷上唱歌，学习成绩一个劲地下降。你这是在害她，你知道吗！"

姚士鑫紧握双拳，两只眼睛瞪得又大又圆。

其实姚士鑫说了个谎，储金霞并没有因为迷上唱歌影响了学习，更就没有像姚士鑫说的那样"学习成绩下降"。

此时高翔不想跟姚士鑫怎么理论，他更多想到的是怎样保护自己，不能挨姚士鑫的揍，用几乎是带着哭腔的声音说："我哪里知道她会因为观看文工团排练节目，迷上唱歌，影响学习？要是早知道出现这种情况，我也不会和她一起到黄家大院去的。"

"那你跟我说，以后你还带不带她，到黄家大院，看排练节目？"

姚士鑫气势汹汹地。

高翔正待说出"不去看排练节目了"，忽然又想起来什么，说道，"其实，她并没有迷上唱歌，而是迷上了唱戏……"

第四章　铁画"童子功"

　　　　砸煤块不光是为了煤好烧好用，更重要的还是为了
　　　　练习锤功……该轻的地方轻，如蜻蜓点水；该重的地方
　　　　要重，使千钧之力，如泰山压顶；该缓的时候缓，似闲庭
　　　　信步；该急的时候就要急，如暴雨疾风，万马奔腾……

　　却说储炎庆由观看黄梅戏《天仙配》激发起创作灵感，锻制成功
剧情题材铁画《断桥会》，在业内引起轰动。由《断桥会》为代表的新
中国铁画事业，自此拉开传承发展的帷幕。

　　时隔不久，在郑家琪关心支持下，成立了芜湖市铁画恢复组，储
炎庆担任组长，他开炉设灶，招收艺徒，忙得不亦乐乎。

　　为了帮助铁画艺人提高作品艺术含量，学习掌握绘画知识，郑家
琪又多方联系协调，请来安徽师范学院（今安徽师范大学）艺术系教
授王石岑，与储炎庆一道，共谋铁画恢复发展大计。

　　王石岑（1914—1996），安徽合肥人。曾师从艺术大师黄君璧学
画，后又继承和弘扬新安画派优秀传统，在美术创作上取得一定成就。

　　受王石岑绘画影响，储炎庆锻制出来的铁画作品，艺术水准有了

很大提高，他先后锻制成功《黄山莲花峰》《关山雪霁》《松鹰图》《花蝶》等铁画作品，参加了匈牙利布达佩斯社会主义国家造型艺术展、法国巴黎国际博览交易会等大型展示活动，为新中国工艺美术事业取得突破性进展做出贡献。

那段时间内，储炎庆像是着了魔似的，全身心地投入在铁画锻制事业中。他不分昼夜地忙碌，忘我的工作，对悄然发生却极有可能改变女儿储金霞，乃至储家命运的大事，一点也不知情。

晚上睡觉的时候，方爱珍躺在储炎庆身边，翻来覆去地睡不着觉。

储炎庆对方爱珍说："早点睡吧，明天我还有很多事情要做。"

方爱珍翻了个身，说："你睡吧，我不打扰。"说完还是止不住地叹气，只不过声音要小一点。

见此情景，储炎庆估计方爱珍有什么话要跟自己说，便干脆不睡，想听个明白："有什么话你就说吧，我听着。"

方爱珍问储炎庆道："你有没有发现，女儿金霞最近的变化？"

平日里储炎庆再忙，对女儿储金霞无论大事小事，都是件件挂在心上，时时关注着她的成长。

储炎庆不止一次地想过，自己没有儿子，生下来的第二个孩子也是个女儿，因为年龄都已不小，便不打算让方爱珍再生下去，把储金霞当作儿子来抚养、培养，希望她日后接自己的班，从事铁画锻制。

方爱珍说的女儿金霞"变化"，储炎庆当然很关心。可他想来想去，怎么也想不出哪些地方有变化，便有点不耐烦了："金霞她有没有什么变化，我这个当父亲的怎么能够发现出来？睡吧，'女大十八变'，做女儿的怎么变，那都是你当妈妈的事情。"

可是过了一会，储炎庆忽然警觉起来，方爱珍说的"变化"，也许不仅仅指的是生理上的变化。那还会有什么样的"变化"，能让她这个当妈妈的翻来覆去睡不着觉，半夜三更还想说给自己听？

储炎庆心里有点不踏实了："爱珍，最近金霞她有什么变化，你能不能现在就告诉我？"

学习、了解铁画，从娃娃抓起

于是方爱珍就把她作为母亲对女儿的细腻关注，所观察发现到的储金霞最近如何如何爱上了衣着打扮，又如何如何迷上了唱唱跳跳等，原原本本，全都告诉给了储炎庆。

并且说这些"变化"，都是上次全家看完黄梅戏《天仙配》回来后所发生的事情。

储炎庆听后，笑了："哦，还有这回事。"大不以为然地，"女孩子家，喜欢衣着打扮，唱唱跳跳属于正常。当初你不也是这样过来的吗？"

方爱珍嘟着嘴说："当初的我，跟现在的金霞可不一样。"

储炎庆忽然又想起来什么："对了，最近我好像发现金霞经常跟她的同学韩玉环在一起，会不会受到韩玉环的影响，爱上了衣着打扮，迷上唱唱跳跳？"打了个哈欠，"睡吧，别那么大惊小怪了，我相信我家女儿金霞，她是不会染上资产阶级思想，不会变成资产阶级大小姐的。"

方爱珍很不高兴地说："我是那种大惊小怪的人吗？我是在担心你这个铁画锻制的班，金霞她愿不愿意接下去。"不无忧虑地，"打铁锻制铁画这个行当，又脏又累又苦，哪有唱唱跳跳轻松舒服？"

储炎庆被说得一愣，从床上爬坐起来。从来不抽烟的他，一支接着一支，抽起了香烟。

整整这一夜，储炎庆都没有睡好觉。

果然不出所料，方爱珍担心的事情终于发生。

储金霞小学毕业，眼看就要升读初中，安徽省艺术学校到芜湖来招收艺校学员。这对于一心想当演员，经常做着演员梦的储金霞来说，不啻是一个千载难逢的好机会。

班上很多同学都去报了名，其中也有储金霞的闺蜜好友韩玉环。

高翔没去报名。问他什么原因，回答说这回省艺校来招收的是戏剧学员，不是搞声乐唱歌。高翔的理想是成为一名歌唱家，名副其实真正的"男高音"，以弥补他父亲一直没有当成歌唱家的缺憾。

本来就不喜欢唱唱跳跳的姚士鑫，当然也不会有这个兴趣，连打听都不去打听，好像根本就没有这件事一样。

韩玉环兴奋地拉着储金霞的手："金霞，我们报名去！"

储金霞正准备跟韩玉环一道去报名，忽然想起来什么，迟疑了一下，说道："这件事，我还要回家跟我爸妈商量。"

一提到"家"和"爸妈"，触起韩玉环内心伤痛，脸上颜色"唰"地黯淡起来。

储金霞觉察到韩玉环这一神色变化，安慰道："玉环，你在这等着，等我回家告诉爸妈以后，再和你一起去报名，好吗？"

韩玉环说："好倒是好，就怕你爸你妈他们不一定同意。"

储金霞胸有成竹地："哪会呢？你在这等着，我去去就来，我爸我妈他们一定会同意的。"心想，爸爸妈妈从来什么事都依着自己，这回不会不同意的。喜滋滋地憧憬着：艺校毕业以后，分配到一家演出团体，登台表演，自己在台上演，爸爸妈妈，有时候还可能带着妹妹银霞在台下观看。爸爸喜欢看黄梅戏，安徽省开办艺校教给学生的，肯定离不开黄梅戏，《女驸马》《天仙配》《打猪草》，爸爸看到女儿在台上演黄梅戏，指不准演的比严凤英还要好，肯定会高兴得合不拢嘴，巴掌拍的比谁都要响。

可是储金霞做梦也不会想到，从来什么事情都依着自己的爸爸妈妈，这一回出乎意料地反对。

而这种反对，是一种默默无语的，貌似温柔，或许就是潜移默化的一种蓄意已久。储金霞无力抗争，不得不做出违心的让步。

储金霞回到家，喜不自禁地。

储炎庆正在忙碌，抬头问了一句："回来啦?"

储金霞回答："我回来了！爸，我想……"

储炎庆说："回来就好，去给爸砸煤块。"

储金霞愣了一下："爸……"

储炎庆催促着："快去砸呀，我这里等着用呢!"把储金霞想要说的话，严严实实地封堵在嘴边，"还愣在这里干什么，难道你没有看见，你爸我这里急等着要用吗?"

储金霞无可奈何，拿起一把锻锤，悻悻地到一旁砸煤块。

储炎庆常夸女儿储金霞煤块砸得好，煤粒细匀，烧起来好烧。并说锻制铁画就要用这样的媒，烧出好的火头，火候适宜。

王石岑挟着一卷创作好的中国画，来跟储炎庆商量。他想把自己以黄山为题材创作的一些作品，用来作为铁画锻制的画稿，征求储炎庆意见，哪些地方还要按照铁画锻制的要求，做一些调整改进。

在此之前，王石岑创作的《黄山》《关山万里图》等绘画作品，曾参加过全国美术大展，产生了一定影响。

商量过程中，王石岑提出黄山玉屏楼的"迎客松"很美，有画面感，适合铁画锻制。

英雄所见略同，储炎庆也赞同王石岑的意见，并就哪些地方需要改进，谈了自己的想法。

　　两人谈着谈着，王石岑无意中发现储炎庆的女儿储金霞，在一旁"吭哧吭哧"地砸煤块。脸上身上，被煤块和溅起的煤粉弄得又黑又脏。

　　王石岑早就听人说过，储炎庆有个非常疼爱的女儿，叫作储金霞。可是听说归听说，一直都没有见过面，或者说虽然见过面，却由于每次都来去匆匆，没有仔细看过长得什么样。现在近距离地看到，眼前砸煤块的这个小女孩，就是储炎庆"视若掌上明珠"的女儿储金霞？不由感到惊讶："老储呀，她就是你的女儿金霞？你怎么能让自己的女儿，干这种又脏又累的事，让她砸煤块呢？"

　　储炎庆笑着回答道："我小时候跟师父学打铁，后来学锻制铁画，都是从砸煤块开始的。"

　　王石岑大感不解："你是说……你是想让你的女儿将来也跟你一样，学打铁，锻制铁画？她可是个女孩子呀！"

　　储炎庆还是笑着说："打铁锻制铁画，有什么不好？如今时代不同了，男女都一样，男孩子能打铁锻制铁画，女孩子照样能。"

　　两人正交谈得起劲，忽然听得一声惨叫："唉哟！"正在砸煤块的储金霞，左手食指被锻锤砸中，鲜血直往外流。

　　王石岑急忙跑了过去，撕下手中宣纸，帮储金霞捂住伤口，好不容易才止住了流血。

　　此时的储炎庆，也许内心心疼得不得了，女儿是自己的心头肉，锻锤砸着储金霞的手指，比砸着自己的心还要难受，可他表面上却装作很轻松的样子："没关系，干我们这一行，打铁锻制铁画，被锻锤砸伤指头，很正常。包扎好伤口，休息几天以后，就又没事了。"

　　方爱珍从厨房跑了过来，她先谢过王石岑，然后动作熟练麻利地帮储金霞包扎好伤口，关切地问："还疼吗?"

储金霞咬住牙关，说："不疼……"忽然"哇!"的一声，扑倒在母亲怀里，放声大哭起来。

原来储炎庆刚才跟王石岑说的话，全都被储金霞听见。

看来父亲要自己接他的班，打铁锻制铁画，主意已定，容不得自己在未来前程的选择上，有任何别的想法，是不会同意自己去报考安徽省艺校，走当演员这条路的。

储金霞哭的不是手指疼，而是内心疼痛。她感到从来没有过的委屈，伤心极了……

这一年，储金霞15岁。

储金霞小学毕业后，安徽省艺校招收学员没有去成，便在芜湖市女子中学（今芜湖市第十中学）升读初中。一边读书，一边跟着父亲学打铁锻制铁画。

储炎庆对既是女儿又是徒弟的储金霞说："锻制铁画先要从学打铁开始，学打铁先要从练锤功开始，练锤功又得要先从砸煤块开始。砸煤块，就是通常所说的铁画'童子功'。"

储金霞点了点头，说："爸……"迟疑了一下，想称呼"师父"，可还是改不了口，"师父，不爸，我知道了。"

储炎庆严厉地问道："知道什么?"

储金霞回答："铁画'童子功'，砸煤块。"

在父亲面前，做女儿的可以撒娇，可是在师父面前，当徒弟的就要毕恭毕敬地回答师父提出的问题，跟着师父学手艺。

储炎庆说："锻制铁画跟一般打铁不同，要求非常严格，既要有好的材料，那就是铁，又要有好的燃料，那就是煤，提供合适火头，掌握适宜火候，'百炼炼出绕指柔'，才能锻制出上等铁画。因此锻制铁画用的煤块，从市场买回来以后，还要经过加工处理，把煤块砸成煤粒，大小匀称，这样烧起来就好烧，就有好的火头。"对储金霞说，"这一点你过去做得不错。"

得到父亲（师父）的表扬，储金霞心里面乐滋滋的。

储炎庆接着又说："光做到这一点还不够，因为砸煤块不光是为了煤好烧好用，更重要的还是为了练习锤功。砸煤块是用铁锤砸，锻制铁画也是使用铁锤，锻制铁画砸煤块跟别的砸煤块不同，就像写文章的'下笔如有神'，要做到'下锤如有神'。砸的时候一定要掌握轻重缓急，该轻的地方轻，如蜻蜓点水；该重的地方要重，使千钧之力，如泰山压顶；该缓的时候缓，似闲庭信步；该急的时候就要急，如暴雨疾风，万马奔腾……"

储金霞被父亲说得傻了眼，她怎么也想象不出，锻制铁画，即便是"童子功"的砸煤块，学问还有这么深。父亲储炎庆懂得的知识，竟有这么多。

这才想起父亲储炎庆曾经跟自己提到过的已故祖父，晚清时期当地一位很有名望的秀才，满腹经纶。

从父亲储炎庆身上，储金霞可以看出，关于已故祖父的很多传说故事，并非空穴来风。

储炎庆继续说："打铁锻制铁画，学徒从砸煤块开始，就是要让徒弟从一入门就懂得铁画这个行当，不是一般的行当，学问深得很。铁画'童子功'练过以后，还要学习和掌握各种技能，锻、焊、铆、凿、锉、砧、炉、钳、锤、功；打铁方面的技艺要学，绘画方面的知识也要学。还要懂得历史、文学、哲学以及各方面的学问知识。万丈高楼平地起，一切从基础开始起，从基本功也就是从'童子功'练起。就像上学读书，我们过去从《三字经》《百家姓》读起，你们现在从'人、手、足，口、耳、目'学起；学唱戏从'手、眼、身、步、法，唱、念、做、打、工'练起……"

储炎庆喜欢看戏，戏剧方面的知识懂得不少，正待由着话头往下说，怕引起储金霞的联想，便及时打住。

果不其然，正在专心致志砸煤块的储金霞，听到"唱戏"两个字，一不留神，又砸着了手指头，疼得她"哎哟"一声，鲜血流了出来。

这一回储炎庆没有采取不管不问，而是撂下手中锻锤，走到储金霞跟前，弯下身子，慈祥地问道："疼不疼?"

"不疼。"

尽管储金霞疼得脑门都冒出了汗，可她还是忍住疼痛，说了声"不疼"，边说边伸出手背，拭抹脑门上的汗珠。

这一抹不打紧，由于砸煤块时脸上沾了不少煤灰，被抹成黑一道白一道的，洇上殷红色的血，变成了戏台上的大花脸。逗得储炎庆"呵呵"直笑。

储炎庆给储金霞规定，每天放学回家，砸煤块不少于1箩筐，遇上休息天，还要再增加1箩筐的量。如果当日完不成任务，第二天补上；第二天完不成，第三天再补上……数量不减少，质量还要得到保证，并且不断提高。

1箩筐的煤，重约50市斤，一个月下来，至少要砸30箩筐左右，约1500市斤的煤块。

起初储金霞砸煤块的时候，因为没有带着任务，相对比较轻松。可是有了任务和工作量以后，一开始还觉着新鲜，渐渐就有点受不了，两个月砸下来，累得腰酸背痛，胳膊肘拎不起来。

可是储炎庆还一个劲地布置任务，检查督促，稍有不满意，便重言重语地严加呵斥。一旦任务没有完成，便罚不让吃饭，不让睡觉（尽管储炎庆内心是一百个不情愿）。

储炎庆对储金霞采取"魔鬼式"训练的做法，被姚宣祥得知。

赶上个星期天，姚宣祥来到了太阳宫。

岁月沧桑，使人在不经意间发生变化。储炎庆和姚宣祥，曾经的芜湖铁业工会正副主任，亲密无间的业内同行，这些年两人在人生际遇乃至事业发展上，出现了落差，储炎庆锻制铁画取得成功，崭露风光；姚宣祥却守着他的杂火炉钢火炉日用器具打制，基本没有什么起色进展。

当初成立铁画恢复组时，储炎庆曾经劝过姚宣祥，"到铁画恢复组来吧，还像过去在铁业工会那样，我当组长，你当副组长。或者你当组长，我当副组长，怎么样都行，我们俩联手把铁画事业搞上去。"

姚宣祥把头摇得跟拨浪鼓似的："说得倒轻松，你那个组长是上面任命的，你说让我当，我就能当吗？好了，你就不要劝我了，大路朝天，各走一边，你搞你的铁画锻制，我搞我的杂火炉钢火炉铁制器具打制，不管你今后有多么大的发展，只要你不要忘掉我姚宣祥这个兄弟，我就心满意足了。"

储炎庆问姚宣祥："今天你怎么有空，来太阳宫？"放下手中锻锤，跟姚宣祥打着招呼。

姚宣祥反问道："今天是星期天，我怎么会没有空？"

储炎庆这才想起来，今天是国家规定的休息日，放假！他抓了抓头皮，对姚宣祥说："宣祥你看，近些日子我只顾着忙，把星期天休息都给搞忘了。"正待吩咐妻子方爱珍准备酒菜，忽然发现妻子方爱珍和女儿储金霞两个人都不在家，不由显得有点手忙脚乱，用工作围裙擦着被弄脏的手，"宣祥，今天你既然来了，就不要走，待一会儿等你爱珍嫂嫂回家，斩点鸭子，炒几个你喜欢吃的菜，喝点你喜欢喝的酒……咦？你嫂嫂和金霞她们，都到哪里去了，怎么一个个都不在家？"

姚宣祥把手摆摆："你忙你的，我坐一会就走。"

储炎庆说："那怎么行呢，都到快吃饭的时候了？"

姚宣祥说："吃饭什么时候不能吃，干吗非得要在今天？"见储炎庆还要再客气，便开门见山地说，"今天我来找你，是为着一桩事，说过以后我就走，你继续忙你的铁画锻制。"

储炎庆说："什么事有那么重要，连饭都不吃？"

姚宣祥迟疑了一会，说道："老储，我的哥哥，你怎么让金霞……"

储炎庆一听笑了："宣祥你不说我都知道，你后面要说的，不就是'怎么让金霞她一个女孩子家学打铁，锻制铁画'？后面再有的就是，'怎么让金霞吃那么大的苦，受那么大的罪'？还有什么话，宣祥你就往下说呀！"

姚宣祥拉下了脸，说道："既然你什么都知道了，那你为什么还非得要这样子去做？"

储炎庆搬来一张凳子，给姚宣祥坐下来，自己坐在姚宣祥身边，说道："宣祥，你我都是做手艺的，作为手艺人，谁不想把自己的手艺传下去，不让手艺断代？宣祥你也知道，我的两个孩子都是女儿，如果她们是儿子，我传；是女儿，我就能不传了吗？那也讲不过去。金霞是我长女，你是亲眼看着她长大的，她人聪明，能吃苦，悟性高，是个好苗子，如果培养得好，将来一定会接好我的班，把铁画锻制这门手艺传下去。"

姚宣祥说："那你也不能采取那样的训练方法，像个魔鬼似的，金霞是个女孩子呀！"

储炎庆说："宣祥，你我都是学过徒的，过来人，当初师父是怎么对我们这些徒弟的，你还记得吗？"

姚宣祥说："我怎么会不记得？当初我学徒的时候，师父再怎么严格，也没有像你现在这样严。"

储炎庆忽然敛容正色："宣祥，你知道我为什么对金霞要求这么严吗？"

姚宣祥摇了摇头："我不知道。"

原来年初的时候，郑家琪向储炎庆布置一项任务，为了庆祝中华人民共和国成立10周年，安徽省委省政府决定以黄山"迎客松"为题材，锻制一幅铁画作品晋京，陈列在人民大会堂安徽厅（后在周恩来总理倡导下，对各省市晋京工艺美术品进行评比，铁画《迎客松》独占鳌头，名列第一，被陈列在北京人民大会堂会见大厅，成为中国人民对外友好象征，迎接来自世界各国的首脑人物和重要贵宾）。

储炎庆对姚宣祥说："这种千载难逢的好机会，作为锻制铁画的艺人，一辈子也很难遇得上。所以我才对金霞要求特别严，让她练好扎实的基本功。功夫练好了，手艺练精了，提锤上阵，跟着我和她的师兄们一道，参加晋京铁画《迎客松》锻制……"

姚宣祥听后，这才满意地点了点头："听你这么一说，我才明白过来，原来是这么一回事。"

又过了一会儿，姚宣祥笑着问道："老储，看样子我的来意你早已知道，可我是怎么来的太阳宫，你知道吗？"

储炎庆疑惑不解地："怎么来

铁画老艺人锻制铁画

的，你不是走来的吗?"

姚宣祥摇了摇头，说道:"你回答我的是来太阳宫的方式，不是我来太阳宫的原因。"笑着问道，"难道你没有发现，嫂嫂和侄女金霞，怎么偏偏在这种时候，两个人都不在?"

"照这么说，你们是事先串通好了的……"

说罢，储炎庆也笑了。

储炎庆跟姚宣祥说的储金霞的"师兄们"，便是被称作储炎庆"八大弟子"的8个徒弟。这些人都是在芜湖市铁画恢复组（后正式定名为芜湖市工艺厂）成立初期，由储炎庆亲自物色并悉心培养的新中国第一批铁画艺人。

"八大弟子"也就是储金霞的8位师兄，他们分别是:大师兄储春旺、二师兄杨光辉、三师兄张良华、四师兄张德才、五师兄颜昌贵、六师兄吴智祥、七师兄秦学文、八师兄倪乃林。

这些人当时都是作为集体企业职工招聘进厂，跟在师父储炎庆后面学习铁画锻制。

因为储金霞当时还小，是在校读书学生，不能进厂当工人，便在外围做一些辅助性工作，属于编外员工。

"八大弟子"中，有"钢火炉"打制斧头、菜刀、剪刀的;有"杂火炉"打制锤子、锅铲、火钳等日用器件的。他们个个年富力强，技艺高超，都是原本所属行当中出类拔萃的高手。在师父储炎庆带领下，转从事铁画锻制，进步得非常快。打制锤子的，铁画《山水》中的"山石""岩石"锻制得非常好;打制菜刀、锅铲等件的，《墨荷》中的"荷叶"锻制精妙，效果独特，很难找出瑕疵;打制火钳、锚链等件的，铁画《松树》中的"松枝"、《兰草》中的"兰叶"、《梅花》中的"花枝"和"花骨朵"，锻制得惟妙惟肖，几可乱真。

这一天，储炎庆带着女儿储金霞，把他的"八大弟子"们叫到一起，对他们说："从今天起，金霞就跟你们一样，跟在我后面学打铁锻制铁画。也就是说从今天起，金霞就是你们的师妹。你们师兄弟8个，加上金霞就是9个，金霞排行第九，你们就叫她'九师妹'。"

"好！"储炎庆的"八大弟子"们欢呼着。

于是，徒弟们便遵照师父储炎庆的吩咐，称呼储金霞为"九师妹"，或"九妹"。

储金霞也亲切地称呼他们为"师兄"，或以此类推的"大师兄""二师兄""三师兄"等。

"九妹，来帮我拉风箱，加把火。"大师兄储春旺对储金霞说。

储春旺在"八大弟子"中，不仅年龄最长，技艺也非常精到，师父储炎庆教给他的，一学就会。

储春旺擅长铁画中的"松树"锻制，他锻制的"松树"高大挺拔，栩栩如生，且有一种刚直不弯的韧劲。

储春旺平日里不苟言笑，但他跟储金霞在一起的时候，话特别多，没完没了地说这说那，可见储春旺这位大师兄对聪明、伶俐、活泼、可爱的小师妹，十分喜爱。

"嗳！"储金霞甜甜地答应了一声，"大师兄，我这就来。"小跑着快步来到储春旺锻炉前，卷起衣袖，"呼呼"地拉起了风箱。

炉内腾起的火苗，映着储金霞脸蛋，红扑扑的，非常好看。

"九妹，你过来一下，帮我搭把力。"二师兄杨光辉抬着一件锻制好了的"松树"，"吭哧吭哧"很吃力的样子，叫储金霞过去，帮他的忙。

杨光辉人聪明，脑袋瓜灵活，但个头偏小，力气也不怎么大。当初储炎庆招收艺徒时，考虑到打铁锻制铁画是个力气活，一开始有点犹豫不想要他，禁不住杨光辉一再央求，最后还搬出了母亲（储炎庆胞妹）说情，这才被招进了铁画恢复组，亦即芜湖市工艺厂。

"好咦！"储金霞答应了一声，"二师兄，我马上就过来。"

储炎庆在一旁见了，捋着胡须，欣慰地笑着。

储炎庆太喜欢这帮年轻人了。喜欢他的"八大弟子"们，尤其喜欢他的第九个徒弟，自己的爱女储金霞。

储炎庆抑制不住心头的兴奋，接着又对大家说："徒弟们，你们把手头这些活做完以后，就不要再做了。收拾好你们的东西，锤子、钳子、砧台，还有锻炉、风箱等锻制铁画的工具，带上你们的日常生活用品，毛巾、牙刷、脸盆，吃饭用的大瓷缸子。对了，还要带上换洗衣服，我们就要去往一个新的地方，估计在那里要工作生活上一段时间。"

"去哪里？"大徒弟储春旺问。

"师父，我们到哪里去……"徒弟们七嘴八舌地问。

储炎庆喜滋滋地正准备回答，二徒弟杨光辉冷不丁地冒出一句："师父，我们会不会是到合肥，到省城合肥去？"

"你是怎么知道的？"储炎庆一愣。

去往省城合肥锻制晋京铁画，是带有一定保密性的"政治任务"，除了郑家琪等领导，目前知道的人还不怎么多，不知道杨光辉这个机灵鬼是从哪里得来的消息。

杨光辉见师父一脸严肃的样子，心中有点发毛，吞吞吐吐地："我，我也是从王石岑教授那天的话里面，猜出来的，还不知道猜得对不对。"

原来杨光辉一边跟着储炎庆学习锻制铁画，一边还缠着王石岑教自己些绘画知识。

前些日子，王石岑夹着卷画稿来找储炎庆，储炎庆正好出去有事不在。杨光辉问王石岑，找师父储炎庆什么事？王石岑回答，是为铁画《迎客松》画稿而来，想跟储炎庆商量画稿局部处理。通过与王石岑的简单对话，杨光辉大致了解到，省里面要芜湖市锻制一幅铁画，送到北京人民大会堂，作为国庆10周年献礼作品。这幅晋京铁画，要根据王石岑获奖作品中国画《黄山迎客松》进行锻制。

铁画《迎客松》长550公分，宽350公分，是铁画自创立以来最大的一件作品。芜湖的工厂车间场地比较狭小，施展不开，不适合大件制作，再加上晋京铁画《迎客松》属于政治任务，必须要找一个既能适合安全保卫，又能施展得开的锻制场地。

王石岑没有说出具体是在哪座城市，哪家工厂，杨光辉心中琢磨：北京那么远，去往北京的可能性不大，要去极有可能就是去往合肥。因为是省里面给北京人民大会堂送去的铁画，是作为新中国成立10周年庆典的献礼，在省城合肥锻制，倘若遇到什么困难和解决不了的问题，有关领导还可以现场解决。至于具体在省城合肥哪家工厂，再怎么聪明的脑袋瓜子，杨光辉也猜想不出来。

听完杨光辉解释过后，储炎庆忍俊不禁："是的，光辉没有猜错，我们是要去省城合肥，锻制晋京铁画《迎客松》，工作和吃住都在合肥锻压机厂。"他把语调提高，心情激动地说，"徒弟们，师父我从事铁画锻制这么多年，锻制了那么多的铁画，铁画送到北京城，在过去那就是送到'朝廷'，这可是我平生遇到的第一次。不错，清代汤鹏的铁画也曾进过北京城，被皇宫收藏，可那只是民间传过去的，而且也只是一些'径尺小品'的小件。像《迎客松》这样的巨幅铁画，又是安徽省作为国庆献礼送给国家，这种荣誉，这种机会，不是任何人都能享受得到的！"

铁画《迎客松》作为安徽省向国庆10周年献礼，是安徽省委省政府经过多次会议研究做出的决定。

铁画，创立于安徽芜湖，是安徽省甚至中国乃至世界都独一无二的传统工艺；"迎客松"出自安徽黄山，是安徽独有的文化象征，代表着安徽以及国家的对外友好形象，享誉海内外。

为了确保《迎客松》锻制工作顺利进行，省里专门成立了领导组，由省委宣传部副部长、省文联主席、著名画家赖少其担任组长，省直有关部门负责人和芜湖市的领导担任领导组成员，全力以赴地予以支持，做好服务保障。

储金霞被听得愣住了神，过了好大一会儿工夫，才缓过来，问储炎庆道："爸，不师父！这次到合肥锻制铁画，我去不去呀？"

"去，当然要去。"储炎庆笑道。

储金霞迟疑了一会，有点发怵地问道："这次去，您让我做什么呀？"

"砸煤块。"储炎庆说。

"啊？还让我砸煤块呀，我都快砸两年了！"储金霞几乎要哭了，感到十分委屈。

"才砸两年你就嫌多啦？"储炎庆有点不高兴地说，"想当年我跟我师父后面学打铁锻制铁画，砸了5年的煤块，师父还让我继续砸，刻苦练习基本功。金霞我跟你说，这回你要是不想去你就不去，如果你去，就给我砸煤块，没有什么好商量的。"

储金霞抹去快要掉下的眼泪："去，我去……"

趁着储炎庆没有注意，储春旺悄悄把储金霞拉到一边，低声说道："九妹，没关系，你只要去了就好办，到时候你到我的工作台来，我教你。"

储金霞破涕为笑，说道："大师兄，你真好！不过不瞒大师兄，锻制铁画我会。"

　　"你也会锻制铁画？"储春旺感到不解，心想，自己跟师父学了这么长时间才会那么一点，金霞师妹她一天铁画都没锻制，整天看到她的只是埋头砸煤块，怎么可能会锻制铁画呢？

　　储金霞煞有介事地对储春旺说："大师兄，这话我可从来没有跟别人说，连我妈妈我都没有告诉过她，对我爸也就是对师父，当然是要瞒着。如果让师父知道，说不定他发起火来，不让我跟他锻制铁画，那就完了！"

　　储春旺还是有点不相信，问道："九妹，你是怎么学会锻制铁画的？你放心，跟我说了以后，我是不会告诉任何人的，包括你父亲我们的师父，我都不会告诉。"

　　储金霞"扑哧"一笑，调皮地说道："我呀，我是跟我父亲，也就是我们师父剽学来的……"

　　两人正说得起劲，不提防一旁的杨光辉什么时候插进话来："剽学！锻制铁画不光你九妹剽学，师父过去跟老师父（储炎庆的师父，沈姓铁画艺人），也是剽学来的。"

　　储金霞感到很好奇，问杨光辉道："我爸他过去学锻制铁画，是跟他师父后面剽学来的，这事我怎么一点儿也不知道？"

　　储春旺也有点怀疑："师父他铁画锻制技艺那么好，怎么会是剽学来的呢！光辉，你有没有搞错。"

　　杨光辉说："起初我也感到怀疑，师父他学铁画锻制怎么会是剽学呢？后来我听王石岑说的有鼻子有眼，还说是师父亲口跟他说的，我这才相信，的确是有这么回事。"

　　却说储炎庆当年来到芜湖，跟着沈姓师父学打铁锻制铁画，一开始师父好像不大愿意教他，成天只是让他砸煤块，储炎庆十分焦急，心想，我这样老是砸煤块，究竟要砸到哪一天呢？

储炎庆作为学徒，生活比较简单，在沈姓师父铁铺阁楼的楼板上铺了些稻草，当作床铺，睡在那里。这一天，储炎庆从阁楼楼板的隙缝，发现正好对着底下师父的锻炉和砧台。有时候师父急着要赶活件给客户，晚上支炉生火，在砧台上挥锤锻打，铁画锻制过程中的一招一式，储炎庆在阁楼上看得清清楚楚。

这下可把储炎庆给乐坏了，于是他就通过楼板隙缝，默默地将师父锻制铁画的技艺，熟记在心。为了能够看得更仔细，有时候白天储炎庆也推说有病，躺在阁楼上睡觉，往下偷看剽学。长此以往，储炎庆把师父的铁画锻制技艺剽学得差不多，就差没有动手直接去锻制。正巧有一回，约翰牧师来找师父订购铁画，带回他们国家，要得非常急，第二天就要给他。可是师父出了远门，一时半会还赶不回来，怎么办？于是，储炎庆便尝试着自己动手锻制，按时交了货，约翰牧师很满意。

本来储炎庆还担心师父回来自己要受到责怪，可是师父不仅没有责怪他，反倒表扬储炎庆，满足了客户要求，铁画锻制得也非常好。

同时师父还告诉储炎庆一个他一直担心着的秘密，储炎庆在阁楼上剽学，师父早有察觉，只不过没有说穿而已。

沈姓师父神情庄重地对储炎庆说："学手艺只有通过剽学，才能够学到真正的本领。因为剽学跟正常学习不一样，学起来特别用心，生怕被发现，生怕学漏了一个动作，精力高度集中……"

储金霞听了这些，稍微放心一些。

可又转念一想，顿时感到心中不踏实，她拉着杨光辉的衣袖，问道："二师兄，照你这么说，我跟我爸也就是我们师父后面剽学铁画锻制，我爸他也早就知道？"

杨光辉朝储金霞瞪了一眼，故作生气地说道："像你爸那样精明的人，什么事情你能瞒得过他？"

储金霞似懂非懂地，好像明白了一些，又好像明白不过来。

晋京铁画《迎客松》，不愧为惊世之作，传世之作，光"松针"就有27000多根。而且每根"松针"都要依照原样，一根一根地锻制，锻出槽沟，锻出正面与背面，跟真的一样。

这一天，储炎庆对正在埋头打煤块的储金霞说："金霞，从今天起，你就一边砸煤块，一边锻制'松针'。"

总算能直接参与锻制铁画，储金霞高兴得差一点就要跳起来，脆脆地答应了一声："唉！"

储炎庆还是一脸严肃地说："即便是小小的'松针'，要锻也要把它锻好，不能马虎，不能出废品。"

储金霞说："爸，不师父！您放心，我知道了，我会把'松针'锻好的。"说着，她操起锻锤，在大师兄储春旺的砧台上，"叮当叮当"敲打起来。不大一会儿工夫，几根冒着热气的'松针'，便整整齐齐排列在砧台上面。

储炎庆拣起几根，眯着眼看了看，没说什么（把满意欣喜藏在心底），倒背双手，向下一个砧台走去。

杨光辉朝着储炎庆走去的背影，故意喊道："师父，您也不指点一下，九妹她锻的'松针'，到底怎么样？究竟能不能用？"

储炎庆回头盯了杨光辉一眼，对说不上是喜欢还是不喜欢的徒弟，他的外甥杨光辉，没好气地抛下一句："金霞她锻的'松针'，不比你锻的差。"

杨光辉又调皮地问道："师父，您难道不想了解，金霞师妹她一直砸煤块，是怎么会锻制铁画，会锻'松针'的吗?"

储炎庆还是头也不回地："耳濡目染。"

一句"耳濡目染"，把一切缘由，全都包含其中。

储金霞跟着父亲储炎庆和她的师兄"八大弟子"们，在省城合肥锻制《迎客松》的消息，很快便让在省艺校学习的韩玉环得知。

这一天，赶上是个星期天，省艺校放假没有课，韩玉环一路打听，来到合肥锻压机厂《迎客松》锻制现场，找到了分别已久的闺蜜好友储金霞。

两人一见面，同时都惊呆了：才半年没见，变化竟然有这么大!

都说"女大十八变，越变越好看"。对韩玉环来说的确如此，她个子长高了，皮肤长白了，女性特有的曲线美，在她青春发育的身上显现得一览无余，穿着细花布衬衫，两根扎着蝴蝶结的不长不短的发辫，一根拖在肩后，一根搭在胸前，随着胸脯的起伏，像是蝴蝶要飞起来的样子。

而此时的储金霞，个子虽然长了些，但却没有韩玉环高，矮了半个头，此前她们俩曾是一样高。皮肤就不用说了，打铁的女孩，再白也白不起来。身上穿着件帆布工作围裙，胡乱扎了个"麻雀尾"发辫，挂在后脑勺。由于经常佝着身子锻制铁画，锻制"松针"，砸煤块，发育相对迟缓，一时还谈不上女孩子家引以为豪的曲线美。

"你!"韩玉环见到储金霞的面，十分惊讶地。

"你……"储金霞看到韩玉环，也很惊讶。

两个人的眼圈都有点湿润，红了。酸甜苦辣，个中滋味，只有她们自己才能体会出来。

过了一会，两个人都笑了，笑得很甜。

韩玉环对储金霞说："我听你的那些师兄都喊你'九妹''九妹'

的，忽然使我想起我们最近在排的一出戏，黄梅戏移植越剧，《梁山伯与祝英台》里的一段唱词"，一边说着，一边就唱了起来，"我家有个小九妹……"

储金霞被唱得笑了起来，说道："看把你美的！"跟着也轻声唱了起来，一边唱，一边流下了眼泪。

韩玉环怕引起储金霞的伤心，没好跟闺蜜好友说起省艺校一些有趣的事，也没问储金霞现在的一些情况。转换了话题，饶有兴趣地说起上小学时的同班同学，少年玩伴们。

"金霞你知道吗，过去我们班的高翔，就是那个'男高音'，他现在参军到部队了。当的是文艺兵，部队在合肥，离省艺校不远。前没多久他还去过我那里，谈起过去往事，特别提到了你。高翔要是知道你也在合肥，一定会来找你的。"韩玉环跟储金霞商量，"金霞，要不要哪天我们几个在合肥的小学同学，找地方大家见个面，一起聚一聚？"

"不用了……你没看见，大家都很忙。"储金霞婉言拒绝了韩玉环的见面倡议。

"好的，金霞我听你的，不见面就不见面。下次我要是见到高翔，不跟他说我到你这里来过，也不告诉他这个地方。"韩玉环敏感地把话收回。

接着又谈到了小学同班其他同学的情况。"眼镜"汪抗存回徽州老家去了，听说后来学习成绩很优秀，中学当了班长，有猜测说这样下去，考大学很有希望。一段时期跟韩玉环同座位的一位男同学，班级学习委员，后来学习变差，成绩下滑，有说是早恋引起，小学升初中考试成绩不理想，按照分数高低录取原则，勉强在市郊一所半工半读的中学就读。

锻
红尘——
储金霞铁画人生

"对了，金霞，我好像听说原来跟你同座位的姚士鑫，也在工读中学?"韩玉环问。

储金霞回答："是的……"

《松鹰图》

第五章　铁兰花

花满琼瑶雪满苔，儳崖时见数枝开。等闲凭仗东风力，我自千锤百炼来。

——清·许仁《铁兰花》

芜湖市南门湾，姚士鑫家。

姚士鑫父亲姚宣祥的"姚宏发铁铺"，在"三大改造"（农业、手工业和资本主义工商业改造）中被"改造"，已不复存在。铁铺招牌被摘下，不再以店铺身份对外营业，成为纯粹单干性质的家庭作坊。

与姚宣祥的"姚宏发"相比，储炎庆的"储永昌"虽然在"三大改造"中同样被"改造"，可由于储炎庆有着锻制铁画的技艺，又是为铁画恢复事业做出贡献的人物，"储永昌铁铺"换汤不换药，改成了芜湖市铁画恢复组，继续由储炎庆领头，依然红火。

最为明显的标志是，在芜湖铁业界普遍受到机器工业冲击，手工业作坊越来越不景气的情况下，储炎庆沾着锻制铁画，从事工艺美术

储炎庆在给女儿储金霞及其他徒弟传授技艺

行业的光，铁画恢复组不仅没有没有受到影响，反倒呈上升势头。眼下储炎庆又带着他的铁画恢复组的徒弟们，驻扎在省城合肥锻压机厂，锻制晋京铁画《迎客松》，十分风光。

姚宣祥看在眼里，心里有一种说不出的惆怅。

尽管储炎庆不止一次地，邀请姚宣祥到他的铁画恢复组。两位曾经的老搭档、芜湖铁业界并肩作战的领头人可以再度联手，把铁画锻制事业弘扬光大。可姚士鑫每次听了，都是不置可否地笑笑，不做正面回答。

生性倔强的姚宣祥，既没有到铁画恢复组跟着储炎庆改行锻制铁画，也没有随同其他铁业匠人们一道，参加"公私合营"的芜湖市铁木社，成为跨入"社会主义门槛"的集体企业员工，而是带着他的两个儿子，大儿子姚士瑞和小儿子姚士鑫，在他那名存实亡的"姚宏发铁铺"，继续锻打杂火炉和钢火炉等生产生活铁制器具。

姚士鑫手中拿着锻锤，在砧台上"叮叮当当"地锻打。枯燥乏味，有气无力，心情显得烦躁。

这打来打去的，除了锤子，还是锤子，就没有换别的一样物件！

这不由又使得姚士鑫想起了儿时跟储金霞玩的游戏，"锤子剪刀布"，"锤子""锤子……"

"怎么啦，不耐烦啦？锻打的不耐烦啦！"姚宣祥一旁训斥。

姚宣祥让儿子姚士鑫锻打的锤子，虽然品种单一，但规格却是不少，有羊头锤、鸭嘴锤、奶头锤、鼓形锤，还有六角锤、八角锤等，名目繁多。有的连姚士鑫一边打着，一边自己都叫不上来名字。

"老是这样锻打锤子，究竟要打到哪一天为止？"姚士鑫撂下手中锻锤，不无懊恼。

"你小兔崽子，还敢跟你老爸顶嘴？"姚宣祥生气了，冲上去就要揪儿子"不听话"的耳朵。

这一年，姚士鑫已长成虚岁17的大小伙，按照当时的年龄资质，属于"男大当家"的"当家"男子汉。有的像姚士鑫这么大年龄，都已经结婚生子，自立门户，开始独立生活，不再跟父母在一起过。可姚宣祥还是把姚士鑫当作小孩子一样看待，动不动就训斥，揪"不听话"耳朵。

姚宣祥原籍在长江以北的安徽庐江，清末战乱跑反时，来到江南芜湖。姚宣祥的父亲也就是姚士鑫的祖父，曾经是一名教书先生，家学有些渊源，受传统文化教育影响较深。

传统的文化礼教，对人的教育和培养有积极的一面，但有时候由于过分刻板，也会带来负面效应。

就拿姚士鑫小学升初中这件事来说，尽管他一边上学读书，一边还回家帮父亲锻打铁制器具，多少给学习带来些影响。可他考试成绩并不差，按照分数高低录取原则，完全可以进入普通中学继续升读，姚宣祥却让姚士鑫上工读中学。说是工读中学上学不用交学费，还能学到技术，毕业后可以分配工作。尤其是工读学校还开设了锻工班，万一毕业以后不分配工作，有门手艺，还可以回家打铁，不愁没有饭吃。

"当初我就是听你的话，上了工读中学，现在弄得我在同学中间都抬不起来头。你还让我上锻工班，学锻工技术，说白了，就是学打铁。你知道同学们是怎么说我的吗？说我天生就是打铁当铁匠的命……"一想到这些，姚士鑫的鼻子就发酸，想流泪，嘴里嘟哝着，"打铁，当铁匠，有什么出息？"

"什么！你说什么，打铁当铁匠没有出息？"姚宣祥一听火了，气得高声喊叫起来，"你是在说你老爸没有出息？你个小兔崽子，反了你！"抡起巴掌，就要朝姚士鑫扇过去。

姚士鑫一边躲让，一边大声抢白："就是没有出息！要是有出息，你就不当这破铁匠，跟爷爷一样学文化，当教书先生了。要不然就像储伯伯那样，虽然也是铁匠，但是能锻制铁画，当铁画艺人，也比你现在这样强。"

"你！"姚宣祥气得快要发疯，"你个小兔崽子……"操起一把锻锤，绕过砧台，气汹汹地跟在姚士鑫后面就要追打。

姚士鑫的母亲吴友云，是一个胆小怕事的人，一见到丈夫和儿子闹成这种局面，吓得她不知道怎么办才好。大儿子姚士瑞有事出门不在家，自己想拉架也没有这个力气，"这可怎么好？怎么得了……"急得她团团直转。

正在这时，很长时间没有见面的储金霞，忽然来到姚家门口。

"金霞，你来了正好……"吴友云想让储金霞帮忙，劝劝吵红双眼的姚宣祥和姚士鑫父子，不能再这样吵闹下去。猛然瞥见丈夫姚宣祥正狠劲地朝自己递使眼色，便赶紧把话打住。

"金霞，你来啦！"姚宣祥笑嘻嘻地跟储金霞招呼着，"你最近不是在合肥跟你爸一起锻制铁画吗，什么时候回来的？屋里坐！"吩咐吴友云，"金霞来了，还不快给金霞做茶去？"

"嗳！我这就去。"吴友云到厨房忙碌着。

所谓"做茶"，就是烧煮一碗红糖打鸡蛋，俗称"糖打蛋"，招待客人。这也是江北庐江流传多年的一种待客风俗。

姚宣祥忙着招呼客人，吴友云下到厨房忙着给客人"做茶"，一切都是那么平静，正常有序，好像刚才什么都没有发生一样。

可是从姚士鑫紧绷着的脸上，怒气未息的神色中，储金霞能够察觉得出，这里刚才发生了一场不愉快的风波，只是见到有客人来了，才出现这一暂时平静的现（假）象。

储金霞装作什么也不知道的样子，甜甜地叫了声"姚叔叔！""吴阿姨！"扬起手中一样东西，对姚宣祥说："姚叔叔，这是我爸特地让我从合肥带来，送给您的礼物，一瓶酒。我爸他跟我说了，姚叔叔要是见到他送的这瓶酒，一定非常喜欢，非常开心。"

豆蔻年华的储金霞（左一）

一听说"酒"，姚宣祥当然很高兴："你爸他那么忙，还想到让你带酒给我喝……"忽然看到储金霞手中的酒瓶，不由愣住了，"'女儿红'！怎么会是'女儿红'？金霞，你爸他知道我喜欢喝白酒，不喜欢喝黄酒，这黄酒，尤其是'女儿红'，是你爸他最喜欢喝的，他怎么让你带黄酒给我喝，而且还是特地带来的'女儿红'？"

储金霞调皮地拔出酒塞，打开酒瓶，把瓶口对向姚宣祥："姚叔叔，您好好闻一闻，究竟是黄酒还是白酒？"

姚宣祥用鼻子嗅了嗅："不错，是白酒，酒味很香、很浓。"感到不解，口中喃喃地，"可你爸他为什么用黄酒瓶装了白酒，带来给我？

而且装酒的酒瓶还是'女儿红'？"

细心的姚宣祥认出，眼前这只"女儿红"酒瓶，就是自己当年亲手送给储炎庆的那只。

吴友云从厨房端来热气腾腾的糖打蛋，递给储金霞，十分疼爱地："吃吧，趁热吃，要不然一会儿就凉了。"关切地问，"金霞，你跟你爸他们在合肥锻制铁画，学不上？书不读啦？"

储金霞接过吴友云端来的"茶"，说了声："谢谢！"边吃边回答，"我爸他让我向学校请半年假，集中精力，跟他在合肥锻制《迎客松》，说是等任务完成以后，我再到学校去上学。我爸说这次锻制晋京铁画，对铁画艺人来说，是一次极好机会，千载难逢。半年学不上书不读可以补回，错过这次好机会，就再也补不回来了。"

姚宣祥说："你爸他说的对，机不可失，时不再来，人生难得几次机会，抓住就不要放过。"

储金霞笑着说："姚叔叔，我爸他跟我说过，那次我妈让您找我爸求情，劝我爸不要让我吃那么大苦，跟他后面学打铁锻制铁画，我爸他当时跟您提到了锻制《迎客松》的事，您也是这样跟我爸说过的，'人生难得几次机会，抓住就不要放过'。姚叔叔，您是这样跟我爸说的吗？"

姚宣祥不好意思地说："究竟有没有说过，我都忘了。"

一回想起那段往事，魔鬼式训练，储金霞止不住内心就很激动："姚叔叔，您真好，真是一位好人，好长辈……"

姚宣祥听了，有点尴尬地："金霞，其实你姚叔叔，也没有你说的那么好。"

"哼！"一旁的姚士鑫，重重从鼻孔里发出哼声，极为不满地朝父亲姚宣祥白去一眼。

吴友云一旁见了，怕他们父子俩又要吵架，想缓和一下紧张气氛，对储金霞说："金霞，已经到了吃午饭的时候，吃完'茶'你就不要走，继续留在我家，吃个中午饭吧，我这就去做菜。"

　　"不了，吴阿姨，您不用客气。"储金霞连忙阻止，"我从合肥回芜湖，下了火车，就直接坐公共汽车来您这里，直到现在，我都没有回家呢。"

　　姚宣祥说："金霞他们到合肥锻制晋京铁画，好不容易回来一趟，就让金霞回家看看她妈妈吧。"转对愣在旁边的姚士鑫吩咐道，"愣着干什么？还不快去，送送金霞！"

　　目送着姚士鑫和储金霞渐去渐远的背影，姚宣祥又把目光投向装着白酒的"女儿红"酒瓶。

　　走在路上，储金霞从手提袋里取出一样东西，不好意思地对姚士鑫说："这次来我还给你带来一样东西，送给你……"带着不容置缓的口气说，"不管你喜欢不喜欢，你都得收下。"

　　姚士鑫眼前一亮："兰花！《铁兰花》？"

　　"这是我第一次独立完成的铁画作品，锻的不怎么好，你不要笑话……"储金霞羞涩地说。

　　《铁兰花》，用铁锻制而成的"兰花"作品。这是自铁画创立以来，历代师父教给徒弟的一门必修课，只有当"兰花"锻制好了，技艺精了，得到师父的认可，才可以锻制别的题材的作品。

　　《铁兰花》除了线条简单，锻制起来技艺容易掌握，同时作为铁画一门必修课目，还有一种思想教育的意义，蕴含其中。

　　兰花，向被誉为"花中君子""王者之香"。中国传统文化有梅、兰、竹、菊"四君子"之说，兰花几乎集中了梅、兰、竹、菊"四君子"身上最优秀的品格，并以她飘逸俊芳、绰约多姿的叶片；高洁淡雅、神韵兼备的花蕊；纯正幽远、沁人肺腑的香味，受到人们喜爱。

作为铁画艺人，用铁锻制"兰花"，更是有着一种根深蒂固的特殊感情和特质性格的认同。

清代诗人许仁在《铁兰花》诗中写道："花满琼瑶雪满苔，傻崖时见数枝开。等闲凭仗东风力，我自千锤百炼来。"

"我自千锤百炼来"，这句诗既是对《铁兰花》的形容与描述，也是对世间任何一个人，成长道路的总结与启示。

乃至对事业，对爱情，对所有的一切。

姚士鑫接过储金霞送给他的礼物，《铁兰花》，心情激动，爱不释手。

忽然姚士鑫发现，《铁兰花》的花蕊，颜色有点异样。凭着从小就跟着父亲打铁的经验，姚士鑫能够看出，那看上去像是铁锈一样的颜色，其实是被鲜血涸上去的，是鲜血留在上面的斑迹。

当然，外行人是不可能看得出来。即便是打铁多年的高手，如不仔细看，也很难辨认出来。

多年同铁打交道，姚士鑫知道，血迹留在铁上面，颜色很难褪掉。

"怎么，金霞你在锻制《铁兰花》这件作品时，手被打破，受伤流血了？"姚士鑫心疼地问。

储金霞和姚士鑫走后，姚宣祥打开"女儿红"，就着简单的下酒小菜，一口接着一口，一杯接着一杯地喝着储炎庆让女儿储金霞送来的，用黄酒瓶换装的散装白酒。似醉非醉，似醒非醒，脑子里不时浮现起15年前那件往事。

剪不断，理还乱……

鬼子投降，抗战胜利。姚宣祥带着瓶"女儿红"，兴冲冲地来到太阳宫，跟最知心要好朋友、铁工行当共事多年的老搭档储炎庆一起，喝酒庆贺。

同样是这只"女儿红"酒瓶，可里面装的酒却是不一样：15年前装的是原装黄酒，而这一次装的是散装白酒。

同样是好朋友之间互送对方喜爱之物，送酒，储炎庆喜欢喝黄酒，姚宣祥就给储炎庆送去黄酒"女儿红"，一起喝酒庆贺；姚宣祥喜欢喝白酒，储炎庆就特为他准备了白酒。两个人喝着喝着，触景生情地说起方爱珍肚皮里不知是男是女的未来小生命，储炎庆"酒后吐真言"，似乎是一锤定音地许下"指腹为婚"的承诺，姚宣祥也乘着酒性，把送去的"女儿红"，半开玩笑地说成是送给储炎庆的"订亲"礼物。

不管储炎庆当时为着姚宣祥"生男生女"的预测是假生气还是真生气，可酒他是喝了，而且喝得很开心。亦真亦假地，"女儿红"也毫无悬念地被当作"定亲礼"，被储炎庆所接纳。

同样是好朋友之间互送对方喜爱的酒，这一次储炎庆又把装着散装白酒的"女儿红"送给了姚宣祥，而且是让储金霞亲自送上门，这到底意味着什么？

究竟是对15年前许下诺言将予承诺的一种暗示，还是对当年许诺于无声处一种巧妙的推翻？

一瓶装着散装白酒的"女儿红"，如同一块石子丢进水中，激起浪花，搅得姚宣祥心底泛起层层波澜，想了很多。以至于当吴友云催他去吃饭，他这才幡然而醒：该是到了吃饭的时候，不能光顾着喝酒。

姚士鑫在砧台打铁，又累又饿。

"三年自然灾害"大饥荒，在人们不经意间悄悄到来。先是出现粮食供应紧张，接着就是吃不饱肚子，吃了上顿没下顿，饿的人心里直发慌。

正在发育长身体的姚士鑫实在受不了，他一边忍饥挨饿，一边操锤打铁，锻打姚宣祥布置给他的没完没了的锤子——羊头锤、鸭嘴锤、奶头锤、鼓形锤……枯燥乏味。

本来姚士鑫就不喜欢打铁这个行当，现在饿得有气无力，拿不动锻锤，更是不愿意再继续打下去。

姚士鑫恨不得把手中锻锤扔了，找一个有东西吃的地方，把肚子填饱，再美美睡上一觉，把饿得没有睡好的觉给补回来。

姚宣祥同样也饿得不行，两腿发软，眼睛冒金星，差一点就要栽倒在地，爬不起来身子。可姚宣祥清楚地知道，作为家中的主心骨，越是在这种时候越是不能倒，要咬着牙，坚决地挺住，无论如何也不能倒。

忽然间，姚宣祥发现姚士鑫那边锤声渐暗，正待训斥是"怎么回事"，又听到锤声戛然而止，消失掉了！

平时姚宣祥只要一听到锻锤声，就知道哪个是大儿子姚士瑞打的，哪个是小儿子姚士鑫打的；哪个正在锻打，哪个不在锻打，对锤声熟悉得不能再熟悉。而且姚士鑫专打锤子，像羊头锤、鸭嘴锤、奶头锤、鼓形锤……锤声特别，又有点与众不同，几乎不用分辨，一听就能听得出来。

姚宣祥知道情况不妙，赶紧来到姚士鑫砧台前。

"鑫儿，你怎么了？鑫儿，你醒醒！"

姚宣祥急切地呼唤着。

呼唤声惊动了吴友云，她一步抢了过来，扑到姚士鑫跟前，带着哭腔地："鑫儿，你这是怎么啦？你醒醒啊……"

昏迷不醒的姚士鑫，脑袋崴在冷冰冰的砧台上，嘴角流出黄黄的涎水。

"他这是饿的！"姚宣祥冷静观察过后，联想到最近经常有人出现饿昏，甚至饿死的现象，得出结论，吩咐道，"快扶鑫儿到床上躺一会，给他喝点开水，最好是喝糖开水。"

糖开水喝下去，能够起到补充人体糖分的作用，缓解由饥饿和过分劳累引起的低血糖眩晕。

吴友云想到前没多久给储金霞做糖打蛋待客时，家里还剩下些白砂糖，便连忙去张罗糖开水。

几口糖开水喝下，姚士鑫苏醒了过来。

吴友云抹去眼角的泪水，颤抖着声音说："鑫儿，你可醒过来了！你可把妈妈急坏了。"

姚宣祥嘴上不说，心中却像是悬着的一块石头，终于落了地。

晚上，吴友云同姚宣祥商量。

"家里这个月的粮票，才半个月不到，就只剩下10斤了，下半个月粮食还没有着落，吃什么东西，我都快怄（愁）死了。"吴友云说。

姚宣祥家，同大部分家庭一样，都是男主外，女主内；男人在外面挣钱，女人在家里打理吃饭穿衣等费用，管钱。在那个年代，主内的女人不光要把男人在外面挣回家的钱管好用好，还要管好用好国家计划分配的粮票、布票等各类有价证券。

眼见得粮票紧张，面临着粮食不够吃的危机，主内的家庭主妇吴友云，不由得焦急万分。

"要么先找人家借一点，等我们什么时候有了粮票，再还给人家。"姚宣祥说。

"能借的，我都找人借过了。亲戚家的，朋友家的，连我娘家侄子准备结婚用的粮票，我都把借来，还不知道什么时候才能还给人家……"说到伤心处，吴友云眼泪流了下来，"现在只要一有人见到我，就躲得远远地，生怕我开口找他们借粮票，我都成什么人了……"

姚宣祥想了一会，忽然有了办法："花钱到黑市上去买，买粮票！钱要是不够，我和两个儿子拼命打铁去挣。"

吴友云嗔了姚宣祥一句："你这个人，真是不当家不知柴米贵，现在粮票这么紧张，再怎么黑的黑市，哪里还能买得到半两？"

"那……"姚宣祥一时语塞，说不上话来。

"唉！"吴友云深深叹了一口气，"你就是榆木脑袋，放着眼前阳光大道你不走，偏要在这独木桥上晃来晃去活受罪！你不为我不为你自己着想也就算了，两个儿子你总不能不为他们考虑吧，难道你要亲眼看到他们在你面前，活活饿死不成……"

尽管吴友云没有完全把话挑明，但姚宣祥依稀能够听得出"阳光大道""独木桥"以及"榆木脑袋"等话的弦外音。

曾经的最知心要好朋友、铁工行当共事多年的老搭档储炎庆，由于为新中国成立后铁画恢复事业做出贡献，受到上至中央下到省市各级领导的重视。储炎庆在北京开会时，朱德委员长还拉着他的手，亲切谈心说话，一起照相留影，照片登在报纸上，全国人民都能看得到。

近段时间内，储炎庆又带着他的徒弟们，在合肥锻制晋京铁画，省市乃至中央领导经常去看望他们。为了确保这一重要政治任务顺利完成，鼓励储炎庆等铁画艺人的锻制积极性，有关领导要求，粮食再怎么紧张，也不能断了储炎庆他们的口粮，让他们吃饱吃好，没有后顾之忧，把晋京铁画《迎客松》锻制好，送到北京人民大会堂，向新中国成立10周年大庆献礼。

粮票紧张，粮食不够吃，对于储炎庆他们来说，不是什么多大问题。

　　这就是吴友云话中关于解决粮票紧张的"阳光大道"。

　　"你跟金霞他爸关系那么好，上一次金霞他爸还让金霞送酒来给你喝，金霞跟我家鑫儿又是小时候一起长大的同学，这种时候你去找金霞他爸，我想他不会不给面子的。"吴友云说。

　　姚宣祥把头摇得跟拨浪鼓似的："他储炎庆已经不是当年的储炎庆，现在正是春风得意，而我姚宣祥却是穷困潦倒。这种时候要我去找他储炎庆，我绝对做不到。"

　　姚宣祥脾气好起来还好，遇事可以商量，要是犟起来，就是八头牛也拉不回来。

　　"你呀！"吴友云止不住地哭了起来……

　　姚士鑫与姚士瑞在砧台边低声嘀咕。

　　"哥，最近我想到合肥去一趟。"姚士鑫说。

　　近段时间以来，芜湖有不少人到合肥去找储炎庆，回来后，要么借到点粮票，提供临时周转，要么把肚子填饱，解决一下暂时的饥饿。

　　姚士瑞懂得弟弟的心思，对姚士鑫说："你去吧，说不定在储伯伯那里，能想出个办法。不管怎么说，总要比困在家里强。"

　　"爸要是向你问起我，你打算怎么跟他说？"姚士鑫对父亲姚宣祥还是心有余悸。

　　"到时候我就跟爸说，士鑫他们学校有事，到学校去了。走之前比较急，来不及跟爸打招呼，便让我转告。"姚士瑞对姚士鑫说。

　　姚士瑞打算跟父亲姚宣祥撒一个谎，应付过去。

　　"哥，你真好……"姚士鑫十分感激。

　　"你走的那一天，最好趁爸不在家，等你走后我再告诉爸，这样撒

锻
红
尘
——
储金霞铁画人生

072

谎就能撒的像，撒的周全，爸就不会怀疑了。"姚士瑞谨慎地说。

"哥，我知道……"姚士鑫回答道。

姚士鑫和姚士瑞的对话，虽然声音压得很低，跟蚊子哼的似的，但还是被他们想要隐瞒过去的父亲姚宣祥听到。

尽管姚宣祥听得不是很仔细，可他还是大致能够听得出或是能够分析得出，他的表面上严格要求实际上内心十分疼爱的小儿子姚士鑫，准备背着父亲到合肥去找储炎庆。

到底阻拦还是不阻拦？这一抉择在姚宣祥脑子里只瞬间闪跳了一下，几乎是没加思索地，便很快做出决定。

姚宣祥故意装作没有听见他们兄弟俩的谈话，隔着砧台，问道："你们在那里嘀咕些什么？干活的时候不能分神，不能分散注意力，要集中精力抓紧时间干活！"把锻锤重重在砧台上敲了一下，发出声响。

姚士鑫只身一人，来到省城合肥。

路上有好几次姚士鑫差点饿得晕倒在地，好不容易找到锻制晋京铁画《迎客松》的合肥锻压机厂。

储金霞看到姚士鑫的到来，又惊又喜："你！你怎么来了？"转身对父亲储炎庆喊道，"爸，姚叔叔家士鑫来了！"

从"叮叮当当"交响乐演奏般的锤声中，走来了正在紧张忙碌的储炎庆，见到姚士鑫他非常高兴："鑫儿，你来了。你爸你妈，还有你哥哥他们，家里人都好吗？"

姚士鑫一听储炎庆问起自己父母家人，不由得鼻子发酸："我爸我妈，还有我哥哥，他们都很好……"说罢，像是受了委屈的孩子似的，眼泪大颗大颗地往下滚落。

储炎庆自然知道姚士鑫是为什么事而伤心落泪。他慈爱地抚摸着姚士鑫的脑袋："鑫儿，你们家的事，包括现在外面发生的事，你储伯伯虽然我在这里埋头锻制铁画，但我都知道。现在国家遇到困难，粮食紧张，吃不饱肚子，这只是暂时现象，相信只要坚持过去，一切都会好的。"对站在一旁的储金霞吩咐道，"金霞，快帮你士鑫哥哥到饭堂打饭去，已经到了吃中午饭的时候了。"

储金霞答应了一声，很快从饭堂打来一大瓷缸热乎乎的白米饭，上面还盖着两块油汪汪的红烧肉，递给姚士鑫："吃吧，趁热把吃掉。"

姚士鑫感激地望了储金霞一眼，接过盛着米饭和肉的大瓷缸，顾不得说上半句客气话，便狼吞虎咽、风卷残云般地，一会儿工夫就把大瓷缸里面的饭菜和肉扒拉个精光。

姚士鑫实在是太饿了！

储炎庆心疼地望着眼前的姚士鑫，舐犊之情，油然而生，柔声问道："鑫儿，你到我这里来，你爸他知道吗？"

"不知道。"姚士鑫老老实实地回答，"走的时候让我哥跟爸撒了个谎，没说到储伯伯您这里来。"

储炎庆"哦"了一声，又问："上次我让金霞给你爸送去那瓶酒，你爸他喜欢吗？"

"喜欢。"姚士鑫回答。

"他喝了没有？"储炎庆问。

"喝了。"姚士鑫回答。

"你爸他喝过以后，跟你说什么了没有？"储炎庆继续问。

"他喝就喝了，什么话也没有说，什么话也没跟我说。"姚士鑫回答道。忽然感到奇怪，储炎庆为什么会问这些？

"哦！"储炎庆又"哦"了一声，想要跟姚士鑫说什么，但又没说出来，欲言又止，"这样吧，鑫儿你先在厂子里的宿舍住下，晚上我慢慢跟你说。"唤来一旁的杨光辉，"光辉，今晚士鑫就住你那里。"

杨光辉答应了一声，朝姚士鑫吐了吐舌头，做个鬼脸，回答储炎庆道："师父，我这就去准备。"

到了晚上，吃完晚饭，姚士鑫已再也不像中午那副很饿很馋的样子，一切都恢复了正常。

储炎庆领着姚士鑫，来到厂区附近一个废弃公园的河塘边，找了一个木头凳子坐下，细细地跟姚士鑫说起了那段"指腹为婚"的往事……

姚士鑫被听得一愣一愣地，眨巴着眼睛，犯起狐疑："储伯伯，您跟我说的这些，都是真的吗？可是这么长时间过去，我怎么从来也没有听我爸他跟我说起过？"

储炎庆笑了，对姚士鑫说道："你爸他这个人啦，脑子里面想的什么我全知道，他是以为我当年说过的话反悔不认账，许诺的事不兑现。我储炎庆是那样的人吗？"转又对姚士鑫说，"这事也不能全怪你爸，你储伯伯我也有一定责任。15 年前许诺过后，我就一直没有向你爸明确表示过，只顾着铁画锻制这事那事的，把儿女婚姻大事给丢在一边。其实这么多年来，我和你爸也是，他一直在等我，我一直在等他，等着总有一天我们俩有人先提起这桩亲事，把话挑明，把事情明确下来，可是这等来等去的，一等就是 15 年过去，最后还是我等不过你爸，先向你爸他表明了态度……"

姚士鑫感到疑惑不解：什么时候储炎庆向父亲姚宣祥就"指腹为婚"承诺兑现的事，表明过态度，自己怎么一点也不知道？

储炎庆见姚士鑫一头雾水的样子，不由又笑了，说道："鑫儿，那回我让你金霞妹妹送'女儿红'到你家，就是告诉你爸，以你爸送给我'定亲礼'的'女儿红'酒瓶为证，我储炎庆说过的话决不反悔，许诺过的事一定兑现。"

姚士鑫还是不解，喃喃说道："储伯伯，您这只是暗示，并没有明确说出承诺兑现的话来，我爸他能懂，能理解您的意思吗？"

储炎庆疼爱地对姚士鑫说："鑫儿，这你就不知道了，我和你爸在砧台锻炉前打了那么多年交道，铁工行当摔打滚爬那么长时间，你爸他什么意思我懂，你储伯伯我是什么意思不用任何说明，你爸他也一定会懂，一定会理解的。"

姚士鑫似信非信地，点了点头。

过了不大一会儿工夫，储炎庆忽然想起来一件事："对了，鑫儿我还一直没有问过你，我和你爸在你们很小的时候为你们订的这门亲，你愿意还是不愿意？现在是新社会，讲恋爱自由婚姻自由，不能像旧社会那样搞父母包办。你也是成年人了，你就说说，你是什么态度，到底愿意还是不愿意？"

姚士鑫低下脑袋，脸一直涨红到脖子根："我愿意。就是不知道金霞妹妹她，愿不愿意……"

"对了，鑫儿你如果不提醒，我倒把这事给忘了。直到今天，我和你爸为你们订的这门亲，你储伯伯我还一直没有跟你金霞妹妹说呢！"储炎庆像是才想起来似的，拍着脑门说道。

储炎庆是何等精明之人，他并不是无意忘记，而是有意这样安排。他是想等到完全弄清姚士鑫父亲姚宣祥和姚士鑫本人是什么意思，得到他认为是满意的反馈意见后，再告诉女儿储金霞。

儿女婚姻是一生中大事，懈怠不得，不能有半点马虎。

更何况是嫁女。

储炎庆对姚士鑫说："鑫儿，你先在这住几天，等我问过你金霞妹妹以后，再告诉你。"

跟教习女儿打铁锻制铁画不一样，储炎庆这回跟储金霞说起"指腹为婚"定亲这件事，显得特别有耐心。

储炎庆说，儿女婚姻是桩大事，做父母的不得不慎重考虑，总希望能为子女选择合适般配的另一半。这种选择也是门学问，而且是一门很大的学问，如果选择好了，可以使子女生活的幸福；选择的不好，极有可能给子女带来一辈子的痛苦，毫无幸福可言。

储炎庆说，过去旧社会搞"媒妁之言""父母之命"，现在新社会不搞那一套，讲"婚姻自由""恋爱自由"。尊重子女选择，自由恋爱，自己找对象。可是这两种方法各有利弊，最好的办法就是把两种优势结合在一起，父母和并非不是"媒婆"的介绍人帮忙介绍，子女自己也找，这样可以多一些选择。

储炎庆说，俗话说"男找行，女找郎"，找什么行当和选择什么职业，固然重要，但对女孩子来说，"找郎"比"找行"更重要。正因为如此，在储金霞还没有出生的时候，在妈妈肚子里面，他这个做父亲的就把当作头等大事，选择合适般配的另一半，帮女儿"找郎"。

最后储炎庆说："金霞，当年你爸我'指腹为婚'许下诺言，帮你订的这门亲，虽然看起来有点荒唐，在你还没有出生待在妈妈肚子里面，不知道是男是女的情况下，就把你'嫁'出去了。其实你爸我当时也是留有余地，没有把话说绝和说的那么肯定，目的是想试一试你姚叔叔对这件事的态度。对你士鑫哥哥也就是鑫儿，这么多年来你爸我也一直在观察，观察他的品行、作风、为人、才能，各个方面；品行好不好，作风正不正，为人处事诚不诚、才能水平高不高，这些都很重要，直接关系到女儿你将来的一生……"

"爸，您不用说，什么也不用说了。"储金霞泪水涟涟地，"这么多年来，我都是按您给我设计的人生路，在您的呵护下往前走。在'选行'这件事上，您让我跟您学打铁锻制铁画，我便放弃了学唱戏当演员的梦想，跟您后面学打铁锻制铁画；在'选郎'找对象这件事上，当我在妈妈肚子里还没有出生的时候，您就帮我找好选好了对象。爸，您这样做，有没有想到过女儿我的感受，难道您就一点空间都不给我留下吗……"

储炎庆愣了一会，说道："金霞，你爸我也是看你对鑫儿印象不错，从小你们又一起长大，互相熟悉了解，知根知底。鑫儿这孩子人厚道，虽然才能谈不上有多高，但他在打铁方面受他父亲真传技法，有的甚至是独门绝活，这样发展下去，将来鑫儿在铁工行当肯定是排得上号的佼佼者，不比你的师兄们差。"说着，他望了储金霞一眼，观察反应，"其实你爸我这样做，也是为你好，你要是不愿意，想自己找，我也不反对。新社会讲'婚姻自由'、'恋爱自由'，不搞父母包办，这些道理你爸我都懂。金霞你放心，你想要怎么样，做父亲的我一定会给你足够的空间。"

储金霞咬着上下嘴唇，拧动着手中铁锤，没有吱声。

见此情状，储炎庆大致已能了解储金霞心中的想法，便笑着说道："其实选择这门亲事，你爸我以为你是愿意的。那回我让你送'女儿红'给你姚叔叔，你同时还送了件东西给了鑫儿，就是你亲手锻制的《铁兰花》。"

储金霞一听急了，连忙分辩："不！我送《铁兰花》给士鑫哥哥他，纯粹是我作为第一次锻制出来的

储金霞与她的师兄弟们

铁画作品送给他的。根本没有别的意思，一点别的意思都没有。"忽然感到奇怪，"咦？爸，您是怎么知道我送《铁兰花》给士鑫哥哥这件事的？"

储炎庆笑道："这你就不要多问了，反正你爸我知道你给鑫儿送去《铁兰花》，而且是在送'女儿红'的时候，一道送去的。"

储金霞更加急了："爸，您告诉我嘛，您究竟是从什么人那里知道我送《铁兰花》给士鑫哥哥的？"

储炎庆故作讳莫如深地："解铃还须系铃人，究竟是什么人告诉你爸我的，还要用问吗？"说罢，又"嘿嘿"笑了起来。

储炎庆让姚士鑫在合肥住上几天，要女儿储金霞陪着姚士鑫一道，参观晋京铁画《迎客松》的现场锻制过程。

合肥锻压机厂车间内，《迎客松》锻制现场。砧台与锻炉相间，人员川流不息；烟火缭绕，锤声铿锵，场面十分壮观。

储金霞陪着姚士鑫，边走边参观，边参观边向姚士鑫介绍：哪个作业区块是"树干"锻制工段，哪个作业区块是"树枝"锻制工段，哪个作业区块又是"迎客松"植根的"岩石"锻制工段。

介绍完锻制作业区块后，储金霞又分别向姚士鑫介绍她的那些储炎庆"八大弟子"的师兄们：哪位是大师兄储春旺，大师兄储春旺的技艺精湛，业务水平比较高，专门配合师父储炎庆锻制《迎客松》"树干"；哪位是二师兄杨光辉，二师兄杨光辉脑袋瓜聪明，还会舞文弄墨，懂点书画，除了协助大师兄储春旺锻制《迎客松》"树干"外，同时还在储炎庆和王石岑指导下，协调整个画面的经营布局，负责"迎客松"三个题款字的锻制；哪位是……

当介绍到二师兄杨光辉时，杨光辉咧开大嘴巴，笑道："我就不用九妹你介绍了，我和士鑫晚上同在一个宿舍睡觉，士鑫他什么都知道。"

　　说来也蹊跷，以往储金霞不知道有这层关系时，倒还心底无事天地宽，从小长到大，"锤子剪刀布"的，快乐无忧，想说什么说什么，想做什么做什么；想哭就哭，想笑就笑，想耍点小脾气闹一闹，也就闹了，无任何顾忌。可是自从知道了"指腹为婚"定亲这件事，与姚士鑫忽然变得陌生起来，再也不像以往那样相处随便，言谈举止拘束得多了。

　　当来到储金霞锻制铁画的砧台前，她不由自主地脸红心跳起来。就是在这座砧台上，储金霞第一次用自己的聪慧才艺，锻制成功铁画处女作《铁兰花》，并将这件自己第一次独立完成的铁画作品，亲手赠送给了她最值得信任和信赖的人，眼前和她在一起的姚士鑫。

　　尽管在锻制以及赠送《铁兰花》时，储金霞没朝更多方面去想，比如"爱情信物"、人生尤其是艺人特别珍贵的"处女作"等。

　　甚至储金霞也没有想到过，这一举动能跟"爱情"两个字挂上号。对"爱情"究竟是什么，当时她还不完全懂。或者说只懂那么一点点，也只是毛毛雨般萌芽状态的一种朦胧。

　　就像是打铁锻制铁画溅起的火花，炽热而又美丽。

　　"你怎么把我送给你《铁兰花》的事，告诉给了我爸？"储金霞羞红着脸，低声问道。

　　"没有呀！你送给我《铁兰花》，那是属于我们两个人之间的秘密，我什么人也没有告诉过，更没有告诉过你爸。"姚士鑫感到诧异，被问得有点莫名其妙。

　　"那我爸是怎么知道这件事的？当我问我爸的时候，他跟我说什么，'解铃还须系铃人'，于是我就想到了你。因为你是这件事的当事者，是'系铃人'。要想'解'开这个'铃'，揭开这个秘密，当然是你这位当事的'系铃人'了。"储金霞说。

　　说完以后，储金霞又感到心中不踏实：父亲是说过"解铃还须系铃人"这句话，可他并没有说这个"系铃人"是谁，也没有明确地向自己表明清楚这个人就是姚士鑫。

　　那么这个"解铃还须系铃人"的"系铃人"，究竟他是谁呢？储金霞百思不得其解。

　　忽然储金霞想起来了，那天父亲储炎庆将"女儿红"交给自己的时候，自己正手忙脚乱往手提袋里塞装《铁兰花》铁画，当时莫名其妙地，心中总好像有什么鬼似的，生怕被别人发现。不知道当时父亲储炎庆是看到还是没有看到，或者是看到了也故意装作没有看到，不经意地朝自己瞟了一眼，脸上露出一种意味深长的笑。

　　看到了，肯定是看到了！储金霞在心中思量着。

　　至于父亲储炎庆看到以后，为什么并没有询问塞装《铁兰花》时手忙脚乱偷偷摸摸的原因？《铁兰花》塞装进手提袋究竟是带到什么地方？是不是打算带到芜湖？带到芜湖又准备送给谁？这一连串的问号，肯定会在父亲储炎庆的脑子里盘旋萦绕，埋下伏笔，就像是蒙着一层薄薄的窗户纸，等待适当时候，揭开秘密，把它捅破。

　　储金霞不由被父亲对自己的一番良苦用心，深深地感动。

　　参观完《迎客松》锻制现场后，储金霞又陪姚士鑫一道，游览了合肥的逍遥津、包河公园，逛了四牌楼大街，并掏钱请客，在合肥城隍庙吃了小吃。二人玩得尽兴、开心，以至于看上去似乎姚士鑫都有点"乐不思蜀"了。

　　可是事实并非如此，到了第三天的时候，姚士鑫向储炎庆提出要回家，支支吾吾地说："储伯伯，我从芜湖到合肥，离开家以后，已经有好几天了！我，我想回家。"

第五章　铁兰花

081

"怎么，你在这里待不习惯吗？是不是金霞又欺负你了。你储伯伯我知道，金霞小时候经常欺负你，现在都这么大了，老毛病还不改，还在欺负你，她敢？"储炎庆说。

"不，我在这里待的很习惯，金霞妹妹她待我也挺好。"姚士鑫说。

"哦！"储炎庆笑了，又问道，"那你跟储伯伯说，才来这么几天，怎么就急着要回去？是不是你来合肥这件事，你爸他不知道，怕回去要挨骂？"

姚士鑫也笑着回答："我离开家都这么长时间，我到哪里去，这么多天住在什么地方，估计我爸他应该能够知道。再又说了，他跟储伯伯您关系这么好，知道我到您这里来，是不会骂我的。"

储炎庆沉吟了一会，说："那倒也是，我和你爸这么多年老朋友，比亲兄弟还要亲。"

"储伯伯，我在您这里，吃了、喝了，也玩了，可我们家，我爸、我妈，还有我哥哥，他们这种时候，还正在饿肚子呢！"姚士鑫说到这里，忽然伤心地哭了起来……

储炎庆伸出长满茧皮的手，在姚士鑫脑袋上抚摸着："鑫儿，在这种情况下，你没有只顾着你一个人吃饱肚子，一个人吃好玩好，而是心中想着你爸你妈和你哥哥，想着你们那个正在忍饥挨饿的家。可以看得出来，你是一个懂事的孩子，是一个很有责任心的人……"哽咽着，对姚士鑫说，"回去告诉你爸，就说储伯伯我说的，从今往后，我们储姚两家就是一家人，只要我储家有口吃的，就决不会让你们姚家饿着肚子。"

姚士鑫回到家。

"你回来啦？"姚宣祥劈头问道。

"我回来了。"姚士鑫小心翼翼地回答，等待着一场疾风暴雨的到来，接受父亲的一顿斥骂。

"回来了就好。"姚宣祥淡淡地说了一句，没再吱声。

没有想象中的那么怒不可遏，那么可怕，迎来的是一场"冷战"！姚士鑫打了个寒噤。

这时候，吴友云来到姚士鑫面前，又惊又喜地："鑫儿，你可回来了！这些日子你到哪里去，也不跟我们打一声招呼？可把你爸你妈，还有你哥哥，我们大家都急坏了。"

原来哥哥姚士瑞他并没有跟父亲撒谎，闹了个最知情的哥哥，都不知道自己"上哪里去了?"

"妈，我到合肥，到储伯伯那里去了。"姚士鑫见姚士瑞并没有帮他打掩护找借口撒谎的样子，便横下一条心，说出真情。反正"丑媳妇总得见公婆"，早说晚说，迟早都是要说的。

"哦！难怪你爸他叫我不要着急，跟我说，鑫儿到合肥找储炎庆，找你储伯伯去了。本来我以为你爸是编假话安慰我，没想到让你爸给说对了，真的是到合肥找你储伯伯去了。鑫儿，你储伯伯和金霞，他们都还好吧?"吴友云说。

"他们都很好。妈，储伯伯知道我们家粮票不够用，粮食不够吃，还特地让我带来60斤粮票，说是先对付着用，如果不够，过段时间他那里还可以再腾出一点。"姚士鑫说着，从怀里掏出包裹了一层又一层的粮票，宝贝疙瘩似的，双手捧递给了吴友云。

吴友云从儿子手中接过粮票，泪水汪汪："这可是救命粮呀，鑫儿！妈跟你说吧，从你走了以后，你不在家这几天，我们每天只能吃一顿稀饭，饿的都快不行了，下个月配发的粮票，还不知道要等到哪一天。"

"扯那些没用的做什么？"姚宣祥打断了吴友云的话，问姚士鑫道，"你储伯伯他有没有跟你说过，这些粮票是借给我们，还是支援接济我们？如果是借给我们周转的，等我们有了粮票的时候再还给他；如果是支援，我们家一两都不要。我姚宣祥就是再穷再饿，也不能穷到饿到那种地步。"

"宣祥，你就不要再耍牛脾气了。鑫儿从合肥弄来粮票，解决我们家就要断顿的困难，容易吗？如果是你，半两粮票都搞不来，全家等着你喝西北风？"吴友云没好气地说。

锻造台上未完成的铁画部件

"我没有问你，我是在问他。"姚宣祥指着姚士鑫，一个劲地追问，"你跟你爸说实话，这粮票，究竟是借给我们，还是支援接济我们？"

"储伯伯给粮票的时候，说是借给我们，等我们家什么时候有了粮票，再还给他。"姚士鑫情急之下，违心地编了个假话。

"是的，借人家的东西，一定要还给人家，更就不用说眼下的粮票，比金子还要精贵。再说他们父女俩在合肥，为国家锻制铁画，粮票供应虽然比我们多一点，也多不到哪里去。60斤粮票，那可是你储伯伯和你金霞妹妹，从牙齿缝里一口一口省出来的呀！他们还要出力气打铁，做重体力活。"吴友云一边说着，一边又掉下伤心的眼泪。

这时候，姚宣祥的脸色才缓和下来，对姚士鑫说："鑫儿，你妈她说的对，借人家的东西，不管是什么，一定要归还，这是做人的准则，更就不用说你储伯伯那点粮票，也是他和金霞，包括你储妈妈一口一口省出来的，非常不容易，我们不能白吃白拿他们的。"

姚宣祥大着嗓音对两个儿子说，"你们俩都给我听好，做人一定要懂得感恩。这回在我们家最困难，断粮没有饭吃，鑫儿饿得都快要出危险的时候，你们的储伯伯，他们家，勒紧裤腰带，省下粮票借给我们，这个比大海还要深的恩情，我将永远铭记在心。你们俩也不要忘记，永远也不要忘记，你们的储伯伯，他们家的恩情。等我们什么时候有了粮票，不仅要如数归还，还要用更多更好的方式，加倍报答，滴水之恩，涌泉相报……"

说罢，泪如雨下。

姚宣祥的两个儿子，姚士瑞和姚士鑫，也都流下了眼泪。

"男儿有泪不轻弹"，姚家的三个男人，硬气的打铁汉子，三个铁匠，同时都哭了。

有了"救命"的粮票，姚宣祥名存实亡的"姚宏发铁铺"，便就又有了生气。吴友云拿着粮票到粮店买米，张罗做饭。姚宣祥和他的两个儿子，父子三人"叮叮当当"在砧台打铁。自从姚士鑫走后便一直喑着的锻锤声音，重又响了起来，带来生活新的希望。

吃饱了饭，有了力气，精气神好多了。

姚士鑫抹了抹嘴巴，对姚宣祥说："爸，这次我在储伯伯那里，储伯伯跟我说到了你们当初给我和金霞妹妹定亲的事，都这么长时间过去，我怎么一点也不知道，您怎么从来也不告诉我？"

吴友云也感到奇怪："噢，还有这种事？宣祥，我怎么也是从来没有听你提起过呀。"

姚宣祥大不以为然地："那不都是过去很久的事吗。当时酒喝多了，我以为是喝酒讲酒话，没把这回事当真。"问姚士鑫，"怎么，他储炎庆，不，你储伯伯他，这次你到合肥在他那里，跟你谈到这件事了吗?"

"谈了，谈得很详细。"姚士鑫有点不高兴了，这么大的事情，做父亲的对儿子一点也不关心，还把说成是"喝酒讲酒话"，儿戏一样对待!

其实他哪里知道，父亲姚宣祥此时心情，如倒海翻江，极不平静。

当初"指腹为婚"定亲过后，姚宣祥何尝不想把这件事理出个头绪，对儿子姚士鑫和对自己的家庭，乃至对储金霞和她父母有个交代？可由于当时说过以后，为"生男生女"的话题，引得储炎庆好像有点不大愉快，便将这件事搁置下来。储炎庆没有提，自己当然也不好提，一直想等到有合适机会。后来，好不容易等到由"魔鬼式"训练带来的上门当"说客"的机会，姚宣祥本想就此提一下当年定亲这件事，没承想储炎庆一心陷在《迎客松》锻制这件事上，自己也受到感染，把定亲的事给说忘了。或者说是根本就没有机会去说这件事。

前没多久，储炎庆让女儿储金霞给姚宣祥带来"女儿红"，旧瓶装新酒，而且是姚宣祥喜欢喝的白酒，装酒的酒瓶就是当年他送给储炎庆所谓"定亲礼"的"女儿红"，这会不会是储炎庆发出承诺兑现的一种暗示？引起姚宣祥好一阵子激动，想了好几个晚上都没有睡成个囫囵觉。就像是打铁遇到了难打的顽铁，特别地折磨人。得知儿子姚士鑫到合肥去找储炎庆，姚宣祥故意装作不知道，让儿子去找。其实在姚宣祥心中，找储炎庆想办法弄点粮票，解决眼前的饥饿倒不是主要目的，他是希望这回姚士鑫去合肥，到储炎庆那里讨个准信：让储金霞送来"女儿红"，是不是暗示当年的承诺兑现？

姚士鑫回来了，不光带回来60斤"救命"的粮票，还带回来储炎庆承诺兑现的喜讯。同时姚士鑫还告诉父亲姚宣祥和家人，他这次去合肥，储炎庆对他如何如何地好，如何如何的亲密无间，让储金霞亲自陪他参观《迎客松》锻制现场，陪他游公园、逛大街，买好吃的东西给他吃。

说到参观《迎客松》锻制现场，姚士鑫显得异常兴奋："那场面，那气氛，我是从来也没有见到过，电影上也没有看到过，热烈壮观得我都找不到词语来形容了！"

说得眉飞色舞。

姚士瑞听得一愣一愣地，嘴里止不住地"啧啧"称"好！"吴友云也喜上眉梢一个劲地直乐，连灶上烧的开水都忘了装，冒着热气，弥漫在屋内。

姚宣祥一开始听了也是很高兴，笑得眯缝了一双眼睛，可是笑着笑着，忽然他感到哪些地方有些不大对劲。究竟是什么地方，一时还说不上来。

见姚士鑫说得差不多了，激动兴奋的也差不多了，姚宣祥便一脸严肃地问姚士鑫道："说完了没有？"

储炎庆与弟子们交流

"说完了。"姚士鑫发现父亲脸色有些不大对头，便知趣地打住话头，没再继续往下说。

短暂沉静了一会，姚士鑫忽然想起来，直到现在，姚宣祥都还没有对定亲的事明确表态，心里面像揣着小兔子似的，"扑扑"乱跳，便小心翼翼地问姚宣祥道："爸，当年您和储伯伯为我定亲，储伯伯说他承诺兑现，您是什么意见，能不能现在就告诉我？"

"那还用说，当年是我们家，也就是你爸拎着瓶'女儿红'，上门向他家提的亲。那时候还怕人家不同意，现在人家储炎庆都兑现承诺，同意了，你爸他还会不同意？你爸他要是不同意，我这当妈妈的同意，这天大的好事，想都想不来呢！"吴友云说。

吴友云说罢，也不放心地观察着姚宣祥的脸色，看他怎样表态。

姚宣祥紧绷着的脸上肌肉，激烈地跳动了好一会，忽然迸出来一句话，三个字："不同意！"

"啊？"

姚士鑫以及他的母亲吴友云和哥哥姚士瑞，全都傻了！

这一炸了锅似的消息，很快传到了设在合肥锻压机厂的晋京铁画《迎客松》锻制现场。

正巧储炎庆不在，到北京人民大会堂察看《迎客松》摆放位置，做最后的改进。随同储炎庆一起去的还有他的大徒弟储春旺，二徒弟杨光辉临时在家里张罗负责。

杨光辉得到这一消息后，赔着小心来到储金霞砧台旁，想说又不敢说地，问储金霞道："九妹，金霞，那件事你知道了吗？"

"什么事？"储金霞明知故问，头也不抬地反问道。

"就是你和士鑫那件事嘛！他姚宣祥这个人，真是太不像话，论家庭地位长相才能，你哪一点配不上，他还自作多情，'不同意'？他姚宣祥有什么资格说这样的话！要不是师父不在家要我临时负责，脱不开身子，我非马上去找他姚宣祥，评评这个理！"杨光辉气呼呼地说。

"二师兄，你烦不烦啊？"储金霞锻制着手中的"松针"，对杨光辉看样子是无休止的唠叨，感到很厌烦。

"九妹，金霞，我除了是你的二师兄，还是你亲表哥，听表哥我一句劝，这种事你也不要过分放在心上，外面好小伙子多的是，凭你这样的条件，什么样的好小伙子找不到……"

"二师兄，表哥！我的好师兄，好表哥，求求你，不要再说了行不行？你让我安静一会，安静一会行不行！"储金霞求饶地。

等杨光辉走开后，储金霞独自一人在砧台旁，手中的锻锤，有一下没一下地敲打着。

往事如过电影般，在脑海里不断浮现：酸、甜、苦、辣，百味俱全；无声的泪水，洒在尚有点余热的砧台上，洇成一个个小圈，又一滴一滴地，悄没声息的散去。

第六章 干将与莫邪锻剑

　　　　　　储金霞眼眶里噙满了泪水:"干将莫邪锻剑,他们夫妻俩是在同一个锻炉、同一座砧台,可我们夫妻二人虽然从事的是同一个'锻'字,却被分隔在两个锻炉、两座砧台……"

　　晋京铁画《迎客松》任务完成过后,省有关领导想把储炎庆等芜湖来的铁画艺人们留在省城合肥,继续进行铁画的研发生产,让赖少其去跟储炎庆商量留与不留的事。

　　赖少其(1915—2000),广东普宁人,曾在皖南新四军担任过纵队宣传部副部长、部长等职。新中国成立不久,担任安徽省委宣传部副部长、省文联主席,对推进铁画事业传承发展,做出了卓有成效的工作。

　　在储炎庆工作的砧台前,赖少其跟储炎庆细细商谈着。

　　储炎庆砧台紧挨着的就是储金霞,还有就是储春旺、杨光辉等"八大弟子"的工作砧台。

　　赖少其之所以选择在这里跟储炎庆谈话,也是有意让所有参加

《迎客松》锻制的铁画艺人们都能了解。这次谈话，其实就是一个小型的铁画艺人征求意见座谈会。

20世纪60年代的芜湖

"老储啊，省领导的意思你已经知道了，你就谈谈你的想法吧，究竟是继续留在合肥还是回芜湖，我想听听你是什么意见，然后我再向省里面汇报，做出决定。"赖少其传达完省有关领导的要求后，态度和蔼地聆听储炎庆的反应。

储炎庆拿起锻锤在砧台上，"当！"地敲了一下，笑着回答道："我的意见很简单：回芜湖。"

"啊?!"师父储炎庆说完以后，不光是女儿兼徒弟的储金霞，几乎所有跟储炎庆一起来合肥的徒弟们，储炎庆的"八大弟子"们，全都惊呆了。

回芜湖以后，在省城合肥这些日子享受的经济和社会地位待遇，将会全都被失去。

虽然前段时期因自然灾害导致的粮食紧张已趋于缓和，但铁画艺人们过去享有的那部分"特供待遇"依然保留，省市领导经常来现场看望大家，使大家平添一种职业上的荣誉感，不乏优越心情。

回芜湖以后，这一切的一切，都将不复存在。

而且省里也有挽留的意思，只要师父储炎庆松一句口，说一句话，百分之百的就能继续留在省城合肥。

鉴于储炎庆在徒弟们心目中的影响，虽然他们有时候心中存有某些想法，但从来没有任何抵触。倒不完全是受"师道尊严"的束缚，而是师父储炎庆无论做什么事，总是为徒弟们考虑的多，而且每决策一件事的成功率都很高，基本上没有过什么失误。

储炎庆的徒弟们，包括他的"八大弟子"以及女儿兼徒弟的储金霞，只在心里面嘀咕，没有一个人开口说话，发表赞成或不赞成的意见。

尽管已经给了他们足够的发言和阐述意见的空间。

赖少其见此情状，笑吟吟地，跟储炎庆商量着："老储啊，请你能不能告诉我，你们为什么要回芜湖？回芜湖的理由是什么？也就是说你老储对这件事，究竟是怎样想的？"

储炎庆把锻锤搁在砧台上，朗声说道："我是个铁匠，虽然我们现在锻制铁画被叫作铁画艺人，但铁匠的身份不会改变。任何时候，任何情况下，我们都是打铁的铁匠。打铁离不开锻锤，离不开砧台和锻炉，离不开铁，如果离开了这些，我们就什么都不是。铁画是在芜湖诞生，早在300多年以前甚至时间更长，汤鹏和先辈们用他们的创造智慧，在芜湖创立了铁画，我们现在把铁画传承下来。尽管别的地方也有类似差不多用铁做成的画，但都称不上是铁画，只有在芜湖这块土地上，才能叫作铁画。铁画离不开芜湖，就像我们铁匠离不开手中的锻锤，离不开砧台和锻炉，离不开铁的材料一样，铁画如果离开了芜湖，就不能叫作铁画……"

赖少其听后，高声叫"好"，说道："老储啊，我现在以一个文艺工作者，一个画家的身份，跟你说话。我认为你刚才的这一番话，说得太好了。任何一门艺术，任何一位艺术家，都必须要有适合自己生长的土壤，一定要承接地气，否则就是'无源之水，无本之木'。铁画离不开芜湖，我完全赞成你老储的观点，如果把你们这些铁画艺人调到省城，虽然工作和生活条件要好一些，但一方水土养一方人，一方水土也孕育一方艺术，铁画能不能服这一方水土，还是很难讲的事情。就像'徽州三雕'，它在徽州那边发展好好的，木、砖、石材料和艺术人才济济，如果把它弄到省城来，就会严重制约它的生存发展。铁画和'徽州三雕'，都是属于民间传统工艺，来自民间，如果让它们脱离民间，脱离生活，就是死路一条，没办法发展，更就谈不上怎么传承弘扬。"

不愧是位艺术家，文艺工作领导者。赖少其说的话，既有理论，又有实践比照，使在场的储炎庆和他的徒弟们，佩服得五体投地。

事已至此，究竟回不回芜湖，基本上已是尘埃落定。

赖少其接着说："至于你们回去以后，对铁画这门艺术如何进一步发展，省里面是会考虑的，一系列的扶持措施都将会很快跟上去。当然了，这次来你们这里征求意见的情况，我会如实向省委省政府领导汇报，究竟留不留合肥，等研究过后，最后才能做出决定。"

赖少其走后，晚上，储金霞心事重重地找到了父亲储炎庆。

"爸，我不想回芜湖。"储金霞说。

作为对女儿储金霞无微不至地关怀，无时无刻都把女儿的事挂在心上的储炎庆来说，此时自然懂得储金霞的心思。

储炎庆想用手去抚摸储金霞的脑袋，可是女儿大了，有点不方便，只好改用委婉细柔的语气腔调，跟储金霞说话。

储炎庆说："金霞，这件事爸也有责任，考虑的不周，没想到本来很有把握的事情，却弄成这副样子。好了，事情过去就让他过去，不用再去多想。我就不相信，我家女儿金霞，就找不到一个合适般配的对象！"停了一会又说，"金霞，你爸我最近这些日子也在思考这样一个问题，恋爱婚姻，对一个人来说固然很重要，是人生不可缺少的重要组成部分，可是在爸看来，它并不是人生中的唯一。人这一辈子，要做的事情很多，比如说工作、事业，如果不把工作和事业处理好、发展好，即便是恋爱婚姻成功了，生活也不一定会幸福。尤其是新社会，在你们这一代年轻人身上，工作事业与恋爱婚姻，同样都很重要。"储炎庆叹了一口气，"唉！你爸我多想让女儿你找一个人品好，对你好，又能够支持你工作事业的人生另一半啊！"

离开合肥的时候，韩玉环赶来送行。她低声对储金霞说："金霞你看，他也来了，特地为你送行来了。"

储金霞问道："谁呀？"

韩玉环回答道:"高翔呀!就是小时候陪你到黄家大院看文工团排练节目,我们小学那个班唱歌唱得非常好,被叫作'男高音'的高翔。他现在是部队文工团的文艺兵。"

只见高翔站在众多送行的人群后面,凝望着正准备上车出发的储金霞,行了个看上去好像训练有素的军礼⋯⋯

回到芜湖,储炎庆即着手新厂房建设。

在安徽省委省政府和省委宣传部关心下,经过赖少其多方协调,芜湖市的领导和有关部门给予大力支持,将位于芜湖市中心地标性风景点赭山脚下的一块土地,划拨出来,辟建一座全新的芜湖市工艺厂。

储炎庆在收拾东西,作工厂搬迁前的一些准备

自从储炎庆率队往合肥锻制《迎客松》,近有两年时间没有谋面的姚宣祥,这一回露了面,造访储炎庆。

"你来啦?"储炎庆问。

"我来了。"姚宣祥回答。

"你来做什么?"储炎庆没好气地问。

"我来看看你。"姚宣祥不温不火的回答。

"不会又拎着瓶'女儿红',九九女儿红,来看我的吧?"储炎庆一想起那瓶不尴不尬的"女儿红"就来气,说话声调高了许多。

"老储,我的哥哥,我知道你是在生我的气,听我解释一下好不好?"姚宣祥说。

"有什么话你就说吧,我听着在。"储炎庆说。

姚宣祥停顿了一会,清了清嗓子,说:"要说的话很多,就从'女儿红'说起吧。看到那回你让金霞给我带来换装白酒的'女儿红',我马上就能明白你是什么意思,可我心里没有底啊!后来鑫儿瞒着我到合肥你那里去,你不光跟鑫儿谈起16年前'指腹为婚'那件事,信守

承诺，表态兑现，还给我们家带来'救命'的60斤粮票。人心都是肉做的，我能不感动，能不感恩吗……"姚宣祥一边说着，一边又流下眼泪。

再怎么心硬的汉子，见到男人流泪心肠也会软下来。

储炎庆见姚宣祥在自己面前流下眼泪，说话语气便缓和不少："既然你已经明白了我的意思，当初也是你姚宣祥自己说带着'女儿红'到我家'提亲'，为什么你又突然变卦，不同意了呢？你说你姚宣祥这么样做，对金霞的打击有多么大，她可是个女孩子呀……"触动起伤心事，储炎庆嗓音也变得有点哽。

两个人同时都沉默起来。

沉默了很长时间。

突然姚宣祥问了一句看似莫名其妙，其实并非如此的话来，说道："老储，我的哥哥，你跟我说句实话，你这样做，愿意把金霞嫁给我们姚家，是不是想让鑫儿同金霞结婚后，跟你们一起锻制铁画？"

储炎庆被问得愣住了，迟疑了一会，很快做出反应："没有呀！我什么时候说过让你家鑫儿跟我们一起锻制铁画？"

"你是没有这样说过，可你心中有没有这样打算过？有没有想过鑫儿跟金霞结婚成家以后，让鑫儿同金霞一样，跟着你一起锻制铁画？"姚宣祥问得极其认真，以一种不置可否的口气。

储炎庆正想说"愿不愿意锻制铁画是鑫儿他自己的事"，忽然感到对姚宣祥问话的用意不甚明了，不能轻易表态，回答问话便变得谨慎起来："我从来也没有打算过，鑫儿同金霞结婚成家后，让鑫儿跟我们一起锻制铁画。"说过以后，心中感到有点别扭。

说实话，储炎庆是太想让姚士鑫跟着自己一起锻制铁画了。可他真的想不明白，此时姚宣祥提出这个问题，究竟是什么用意？只好勉强应对，敷衍搪塞过去。

"老储，我的哥哥，你今天能不能跟我表个态，鑫儿他们结婚成家以后，你不让鑫儿跟你后面锻制铁画？"姚宣祥紧追不舍。

多年以兄弟相处，一直把姚宣祥当作亲弟弟看待的储炎庆，不得不以做哥哥的身份姿态，做出让步："宣祥，如果你家鑫儿跟我家金霞结婚成家，婚后我储炎庆决不强迫鑫儿跟我们一起锻制铁画。"说完，又追加了一句，"不过请你注意，我说的是'如果'，'决不强迫'，这里面的变数大。"

此时的姚宣祥，像个小孩子似的，笑了："好，今天有你老储哥哥这样的表态，做弟弟的我就放心了。你前面说的那个'如果'，主动权在你手里；后面的那个'决不强迫'，主动权在我手里，我会做好鑫儿的工作，让他同金霞结婚成家以后，不跟你们锻制铁画。"

储炎庆被弄得更加稀里糊涂："宣祥，你这是什么意思？"

姚宣祥回答道："我的意思很明白，鑫儿同金霞结婚成家可以，但他决不能结婚成家后，跟你们一起锻制铁画。"

1963年10月，经历了一场说不清道不明的折腾之后，储金霞和姚士鑫，两个"指腹为婚"的青年人，终于走到了一起，步入婚姻的殿堂。

婚礼过后，亲友们陆续散去，装饰简陋的"洞房"内，剩下储金霞和姚士鑫两个新人。

"金霞，今天结婚大喜日子，我送你一样东西。"姚士鑫很是神秘地，递给储金霞一个红布包裹。

"什么东西，那么神秘？"储金霞边说边打开包裹。

一层又一层的红布，包裹得严严实实，待一层一层地打开："锻锤！"储金霞讶声叫了起来。

红布包裹里面的，是一副小巧玲珑、十分精美别致的锻锤。锤把是用紫檀木做的，釉光溜滑；锤体是由渗碳钢锻成，灯光照耀下，闪闪发亮。

姚士鑫对储金霞说："金霞，这副锻锤，一把平头锤，一把尖头锤，是我亲手为你锻打。那年你送我一件《铁兰花》，现在我送你一副锻锤。你那件《铁兰花》我一直好好保存，经常拿出来看看，看到了《铁兰花》我就看到了你；我送给你这副锻锤，是给你锻制铁画用的，时时陪伴着你……"

储金霞心情激动了好一会，又平静下来，说："我们锻制铁画用的锻锤，跟普通锻锤不一样，大多情况下都是铁画艺人自己锻打，要不然就是找专人锻打。我用的锻锤，就是我爸他帮我打的。"感到好奇，问姚士鑫道，"你是怎么会锻打铁画专用锻锤的？锻制铁画用的锻锤，性能繁多，结构复杂，一般人是锻打不出来的。"

姚士鑫笑道："难道你没有发现，这么多年来，我一直都是'锤子''锤子'的在锻打锤子。你还记不记得，小时候我们玩'锤子剪刀布'，我也老是出'锤子''锤子'的，你还生气不同我玩了呢，还记得吗？"

储金霞"扑哧"笑了，嗔道："就你贫嘴！"

姚士鑫继续说道："我锻打锤子，特别是铁画专用锻锤，也就是你们说的'锤笔'，都是我爸手把手教出来的。要论铁画专用锻锤的锻打，还真的没有几个人能比得上我爸。"

储金霞第一次听说有这种事情，有点不相信地问："你说的是真的吗？别说是在全中国，就在我们芜湖这座城市，那么多打铁的匠人，能工巧匠多得很，难道就找不出人来在铁画专用锻锤锻打上，能够比得上你爸的？"

姚宣祥一本正经地说："不信你可以问问你爸，你爸他过去多年锻制铁画用的锻锤，都是我爸帮你爸锻打的，只不过近些年发生了些变化，你爸他不用我爸给他锻打的锻锤了。"感到哪些地方说的有些不对劲，纠正道，"刚才我称呼上有点问题，我们俩都已经结婚了，你爸就是我爸，我爸也就是你爸，他们都是我们的爸爸。"

储金霞心头一热，差点就要说出"你真好"这句话，可是一想起那段往事，不由心头浮起一层阴云："士鑫，你跟我说，那段时间内，你们家为什么不同意我们的婚事？"

姚宣祥打了个哈欠，怏怏地："这件事三言两语说不清，以后我慢慢跟你说。睡吧，时候不早了，我们睡吧……"

婚后不久的一天。一大清早，储金霞与姚士鑫一道，来到新的芜湖市工艺厂建设工地。

正巧，储炎庆也披着朝阳湿雾，早早来到。

自从开工建设以来，储炎庆几乎每天都要到工地上察看，哪块地方需要建造点景观小品，使环境变得更美；哪条道路为了方便铁画的大件运输，还要进一步拓宽，他都要细细的过问，一件一件地落实。

见到储金霞和姚士鑫的到来，储炎庆高兴得合不拢嘴，老远就打着招呼："你们来啦，来得这么早！"

"爸，您都来得这么早，我们还能不来？"储金霞和姚士鑫齐声答道。

储炎庆捋着胡须，笑吟吟地问："你们俩知不知道，当初选工艺厂新厂址的时候，你们的爸爸我，为什么提出选这处地方吗？"

储金霞和姚士鑫想了很长时间，怎么想也想不出来，只好悻悻地回答："我们不知道。"

"你们知道这座山，它为什么叫作赭山吗？"储炎庆指着眼前这座赭山，笑着又问。

"不知道。"储金霞和姚士鑫虽然生长生活在芜湖这座城市，却不知道城市里这座地标式风景点的山，为什么叫作"赭山"？或者模模糊糊知道皮毛那么一点，也说不出个究竟所以然。

"那我就来告诉你们，这座山它为什么叫作赭山？可是要想知道这座山的来历，还得从对面那座山说起。"储炎庆又把手指向与赭山遥遥相望的另一座山，美丽而又神奇，娓娓道来……

在铁画诞生地的芜湖，市区中心除了赭山，还有一座山，它有一个非常好听的名字，叫作"神山"，给人以美丽而又丰富的想象空间。

神山与芜湖境内的繁昌"人字洞"、南陵大工山，形成一个穿越时空的冶锻文化产业链：人类在这里点燃了第一把文明之火（距今250万年前的欧亚人类活动遗址繁昌"人字洞"）；由学会用火进而掌握了冶炼技术，最早在这里完成了石器时代向青铜器时代、文明向文化的过渡（中国最早青铜冶炼基地之一的南陵大工山古铜冶）；再由一般冶炼发展成为形制锻造，锻造了作战与艺术双重属性的剑（干将莫邪神山锻剑）。

沧海沉浮，斗转星移。当历史长卷书写到中华儿女最具发明创造的公元十七世纪，这里的人们又把形制锻造的干将莫邪锻剑技术，运用到技术与艺术天衣无缝相结合的铁画锻制。

用铁的资料，创造优美的图画；用铁的意志，创造伟大的中华。

关于干将莫邪神山锻剑，在芜湖有一个流传多年的美丽传说。

口口相传，传逾百年，甚至数好百年。

那还是在很多很多年以前，神山住着一对夫妻，男的叫干将，女的叫莫邪；干将勤劳勇敢，莫邪美丽善良。他们在山上砌了一座火炉，每天围着火炉，不停地挥锤锻打。他们打制的犁、锹、锄头和镰刀等农具用起来趁手，庄稼年年丰收；他们打制的火钳、锅铲和勺子等生活用具，用起来顺当，烧煮出来的饭菜特别香，受到人们喜爱。

干将莫邪同乡亲们相处非常友好，生活和谐，其乐融融。

这一天，山上来了个官差，传达大王旨意，要干将莫邪从即日起，为大王锻造一把剑，锋利无比，天下无敌。干将听后，感到为难，说是自己只会打制生产和生活用具，剑不会打，也从来没有打过。官差恼了，恶狠狠地朝着干将咆哮，这可是大王的命令，胆敢违抗，当心脑袋！限七日之内交出大王要的剑，否则提头相见。

官差走后，乡亲们一个个围拢过来，为干将莫邪担忧：残暴的大王，那可是什么事都能干得出来的。

莫邪也感到揪心，七日之内交出剑，而且还要求锋利无比，天下无敌，能行吗？

能行吗？乡亲们也同莫邪的心情一样，非常担忧。

干将笑着安慰莫邪和众位乡亲，说是自己过去虽然只打制生产和生活用具，但它们与剑的锻打原理一样，如犁与剑尖、刀与剑刃、钳与剑身，技术处理都差不多，只要刻苦、用心，就一定能够锻打成功。

干将莫邪在火炉旁，不分昼夜地锻剑。

炉火把山上的石头烤红了，树木烤焦了，干将莫邪自己也被炉火烤的口干舌燥，累得抬不起胳膊伸不直腰。可是锻出来的剑，要么形制不合，要么不够锋利，废弃的剑身和剑柄，扔得满山都是。

眼看时日逼近，剑还是没有锻打出来。干将急的眼睛发红，红的快要冒血，他恨不能自己变成一把剑，好向大王交差。因为他知道，如果不能按期交剑，不仅自己性命难保，莫邪的命也将保不住，跟着一起遭殃受戮。

莫邪也很着急，可是为了不给干将造成心理上的压力，她表面上没做任何流露，只是急在心里，心急如焚。

天空中飞来一只鸟，朝着莫邪，"叽叽喳喳"地叫。莫邪看着天上的鸟，伤心透了：鸟啊，你可知道此时莫邪的心情，要是七日之内锻不出大王要的剑，干将和我，都将被残暴的大王处死。鸟好像懂莫邪心思似的，从天空中飞了下来，轻轻地落在莫邪的怀抱。莫邪用手抚摸着鸟的羽毛，眼泪水像珍珠一样，成串成串地洒落在鸟的身上。鸟很乖地在莫邪怀里偎了一会，发出一声啼鸣，重又飞向天空。莫邪望着渐飞渐远的鸟，有些伤心失落，忽然她感觉到，刚才抚摸鸟羽毛的手上好像有什么物件，仔细一看，原来是鸟的脚爪。正纳闷是怎么一回事情，远远听得鸟在天空中啼鸣，"叽叽喳喳"地，叫个不停。

像是上苍冥冥中暗示，又像是早已知晓。莫邪从头上绞下自己的青丝发辫，跟鸟脚爪一起，投入火炉。这时候，奇迹发生了，炉火中正在冶炼的剑身，发出"咝咝"的声音，冒出蓝蓝的火苗，给人以莫名的快意。干将抖擞起精神，"豁"地从炉火中将剑身抽出，滚烫灸热，撂在砧台，几锤锻打下去，锤声清脆，如同来自天空的梵音，美妙无比。

灸热的火炉旁，干将在砧台挥锤锻打，莫邪在一旁拉着风箱。炉火越烧越旺，锻锤越敲越响，二人合力同心，终于打成剑的形制。

干将紧敲几锤，"铿锵铿锵"，把还在发烫的剑从砧台挟起，投入到山中岩石自然形成的一个水池，进行淬火。"刺啦啦"，冒出一股子青烟，泛起一个个气泡，透出一种说不出来的奇香。

淬火过后，一把冷冰冰亮闪闪的剑，出现在干将莫邪面前。

干将伸出手指，试试剑刃，锋利无比。

干将摆开架势，举起手中剑，朝着身旁一块岩石用力刺去，"唰唰唰"，留下7个齐刷刷的洞眼。好剑！莫邪拍手叫好。

没容莫邪多想，干将又双手把剑过头顶，发出一声奇怪的喊叫，猛地向身旁一块岩石劈下，"嚯啦啦"，天崩地裂，岩石顿时劈为两半。

锋利无比、天下无敌的剑，终于锻成了！

干将与莫邪紧紧地拥抱在一起，他们的脸上身上，挂满喜悦的泪花。

干将思索了一会，问莫邪：我们能把剑交给大王吗？莫邪不明白干将的意思，如果不把剑交给大王，这么辛辛苦苦的锻剑，有什么意义？干将对莫邪说，我们辛辛苦苦地锻剑，是为了磨炼我们的意志，开启我们的智慧，体现我们的才能。可是残暴的大王，他是把剑用来杀戮天下百姓，我们能交给他吗？莫邪有点犹豫，要是不把剑交给大王，干将和自己的性命都将难保。

山下官差，朝着干将莫邪，一步步走来。带着得意的狞笑。

官差的身后，是深情关注干将莫邪命运的乡亲们，也朝着干将莫邪，一步步走来。带着千种纠结，万般焦心。

干将朝莫邪望了望，发出微笑。

莫邪懂得干将的意思，抬起美丽的面孔，朝着干将，露出灿烂的笑容。干将望着莫邪，透出坚毅的目光。莫邪也把坚贞不屈的目光，朝干将迎向前去。

二人相互对望着，凝视着，会意地，点了点头，抱着他们锻出来的剑，纵身跳入熊熊燃烧的火炉。

炉火，很快吞噬了干将莫邪，吞噬了他们锻出来的剑。

官差惊呆了，乡亲们也惊呆了。

山石无语，树木呜咽。

忽然从熊熊烈焰中腾起一只七彩神鸟，巨大无比，放射万道光芒。

乡亲们说，那就是凤凰，干将莫邪的化身……

说完了干将莫邪锻剑的故事，储炎庆又让储金霞和姚士鑫观赏赭山美丽而又神奇的山石，一块又一块，一片又一片，如同血与火一样的赭红色，掩映在层岚滴翠的绿树间，哲人般思考。

"相传干将莫邪在神山锻剑，炉火把对面的山峰烤染成赭红色，所以人们就把这座山叫作'赭山'，这下你们就都知道赭山的来历了吧！"储炎庆笑着说。

"爸，这下我们都知道了，赭山为什么叫作'赭山'。"储金霞和姚士鑫齐声回答道。

"听完你们的爸爸我，讲述干将莫邪神山锻剑的故事和赭山的来历，你们也就能明白过来，当初省里面在征求我意见的时候，你们的爸爸我，为什么提出选址在这块地方建厂，把铁画事业传承弘扬下去的真正目的了吧？"储炎庆神情庄重地问道。

姚士鑫回答："爸，我们明白了……"忽然发现储金霞低头不语，便悄悄地拉了一下储金霞的衣袖，"说啊，爸在问我们话呢！"

储金霞慢慢把脑袋抬了起来，眼眶里噙满了泪水："干将莫邪锻剑，他们夫妻俩是在同一个锻炉、同一座砧台；可我们夫妻二人虽然

从镜湖远眺赭山

从事的是同一个'锻'字，却被分隔在两个锻炉、两座砧台……"

此时的姚士鑫，为芜湖市日用工具厂一名职工，专门从事锤、刀、斧、剪、钳等日用铁制器具锻造。

新建落成的芜湖市工艺厂，坐落在美丽的赭山脚下。厂区内栽植着各种花草树木，有桃花、荷花、菊花、梅花等，四季飘香。小竹林、紫藤架、太湖园林石点缀其间，小木桥、鹅卵石甬道连接各个微观景点，又曲折蜿蜒，通往各个生产车间和厂部办公楼。

充满诗情画意，给人以不尽想象，激发创作灵感。

为了能使储炎庆腾出更多精力，投入到铁画锻制创作和授徒传艺，芜湖市委市政府有关领导，还在铁画研发和来宾接待的厂区里一幢叫作"小红楼"的办公楼二楼，辟出一间三居室的房子，给储炎庆和他的家人作为职工宿舍居住。

储金霞因结婚不久便怀上身孕，行动不怎么方便，也从相距较远的婆家，搬到"小红楼"，跟父母住在一起。

同在"小红楼"居住的，还有储金霞的妹妹储银霞。

"小红楼"，从墙砖到墙瓦，都是"中国红"颜色，与厂区内别的厂房办公楼徽派建筑风格的白墙黑瓦，在色彩上形成强烈的对比反差。

关于"小红楼"的建筑设计风格和这座楼的名称，还是市委书记郑家琪独具匠心的创意。

当初在讨论这座楼规划设计时，郑家琪说："红色是火的象征，同时它也代表着革命；锻制铁画离不开火，新中国的铁画事业，是在原有基础上的传承与发展，必须要有革命的精神。勇于探索，大胆创新，才会有新的生命力，才会不断取得成功。"

于是，"小红楼"的名字就这样被叫开。

这一天，多日不见的市委书记郑家琪，轻车简从地，只身一人来到了"小红楼"。

储炎庆远远望见，连忙下楼迎接。

跟在储炎庆身后的，还有挺着个大肚皮，走路很吃力的储金霞。

"郑书记！"

"郑叔叔！"

郑家琪朝他们摆摆手，说："老储，金霞，你们就不用下来了，还是我上楼去，坐上一会，说一会话我就走。"

方爱珍也用围裙布擦着手，同郑家琪打着招呼："郑书记，您有很长时间没到我家来了，这回来了，就不用客气，在我家吃完饭再走。炎庆，你先陪郑书记聊着，我去准备菜。"

郑家琪笑着拦阻道："大嫂，您就不必客气，给我泡杯'黄山毛峰'茶就行了。你们家的'黄山毛峰'，那可是绝对正宗地道，每回我在你们家喝了，喝过以后还想喝。"

"郑叔叔，那您这次就从我家带点'黄山毛峰'茶回去，您说好吗！"储金霞接过郑家琪的话茬说。

"好啊！"郑家琪爽朗地笑道，"金霞，你这就去帮我装一点'黄山毛峰'，让我带回去。"转又笑盈盈地说，"我这个人啦，别的没有什么嗜好，就是好喝一口茶，尤其是我们家乡的'黄山毛峰'茶。"忽然从储金霞身上发现出什么，诧异地问道："怎么，金霞？你快要当妈妈了！什么时候结的婚，你郑叔叔我怎么一点也不知道？"

"郑书记，金霞是去年结的婚，当时我们看您工作太忙，再说像您这样的身份，我们怎么好随便惊动呢？"储炎庆在一旁说道。

郑家琪故意装作不高兴的样子，放下脸来，说道："老储，这就是你的不对了，我工作再怎么忙，金霞的婚礼也应该到个场才是，你们会不会是怕我喝喜酒不包份子钱吧？"

看郑家琪要生气的样子，储炎庆和方爱珍连忙解释道："郑书记，我们不是这个意思，确实是看您工作太忙，哪是怕您不包份子钱？再又说了，像您这样的身份，我们请都请不来……"转又说道，"没关系，金霞快要当妈妈了，到时候再请郑书记您来，喝'满月酒'，把上回没喝的喜酒给补上。到时候郑书记您要是有空，可一定要来噢！"

郑家琪"噗嗤"笑道："老储，大嫂，刚才我是跟你们说着玩的，我哪会生你们的气？如果认真说起来，金霞结婚喜酒我没有喝上，我也有责任，男大当婚，女大当嫁，作为我这个做长辈的，对金霞的婚姻大事应该时常关心才是，弄得婚也结了，婚礼也举办了，我这个当叔叔的还蒙在鼓里，不知道，难道我不应该检讨吗？"

储炎庆和方爱珍感激地："郑书记……"

忽然郑家琪想起来什么，问道："对了，我忘了问了，金霞的婆家是谁？你们的女婿是谁？会不会也是搞铁画锻制的？"

说曹操曹操到。储炎庆正准备回答郑家琪的提问，实际上也是郑家琪所关心的事情，这时候姚士鑫来了。

自从储金霞怀孕后，搬到"小红楼"来居住，姚士鑫虽然仍住在他们自己的小家，但他还是不放心，隔三岔五地过来一下，把父亲姚宣祥和母亲吴友云，以及自己买的营养品带来，顺便帮做一些家务料理上的事。

储金霞喜欢吃姚士鑫做的鱼，清炖，没有鱼刺，味道咸淡适宜，姚士鑫就想着法子做给她吃。

这回姚士鑫来看望储金霞，还特地从集市上买来条长江生长的鳜鱼，准备做清炖鳜鱼给储金霞吃。

度过"三年困难"以后，国家的日子变得好过一些，姚士鑫家的日子也比那几年好过多了，所以买东西出手就相对比较大方。尤其是在储金霞怀孕这段时间内，父亲姚宣祥和母亲吴友云一再叮嘱："有什么好吃的，尽量买给金霞吃，不要舍不得花钱。"

"爸！""妈！"憨厚敦实的姚士鑫，先跟岳父储炎庆和岳母方爱珍打了声招呼。问候过后，又把憨厚敦实的笑脸投向郑家琪，微微点了点头。

姚士鑫不是不知道郑家琪这个人，也不是不知道郑家琪同储家的关系，只是照面的机会比较少，或者说是根本没有照面接触过。不像储炎庆全家上下，跟郑家琪处的跟一家人似的，无拘无束，亲密无间。

毕竟，姚士鑫成为储家的人或储金霞成为姚家的人，时间还不怎么长，故姚士鑫把郑家琪只能当作客人。

见到郑家琪，姚士鑫显得有些生疏的羞涩。

可不知是怎么回事，郑家琪一眼就看中了姚士鑫这个憨厚敦实的年轻人，将来未必不是跟储金霞一样，成为铁画锻制事业的传承接班人。

郑家琪也笑着跟姚士鑫点了点头，算是打了个照面的招呼，问道："你就是老储的女婿，金霞的新婚丈夫?"

姚士鑫憨憨地回答："是的。"转又笑着纠正道，"我和金霞结婚已将近有一年时间，算不得是'新婚'了。"

郑家琪笑着说道："只要心里面时时装着对方，事事处处想到一起，相亲相爱，哪怕是结婚的时间再长，一年、十年、五十年，甚至一百年，都能称得上是'新婚'。"

毕竟是文化人出身的市委书记，郑家琪的思想境界和讲话水平就是高。姚士鑫不由暗暗佩服，尴尬地低下了脑袋。

郑家琪又笑着问道："新郎官，你能不能告诉你郑叔叔，你叫什么名字? 你父亲是干什么的，你和你父亲是不是搞铁画锻制的?"

门当户对，在郑家琪看来，储炎庆选择女婿，要么女婿是搞铁画锻制，要么亲家公是铁画界同仁，总之，是不会离开铁画这个主题。

储炎庆在一旁回答道："郑书记，我女婿姚士鑫和他父亲姚宣祥，从事的都是打铁，而且钢火炉杂火炉，门门技艺精通高超，在我们芜湖铁工行当，那可都是首屈一指，排得上号的行家里手。但是，他们父子俩不搞铁画锻制，只是为铁画锻制锻打作画工具，锤子钳子之类。"

郑家琪"哦"了一声，想了一会，说道："姚宣祥，这个名字我怎么听起来十分耳熟?"

储炎庆提醒道："郑书记您忘了，那时候您当芜湖市总工会书记，芜湖铁业工会的副主任就是姚宣祥，我那个时候是铁业工会主任。"

郑家琪把脑门一拍："对了，姚宣祥，非常耿直的一个人，好像和你老储关系特别好。听说你们俩还搞了个'指腹为婚'的'定亲包办'，那个'定亲包办'的'娃娃亲'女婿，会不会就是眼前这个年轻人，新郎官姚士鑫?"

姚士鑫被说得有点不好意思，脸又羞红了。

郑家琪显得有点郑重地，对姚士鑫说："年轻人，锻制铁画是一个多么好的事业，芜湖本土特有，不光是在省内甚至省外，在国外也不多见，独此一家。你们父子俩有这么好的铁匠手艺，为什么就不在铁画锻制上，做一点努力，真是太可惜了。"

姚士鑫讷讷地："郑书记，不郑叔叔，我爸他……"吞吞吐吐，老半天说不上来话。

"郑叔叔，我家士鑫和我姚爸爸，虽然他们俩不从事铁画锻制，但他们为锻制铁画锻打专用工具，做些辅助上的事，同样也是为铁画出力做贡献。"

头脑反应敏捷的储金霞，为陷入窘况的姚士鑫，及时解了围。

储金霞接着又说："郑叔叔，我家士鑫和我姚爸爸，他们锻打的铁画锻制工具可好用了，用起来十分顺手，锻制铁画起来，人也变得聪明得多。这么多年来，我爸爸他使用的锻制铁画的专用锻锤，也就是您常说的'锤笔'，都是我姚爸爸亲手锻打的。"

"照这么说，金霞你锻制铁画的专用锻锤，也是士鑫帮你亲手打制的了？"郑家琪饶有兴趣地问道。

"是的。"储金霞甜甜地回答。

储炎庆和方爱珍夫妇二人，诚恳热情地挽留郑家琪，在"小红楼"留下来吃顿饭。

储金霞也说："郑叔叔，在我们家吃顿饭再走吧。我家士鑫，他做的清炖鳜鱼可好吃了，难道您不想亲口尝一尝？"

郑家琪站起身来，从储金霞手中接过装好的"黄山毛峰"茶叶，说道："我不是客气，也不是不想在你们家吃饭，实在是你郑叔叔我后面还有很多事情要办，你们的心意我都领了。"

储炎庆和方爱珍显得有点为难地："那您今天到我们家来……"

郑家琪犹豫了一会，说道："老储，还有大嫂、金霞、士鑫，实话跟你们说吧，今天我来你家，是向你们告别来的。"

"啊？"储炎庆一家人听后，全都发了愣。

郑家琪告诉储炎庆，根据省委安排，他将调离芜湖市，到省直一家机关担任领导工作。

郑家琪有点伤感地说："老储，我是实在舍不得跟你们分手，舍不得离开铁画呀！"

储炎庆心头发酸，止不住两行热泪，"啪嗒啪嗒"从脸颊滚落下来，嘴唇发颤地："郑书记……"

铁画恢复这一路走来的历程，无不凝聚着这位市委书记、文化官员郑家琪的满腔心血。

"郑叔叔！铁画能有今天……"储金霞难过地哭了。

郑家琪伸出父爱般的手，慈祥地搭在储金霞抽搐的肩头："金霞，即使你郑叔叔我离开芜湖，我也会一如既往地关心你们，支持铁画事业。"语重心长地嘱咐道，"你爸爸他虽然现在精力很旺盛，铁画锻制创作处在黄金时期，但他总有一天会老去。等你爸爸他老了，拿不动锻锤了，你一定要把这个班接下去，铁画锻制这个薪火，可不能断啊！"

储金霞与芜湖有关部门领导共商铁画发展

郑家琪调到省直机关，先后担任了安徽省林业厅副厅长、省轻工业局局长、省国防工办主任，后又调任安庆市石化总厂建设指挥部指挥长、淮北市委书记等职，1985年当选为第五届安徽省政协副主席。

在此期间，郑家琪始终关注铁画事业的传承发展，做了大量工作，与储炎庆及其家人的友谊，日益加深浓厚。

储炎庆在"文革"期间，遭受打击迫害，尽管郑家琪当时日子也不好过，但他或是写信，或是亲自到芜湖，支持鼓励储炎庆，任何时候，任何情况下，都不要放弃对铁画事业的追求，坚决地挺过去，相信总有一天会拨开乌云见太阳，铁画事业终见天日。并亲手治印一方，送给储炎庆，上面铭刻着4个篆体象形文字："梅兰竹菊"，寓意深刻。

1974年储炎庆去世，郑家琪还专程赶赴芜湖，参加储炎庆的追悼会，满含热泪，为储炎庆送行……

就在郑家琪走后没多久，储金霞顺利产下一女。

女儿出生那天，正好有一只燕子飞进"小红楼"，落在房梁的燕窝，于是储炎庆便给外孙女取了个"燕子"的名字，学名"姚燕"（后更学名"姚艳"，乳名仍叫"燕子"）。

当然，郑家琪还是因为工作太忙，没有赶得上喝"满月酒"。这对于储家来说，不能不说是一件憾事。

初当爸爸的姚士鑫，对燕子喜欢得不得了，真的是像人们说的那样，含在嘴里怕烫着，吐出来又怕冻着。

"燕子，叫'爸爸'！"姚士鑫逗着"咿呀"学语的女儿燕子。

"爸爸！"燕子嘴里含混不清地叫着。

"嗳！"姚士鑫兴奋地答着，转又逗道，"燕子，叫'妈妈'！"忽然想起来什么，嘘声说，"嘘！不能叫，妈妈在忙，燕子不能打扰妈妈。"

"妈妈！"燕子没理会，"咿咿呀呀"地叫着。

姚士鑫压低声音，对储金霞喊道："金霞，燕子在叫你呢！"

"嗳！"储金霞回答着。

此时的储金霞，正在赶做夜大学布置的作业。

从省城合肥完成《迎客松》锻制任务，回到芜湖以后，储金霞便报考了专门为在职员工就读的夜高中。生下女儿燕子那年，储金霞夜高中毕业，又继续升读夜大学。按照储炎庆对她的要求，不断"充电"，学习文化知识。

因为白天还有很多工作要做，储金霞只能在晚上下班过后，到夜大学去上课。老师布置的作业，也只能在放学回家，才能静下心来做。往往一做就是夜间12点多钟，有时候甚至时间更长。

说来也怪，女儿燕子把时间也给搞颠倒了，白天嗜睡，到了晚上却显得特别兴奋，小嘴"咿咿呀呀"地叫个不停。

白天储金霞上班干活，锻制铁画，顾不得照应燕子，晚上回家匆匆忙忙划上几口饭，又赶去上夜大学。放学回家还要赶做老师布置的作业，连给燕子喂奶的功夫都显得紧紧巴巴，更就谈不上跟燕子亲近。

对此，储金霞感到很内疚。

姚士鑫总是安慰储金霞："没关系，你忙你的，家中还有我呢！"

总算完成了最后一道题的作业，储金霞长长地打了一个哈欠，向女儿燕子伸出双臂："燕子乖，跟妈妈一起睡觉，好吗？"

燕子高兴地笑着，钻进了母亲怀抱。储金霞霎时感到，全身上下暖和和的，舐犊之乐的滋味，涌上心头。

躺下以后，储金霞问睡在身旁的姚士鑫："你老实跟我说，为什么你不锻制'兰叶'和'兰根'，而只锻些小一点的'花瓣'和'花蕾'之类，这到底是怎么一回事？"

那段时间，储金霞和姚士鑫正合作锻制一幅题目叫作《兰蕙吐香》的铁画作品。这也是他们俩的第一次联手合作，在此期间为着锻制上的事，他俩常常发生意见分歧。

储金霞要姚士鑫锻制《兰蕙吐香》的"兰叶"和"兰根"，而姚士鑫却偏偏要锻"花瓣"和"花蕾"。并且显得相当地固执，任储金霞把嘴皮说破，姚士鑫就是不愿意听从。

储金霞想不明白，锻制"兰叶"和"兰根"，姚士鑫也不是不会，可他为什么总是不愿意锻呢？

姚士鑫讷讷地回答："我锻的没你好，还是你来锻吧。"

储金霞有点不高兴了："我明明看你锻制得非常好，一点不比我差。'兰叶'和'兰根'，锻的惟妙惟肖，跟真的似的，为什么你就不肯锻呢？"

姚士鑫带着笑容问道："金霞，你是在什么时候，什么地方，看到我锻制'兰叶'和'兰根'？人家就是不会锻嘛，如果会的话，那还用你说，我早就锻了。"

储金霞生气地说："你骗人！那回我到你们厂，亲眼看到在你车间的工作台上，有好几个已经锻制成功的'兰叶'和'根'，摆放在那里。你工作台上，还有不少'梅花'、'菊花'，你能说你不会锻？"

姚士鑫见瞒

《兰蕙吐香》

不过去，只好讪笑着说："我那也是锻着玩的。作为一个铁画艺人的丈夫，又是著名铁画艺人储炎庆的女婿，锻制铁画一点不会，也实在讲不过去。可是比起金霞你，我还是差得很远。"

储金霞说："我不要你跟我比，也不要你跟铁画锻制行当其他人比，包括我的师兄们。我只要你把心思用在铁画锻制上，我们俩一起来把这项事业传承发展下去，就够了。你为什么榆木脑瓜不开窍，不搞铁画锻制，犟得要命？你说你，究竟要犟到哪一天……"

储金霞急得要哭了。

"妈妈！"女儿燕子，像是明白母亲储金霞心中的委屈，善解人意地叫了一声。然后闭上眼睛，恹恹地睡了。

为了能让姚士鑫尽快进入角色，直接从事铁画锻制，储金霞苦口婆心地相劝，姚士鑫就是不愿意，没办法，储金霞只好采用两个人合作的方式，让姚士鑫承担《兰蕙吐香》铁画主画面的"兰叶"和"兰根"锻制，没想到姚士鑫还是以这种方式，软抗硬磨地回避。

储金霞实在是无计可施。

五月的天气，草长莺飞。

赶上一个礼拜天。

这一天，储金霞和姚士鑫都休息，两人带着女儿燕子，在花园般的厂区大院内，教燕子学走路。

"抬右脚，抬左脚，哦，乖！再来……"姚士鑫不厌其烦地教着。

储金霞紧紧跟在旁边，时不时伸出手来，帮踉踉跄跄摇摇晃晃的燕子扶上一把，防止她跌跤。

"姐姐！"

"姐姐……"

正在这时，妹妹储银霞大老远高声喊着，要储金霞快回家，说是马上要来一位领导，父亲储炎庆要她们俩去当"接待员"。

近段时间以来，国家和各省市不少领导和书画界大师名人，到芜湖市工艺厂参观铁画。储炎庆向他们进行铁画锻制技艺现场演示，讲解铁画方面的知识。"小红楼"接待室内，经常高朋满座，往往一批参观者来过以后，接着又是下一批，显得应接不暇。有时候担任接待的人手不够，储炎庆便让自己的两个女儿，储金霞和储银霞，临时担当一下"接待员"，做些服务工作。

因为担任"接待员"的储金霞还会锻制铁画，在搞好接待服务的同时，进行现场演示和知识讲解，特别受到参观者欢迎。所以每遇上一次大的接待任务，储炎庆都要把储金霞给叫上。

当然，在储炎庆心中，也有让女儿储金霞能够通过这一机会，接触到更多领导和书画界名人大师。以开阔视野，提高技艺，在铁画锻制事业上，取得更好的进展。

这次来芜湖市工艺厂参观视察的是，全国人大常委会副委员长郭沫若和他的夫人于立群。

参观过程中，当于立群了解到眼前这个娇小的女子储金霞，也会打铁，锻制铁画，感到十分好奇。

于立群拉着储金霞的手，关切地问："打铁锻制铁画，辛苦吗?"

储金霞笑着回答："习惯了，不辛苦。"

忽然，于立群在拉着储金霞手的时候，触摸到了储金霞满手厚厚的茧皮，讶声说道："还不辛苦呢? 这满手的茧皮，哪里还像个女孩子家的手!"

郭沫若这次来芜湖参观铁画以后，有感而发，当场写下了著名的"以铁的资料创造优美的图画，以铁的意志创造伟大的中华。"

在"小红楼"内，储金霞还陪同父亲储炎庆先后接待了刘海粟、唐云、程十发、陆俨少、谢稚柳、范曾、黄胄等海内外有着一定影响的绘画大师。省内著名书画家萧龙士、孔小瑜、王石岑、黄叶村、张贞一等人，也是"小红楼"的常客，他们与储炎庆一道切磋画艺，共谋铁画事业弘扬发展大计。

书画家和文艺界领导双重身份的赖少其，有时候陪着重要领导贵宾，有时候自己独立前往，来到芜湖市工艺厂，来到"小红楼"，与储炎庆促膝长谈，一谈就是好几个钟头。他们越谈越投机，越谈越兴奋，对祖国的繁荣昌盛，铁画的美好未来，充满信心和希望。

储金霞在一旁聆听着，服务着；端茶递水，裁纸研墨。有时候她也现场锻制铁画作品，赠送给领导和来宾、书画界大师名人，受到他们的欢迎，自己也得到极大地熏陶感染。

每当这时，储炎庆就在一旁，捋着胡须，眯缝着眼睛，看着爱女储金霞一天天成长，露出满意的笑容。

"小红楼"，带给储金霞的是生活中无忧无虑的欢乐场，是成长路上无风无雨的幸福港湾。

年轻浪漫的储金霞，在那里度过她人生最美好的时光，以至于半个多世纪过去以后，已年过七旬的老人——又一代铁画大师储金霞，当回忆起"小红楼"的那些美好往事，寻梦追梦，不由引发万般感慨，嘴里喃喃念叨："我心中那无法逝去的'小红楼'……"

夜大学有一位认识韩玉环的同学，跟储金霞谈到韩玉环最近的一些情况，使储金霞感到很纠结。

省艺校毕业以后，按照韩玉环的学习成绩和表演天赋，完全可以留在省城的艺术单位工作。可由于韩玉环复杂的出身关系，养父约翰牧师究竟什么政治背景都还不清楚，于是韩玉环被分配到皖北一家国营农场，美其名曰：活跃农场职工业余文化生活。

到农场工作，苦一点累一点，文化生活枯燥乏味一点，这些对韩玉环来说倒没什么，而最为关键和最让韩玉环不能接受的是这会影响到她与高翔的婚姻。那段时间韩玉环正在与高翔谈恋爱，在省军区文工团工作的高翔，说好了等韩玉环分配在省城工作以后，他们就正式结婚。

而且高翔的父母也同意他们这样做。

如此一来，高翔还会跟韩玉环结婚吗？高翔的父母还会同意儿子的婚姻，支持他们这样做吗？

本来高翔和韩玉环恋爱谈的就很勉强，两人之间的恋爱关系很微妙，也很脆弱。韩玉环清楚地知道，高翔爱的不是她韩玉环，而是爱着另外一个人，可能是由于高翔得不到他心中所爱的人，便把她韩玉环当作"替补"或是"替身"；而孤身一人的年轻女子韩玉环，那段时间也非常需要得到有人爱。

果然不出韩玉环所料，当高翔得知韩玉环不能留在省城工作，先是借故结婚以后分居两地困难多，接着又说父母不同意，再后来干脆就躲着不见面，打电话不接，写信不回，彻底断了音信。

韩玉环委屈极了。这种时候她多么需要跟自己的闺蜜好友储金霞谈谈心，诉诉苦。可是由于碍着高翔的原因，她一直不好说也不敢说，只好把话闷在心里，泪水一个劲地往肚子里吞咽。

当储金霞得知这些情况，既为韩玉环的处境担忧，又庆幸自己与姚士鑫的走向结合。虽然姚士鑫比不上高翔的能说会道，长得也没有高翔英俊潇洒，当然也就更比不上高翔的身份、才艺和家庭出身背景。但姚士鑫为人实在，正直诚恳，不搞虚情假意那一套，尤其是对自己关心照顾的无微不至，对父亲储炎庆和母亲方爱珍以及他自己的父母尊重孝敬，对女儿燕子更是既当爹又当妈的百般疼爱，减轻了自己不少抚养孩子的负担。

姚士鑫对事业的追求，虽然在储金霞眼中看来好像不大求上进，但对家庭却是极端的负责任。

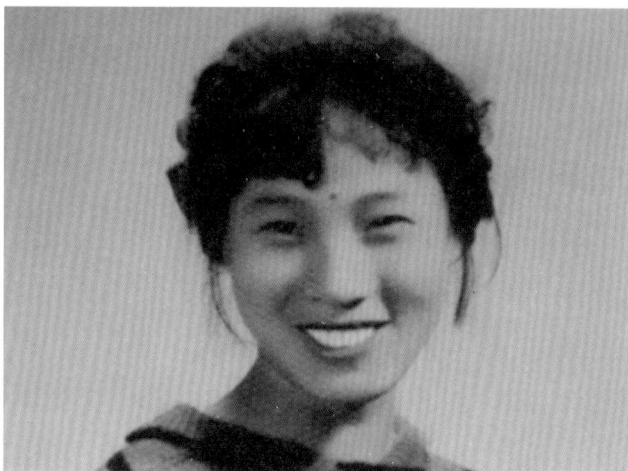
笑容灿烂

尽管储金霞和姚士鑫最近又为合作《金菊飘香》铁画，究竟是锻"花"（花瓣、花蕊）还是锻"叶"（花叶、花茎）发生不愉快争执，可一想到高翔对韩玉环的那种做法，储金霞也就感到心满意足了。

人无完人，金无足赤。人生得一知己，足矣！

储金霞正在想着，忽然多年未见的小学同学，"小绍兴"的儿子汪抗存从徽州老家赶来，一副风尘仆仆。

上小学的时候，储金霞就看出汪抗存对韩玉环，就像高翔对自己那样特别地好，结果自己因为"指腹为婚"定亲，嫁给了姚士鑫，高翔的目的没有达到，改追韩玉环。而韩玉环跟高翔的事又没有成功，目前仍是独身一人，能不能把过去的线再牵上，撮合汪抗存跟韩玉环呢？

没想到还没有等储金霞从中撮合，韩玉环同汪抗存已经好上。

汪抗存不好意思地对储金霞说："那时候玉环跟高翔在一起，我就提醒过玉环，高翔这人不牢靠，抓不住的，果然被我说中。玉环被逼得寻死寻活的时候，我到合肥出差，玉环她看到了我，哭着闹着，死活要跟我在一起，就这样，我们就好上了……"

"哦。难道你就没有考虑过，你在徽州，玉环在皖北农场，婚后分居两地的实际困难吗?"储金霞好心问道。

"我早就想好，玉环她在哪里，我就跟她到哪里。玉环从小没有父母，是外国人领养，孤儿院里长大，吃了不少的苦。玉环她跟我以后，我不能让她再受苦了!"汪抗存动情地说。

储金霞眼眶湿了……

"对了，我这次来不是跟你们说我和玉环的事，是受我父亲委托，特地送信来的。我父亲他写了一封信，让我把信亲手交给储伯伯。"汪抗存说。

第七章　炼狱门：噩梦醒来是早晨

这时候，不知是谁家养的鸡，"咧咧"叫了起来。天空泛起了鱼肚白，一抹红霞，天快亮了……

姚宣祥病了，病得很厉害。每天咳嗽不止，高烧不退。额头和身子摸上去滚烫滚烫，嘴里面说着胡话。咳嗽吐出来的痰夹着殷红色血丝，有时候还带着老大的血块。

医生诊断过后，告诉姚宣祥和吴友云，姚宣祥患的是肺结核病，也就是民间俗称的"痨病"。在当时医疗条件非常差的情况下，这种病很难治好，死亡率特别高。

初患病的时候，姚宣祥不让妻子吴友云告诉儿子姚士鑫和儿媳储金霞，说他们工作忙，不能分他们的心。待医生诊断为患的是肺结核，"痨病"，吴友云急了，哭着央求姚宣祥道："快点告诉他们吧！让他们回来，不管是死是活，也要让他们知道才是。"

"你是不是以为我马上就要死，让他们回来跟我见最后一面？"姚宣祥清醒的时候，恼怒地斥责。

"我哪里是那个意思？你病的这么厉害，我一个妇道人家，大儿子士瑞人又老实，家里面总要有拿主意的吧。二儿子士鑫和儿媳金霞，他们有文化，有主见，我只是想让他们回家搭一把手，帮拿个主意，根本没有其他的意思。"吴友云一迭声地解释。

"你……"姚宣祥话没有说出来，嘴里面一口痰堵着，大咳几声，又昏迷了过去。

"老头子！宣祥……"

这时候，吴友云再也顾不得跟姚宣祥商量，赶紧把儿子姚士鑫和儿媳储金霞叫回家。

可是等储金霞和姚士鑫赶来，刚才还昏迷不醒的姚宣祥，鬼使神差地，又醒了过来。

望着眼前的儿子姚士鑫和儿媳储金霞，姚宣祥欣慰地笑了。他故作轻松地，对傻愣一旁的吴友云说："我说没有关系，你却偏偏背着我，硬要把他们叫回家来。他们年轻人事情多，哪里像我们，老了，什么事情也不能做，什么事情就是想做也做不成。"

父辈的关心理解，使储金霞很受感动，她抽泣着对姚宣祥说："爸，我和士鑫再忙，您生病这么严重，我们也不能不管。"帮姚宣祥撩了撩被角，盖上，转又说道，"爸，从今天起，我和士鑫就搬回来住，和你们住在一起，配合妈妈，好好照顾您身体。"

姚宣祥急了："那怎么行呢？你爸你妈他们那里，也需要有人照顾。不行，你们不能搬回来住，不能离开你的爸爸妈妈。"

储金霞擦去脸上的泪水，想了想，说道："那我和士鑫就两边住，这边需要的时候，我们就住这边；那边需要的时候，我们就住那边。两边都不耽误，您看这样行吗？"

还没等姚宣祥开口，吴友云把话头就接了过去，伤心地流着眼泪，对儿媳储金霞说："这样一来，你和士鑫，就要多一些辛苦了。"

吴友云是在担心，万一哪天姚宣祥去世，身边总要有亲人，做最后道别。在吴友云看来，姚宣祥视为最亲的亲人，除了妻子吴友云以及他的两个儿子姚士瑞和姚士鑫以外，再有一个就是儿媳储金霞。

吴友云并且知道，在姚宣祥心中，甚至把儿媳储金霞看的，比他们中间任何一个人都要重。

说来也怪，见到儿子姚士鑫和儿媳储金霞后，姚宣祥的病情好多了。咳嗽也不怎么咳了，高烧也退下去不少，有时候还能下地走上几步路，摸到冰冷的砧台前，拿起锻锤，敲打几下。

砧台前，姚宣祥问储金霞："金霞，最近这外面乱哄哄的，你爸爸他还好吗？"说罢，又咳嗽起来。

"还好，外面乱归乱，厂子里还照样生产。抓革命，促生产，革命生产两不误。我爸他还在带着他的徒弟们，我的那些师兄，照样锻制铁画。"储金霞帮姚宣祥捶了捶后背心，勉强止住咳嗽。

姚宣祥听完储金霞的回答，又问："金霞，听说你现在不搞铁画锻制了，转搞别的，有这么回事吗？"

"爸，您是从哪里得到这个消息的？"储金霞笑着问道。

姚宣祥没说话，只是用手指了指"宝书台"上的毛主席像，好像要回答储金霞的问话，全在那里面。

姚宣祥家设立的"宝书台"，正中央矗立的毛主席像，是用石膏制成。围绕毛主席石膏像，齐整地摆放着《毛泽东选集》和《毛主席语录》之类"红宝书"。

以铁画锻制起家和以铁画为主打产品的芜湖市工艺厂，为了适应"革命斗争"的需要，新增加了一个政治性很强的任务，毛主席石膏像的生产制作。

储金霞被抽去参加毛主席像生产制作，储炎庆则继续搞他的也是芜湖市工艺厂主打产品的铁画锻制。

姚宣祥虽然生病在家，但他对外面发生的事情还是非常关心。尤其是铁画锻制上的事和储炎庆父女的情况，无时无刻不在关注着。

姚宣祥敲了几下锻锤，"叮叮当当"，声音不够清脆，又无奈地放回到冰冷的砧台上，问储金霞道："金霞，现在外面那么多的'大字报'，铺天盖地，有没有人写你爸爸的'大字报'，揭发批判你爸爸？"

"我爸爸他是工人，工人阶级领导一切，谁还会写我爸爸的'大字报'？"储金霞大不以为然。

姚宣祥笑着说道："金霞，如果按照阶级成分划分，你爸爸他不是'工人'出身，跟我一样，是'小业主'出身。开店带雇工的'小业主'。"

"那……"储金霞想不明白，"过去我每次填履历表，'家庭出身'一栏，都是填的'工人'，难道是我填错了？"

究竟储金霞有没有填错，把"小业主"填成了"工人"，姚宣祥道出了一个秘密。

姚宣祥说："金霞，你没有填错，是因为那年朱德委员长接见你爸爸，听你爸爸讲了汤鹏创立铁画的故事，跟你爸爸说过的一句话，才有了后来你爸爸'工人'出身的说法。"

姚宣祥陷入往事的回忆……

朱德委员长拉着储炎庆的手，对储炎庆说："老储啊，穷人总是有志气的，汤天池（汤鹏）就是一个有志气的人。只要我们有志气，肯努力，就一定可以超过他汤天池！"

"后来很多宣传报道，就都把汤鹏说成是一个'穷人'的小铁匠。'小铁匠'汤鹏，想跟大画家萧云从学画画，萧云从瞧不起汤鹏。汤鹏人穷志不穷，通过发奋努力，创立了芜湖铁画。"姚宣祥不无感慨地说。

因为储炎庆跟汤鹏一样，也是打铁锻制铁画。有了朱德委员长跟储炎庆说的关于"穷人"创立铁画的一番话，后来就有人把储炎庆也当作"穷人"的铁匠，矢志不渝，红炉守望，带来新中国铁画事业的恢复发展。

"沾着朱德委员长接见你爸爸，跟你爸爸说过那句话的光，你在填表的时候填'工人'出身，也就没有人去过多追究了。"

原来如此！姚宣祥说的这番话，让储金霞听起来，简直就是"天方夜谭"，她喃喃自语地："真的吗？这一切都是真的吗……"

姚士鑫在一旁插言道："难怪过去我和金霞填表，我填'小业主'，金霞填'工人'出身，我就纳闷，金霞她父亲和我父亲一样，都是打铁开店带雇工，为什么变成我们两家的'家庭出身'不一样？现在我才知道，原来是朱德委员长曾经说过一句话起的作用。"

储金霞恍然大悟，且有一种政治上无以言状的自信。

过了一会，姚宣祥又说："我在担心，'文化大革命'开始以来，国家发生这么大的变化，朱德委员长已经有很长时间没在报纸上露面，当年郭沫若为铁画题词的事，最近好像也不怎么提了。"

姚宣祥如数家珍地，对关系到铁画和储炎庆政治命运的近期所发生的国家大事，一件一件地道了出来。

吴友云乐了，调侃地说道："老头子，看来你咳嗽发高烧，还没有把你烧糊涂，反倒越烧越清醒了。"

姚宣祥愠怒地："亲家公储炎庆搞铁画锻制，儿媳金霞搞铁画锻制，我儿子士鑫……"咳嗽几声，把话头噎住，又继续往下说，"国家发生这么多的事，都跟铁画有联系，我能不关心吗？"

储金霞听后，不由联想到近期发生在身边许多很奇怪的事：与父亲有过亲密交往的画家刘海粟、程十发、唐云、谢稚柳、陆俨少、范曾、黄胄等人，风言风语地听说一个个都被当作"黑画家"……

想到这里，储金霞不由得倒吸了一口凉气。

凭着直觉，她已预感到"文化大革命"的斗争矛头，已越来越指向未必不是"封建主义黑画"（已有人暗地里议论）的铁画，指向铁画锻制"风口浪尖"的领军人物父亲储炎庆。

储金霞心事重重地，回到"小红楼"。

储炎庆看到女儿储金霞回家，关切地问："金霞，你回来啦？你姚爸爸他怎么样，还好吗！"

储金霞回答道："还好！"

"得了这个病，可不好治呀！唉……"储炎庆为姚宣祥深深担忧，叹了一口长气。

储金霞心头一热，对储炎庆说："爸，您为姚爸爸的患病担忧，姚爸爸也同样为您担忧，为您和铁画锻制的命运担着忧呢！"

"哦？你姚爸爸他，跟你说些什么了？"储炎庆问道。

储金霞忽然抬起一直低垂着的脑袋，泪流满面地央求道："爸！您就不能放下您手中的铁画锻制，跟我们一起生产制作毛主席像吗？"

储炎庆听后，苦笑起来："我倒是很想跟你们搞毛主席像生产制作，可他们要我吗？"

"如果他们不要您，我就来跟他们说。求他们，就说我爸爸他现在觉悟过来了，不搞'封建主义黑画'铁画锻制了，搞'无产阶级红画'，生产制作伟大领袖毛主席石膏像。"储金霞急促地说。

"谁说铁画是'封建主义黑画'啦？铁画是用铁锻制的，铁是黑颜色，就说它是'黑画'？那么石膏像是用石膏做的，石膏是白颜色，就能说它是'白画'了？"储炎庆怒不可遏地，大声嚷嚷，"铁画进了人民大会堂，社会主义祖国的最高殿堂，它怎么就成了'封建主义黑画'呢！"

关于铁画是'封建主义黑画'的背后有人议论，储炎庆不是不知道。可这话从自己女儿储金霞口中说出——尽管她也是从别处听来，只是传言。但既然是传言，多少也带有认同的成分在里面。

对此，储炎庆感到非常生气。

储金霞哭着说道："爸，当年您带领我们锻制的晋京铁画《迎客松》，究竟在不在人民大会堂会见大厅陈列，都还很难说。"

经储金霞这么一说，储炎庆不由也心中凉了半截，一时说不上话来。

储金霞擦去脸上泪水，说："爸，这次我回家，姚爸爸让我带来些东西送给您，说您最能明白他的心事，理解他送您这些东西是什么用意。"

储金霞一边说着，一边打开随身携带的包裹。

储炎庆定睛一看，里面装着的是锻制铁画的专用锻锤，乌黑发亮，整整齐齐，数了数，一共有12把。

一直以来，储炎庆锻制铁画的专用锻锤，都是由姚宣祥帮着打制。可是姚宣祥这次给储炎庆一下子送来12把，储炎庆用这些锻锤锻制铁画，那要锻到猴年马月才能锻得完？

即使是锻到下辈子，下下辈子，也锻不完。

"宣祥，我的好兄弟……"

看到这12把锻锤，也许这就是姚宣祥留给自己的最后遗物，储炎庆再也忍不住了，"哇"的一声，放声大哭起来。

轰轰烈烈的"破四旧"运动已经开始。一桩桩，一件件，被当作"四旧"的文物、古玩、字画、收藏、线装书、艺术品等，或是被砸烂撕坏，或是被投入火中，"纸船明烛照天烧"，毁于一旦。

储金霞对所谓"四旧"文物字画之类遭到毁坏，感到十分痛心。

但储金霞也幼稚地认为，"文化大革命"既然是一场"革命"，无可非议地，必然要付出一些牺牲。这种"牺牲"，当然也包括艺术形态的物质存留。"不破不立"，只有破除"四旧"，才能创立"四新"。

这一天，储金霞走在大街上，看到杀气腾腾的一伙"红卫兵"，乘坐敞篷大卡车，驶向1887年就建成的芜湖天主教堂。

储金霞捂着眼睛，不忍看到令人揪心的一幕。

这时候，她忽然想起了远在国外的父亲的曾经好友约翰牧师，想起了分配在皖北农场工作的自己的闺蜜好友约翰牧师的养女韩玉环，不知道他们现在，情况怎么样了？

回到家中，储金霞本想心情沉重地告诉父亲，天主教堂刚才发生的事情。可眼前出现的一幕，使她的心灵又一次受到强烈震撼。

储炎庆正呆呆地，对着一个铁制的"鸡笼"，低声哭泣。

储炎庆和储金霞所在的芜湖市工艺厂，在主打产品铁画锻制停产以后，经过了短暂时间毛主席像的生产制作，但由于实在缺少这方面的技术力量，不能再生产制作下去，接着又改生产别的产品，也是生产经营不下去，工厂陷入完全停产。

一些铁画艺人想通过铁画糊口饭吃，便将原先锻制的铁画条屏小件，如《梅》《兰》《竹》《菊》等，改制成铁制"鸡笼"等生产生活用品，对外出售，换取些微薄收入。

"这，这不是在糟蹋文化吗……"储炎庆伤心极了。

储金霞也在一旁陪着流泪。

湿着红肿的眼睛，储金霞对父亲储炎庆说："爸，我想跟您商量一件事，我们家的'四旧'，还有吗？能不能就交给他们算了。"

原来"造反队"找过储金霞，让她揭发储炎庆的问题，储金霞没好气地回答："我父亲他没有问题，我不能凭空捏造！"

"造反队"小头目恼了："没有问题？你们家那么多的'四旧'，为什么到现在都没有交出来？"

储炎庆从铁制"鸡笼"那里抽回目光，对女儿储金霞说："家里还有哪些'四旧'，你不都很清楚吗？"

是啊！储炎庆从老家枞阳一路学徒过来，虽然经过创业打拼，发展成为开店带雇工的"小业主"，日子过得也是紧紧巴巴。要说名人字画艺术品等收藏，也只是新中国成立以后，储炎庆因工作上关系，跟书画家们进行艺术上切磋交流，才渐渐有了些。可那也能算得上是"四旧"吗？

"我好像记得，我们家有一把，宜兴紫砂茶壶，明代的……"储金霞犹豫老半天，好不容易结结巴巴说了出来。

"你！"储炎庆痛苦地说，"金霞，那可是你爷爷留给我们，家里面唯一值钱的东西。当初你爷爷将这把壶交给我的时候，我从老家枞阳外出当学徒，你爷爷含着眼泪对我说，娃呀，外面挣钱不容易，你要是实在没有钱用了，就把这紫砂茶壶卖掉，多少也能值上几个，应付急需所用。你爸我一生当中遇到过很多困难，也遇到过最需要用钱的时候，可即使在最困难最走投无路的情况下，我也舍不得把紫砂茶壶卖掉，那是我们储家的'传家宝'呀！"

储金霞也哭了。

哭过以后，储金霞还是坚持要把紫砂茶壶当作"四旧"，交给"造反队"，说是如果不主动交出，让"造反队"抄家抄出来，那就更麻烦。

是福是祸躲不过，储金霞最担惊受怕的这一天，还是到来了。

大祸降临，一伙"造反队"气势汹汹地闯进"小红楼"，闯进储家，见到储炎庆，二话不说，拿起一个很沉的铁制"批斗牌子"，上面系着铁丝，就往储炎庆脖颈上套……

储炎庆被"造反队"抓进去，关了一段时间。经过严格的内查外调，审来审去，查来查去，也没有什么大问题，将储炎庆放回原单位，只在搞"'封建主义黑画'给社会主义制度抹黑"的问题上，进行深入揭发批判。

储炎庆回到原单位后，在早已名存实亡的"芜湖市工艺厂"，当了一名看大门的"工厂"传达员。百无聊赖地，打发日益老去的光阴。

这天夜里，储金霞忽然敲开传达室的门，哭着跑来告诉储炎庆："爸，姚爸爸他，快要不行了，喊你过去，跟他见上最后一面……"

"哦！"储炎庆急忙收拾起东西，心情极其沉重压抑，叫了一辆出租拉客的三轮车，跟女儿储金霞一起，连夜赶到姚宣祥家。

姚宣祥患病以后，储炎庆知道这种病在世的日子不会有多久，他们这对老兄弟，总有一天会要分手，可他万万没有料到，姚宣祥去世和他们老弟兄最后分手的时间，竟会来得这么快。

在姚宣祥病床前，储炎庆拉着姚宣祥瘦的跟芦柴似的手，颤抖着双唇，大着声音说："宣祥，我的兄弟！我们俩的合作还没有完，你可不能扔下我，一个人就先走了啊……"

姚宣祥睁开混沌迷茫的眼睛，费力地说："我们俩合作……我，送给你的那些锻制铁画的，专用锻锤，都还在吗……"

提起那12把锻制铁画的专用锻锤，储炎庆不由心如刀绞，除了自己留下一把作为对姚宣祥遗物的念想，剩下的他全都给了徒弟们（有的勉强接受，有的给了也不肯要），让他们去自谋生路，不枉师徒一场。

为了怕姚宣祥听到这些会引起伤感，到另一个世界过的不安稳，储炎庆不得不撒了一个谎："在，都在，都还在。"

　　姚宣祥点了点头，说道："在，在就好，那都是我，一把一把，为你亲手锻打……"

　　储炎庆难受极了，眼泪滚滚落下："宣祥，哥哥我知道，这么多年来，我锻制铁画的专用锻锤，都是你亲手为我锻打。"

　　姚宣祥又把手指向窗台，上面摆放着的是"女儿红"酒瓶，眼中忽然放出异样的光来，费力地挣出一句话，或是半句话："女，'女儿红'……"

　　储炎庆说："'女儿红'，那是我们俩当年为士鑫和金霞，'指腹为婚'定亲，你送给我的'定亲酒'，这件事我一直记着，记得非常牢。"哽咽着，"宣祥，你就放心吧，士鑫和金霞，都会把你对他们的希望，你对他们的好，刻骨铭心地记在心里，任何时候都不会忘记。"

　　说到这里，全屋子的人都哭了。

　　这时候，不知是谁家养的鸡，"咯咯"叫了起来。天空泛起了鱼肚白，一抹红霞，快亮了。

　　姚宣祥从昏迷中，又醒了过来，嘴里含混不清地："天，快亮了，太阳快，出来了！"说罢，脑袋往旁边一歪，极不情愿地，闭上一双眼睛，走完他人生最后的路程……

　　储金霞万万也没有想到，反映告发父亲储炎庆，给储家带来几乎灭顶之灾的小人，竟是被自己视作最为知己的闺蜜好友韩玉环！

　　王石岑来找储炎庆，说是有一位画家朋友，因为经受不住"造反派"无休止的批斗折磨，得了精神病，住在精神病医院接受治疗。这位画家曾经为储炎庆锻制铁画提供过不少有价值的画稿，他们之间有过友好合作，王石岑想叫上储炎庆一道，前去医院看望探视。

储金霞也认识这位画家，得知这一情况，深表同情，于是便也跟随着父亲储炎庆和王石岑，来到精神病医院。

在医院病房走廊，储金霞忽然看到一个非常熟悉的身影，不由惊叫起来："玉环？韩玉环！"叫完以后，她又怀疑自己是不是看错，待擦了擦眼睛，仔细一看：不错，就是她，就是韩玉环！

只见韩玉环身上穿了一套极不合身的病号服，白底蓝条纹布，脚下趿着一双脏兮兮的拖鞋。头发蓬松，目光呆滞。当年那个俊俏漂亮爱打扮的韩玉环，怎么变成了这个样子？

韩玉环好像也认出了储金霞，她先是愣了一下，接着发出怪叫，跌跌撞撞地跑开。

"不是我……你们不要抓我，不要抓我！"韩玉环边跑边喊。

精神病医院内，出现这种举动和发出类似叫喊的人比较多，他们大多是在"运动"中精神上受到刺激，变得风声鹤唳。一旦遇上曾经给他们带来过伤害或是自己给对方带来伤害的人和物，激起往事的记忆，便显得格外地紧张，害怕得不得了。

储金霞的心收缩了，眼眶湿润起来："玉环，是我，我是金霞。告诉我，到底发生了什么事？你怎么到这个地方来了？"

"你，你不是金霞，你是法海……法海变的妖精。求求你们，不要抓我，不要抓我……"韩玉环变得更紧张，更害怕，一头扎进病房，扑倒在病床上，钻进被窝，用被子捂住脑袋，捂得严严实实地，浑身直打哆嗦。

储金霞跟着韩玉环进了病房。

值班护士告诉储金霞，这个病人很可怜，单位把她送来，丢下几个钱，就再也没有来过。被医院催得急了，才从邮局寄来点医药费，人却不来。

"她好像什么亲人也没有的样子，连个亲戚朋友都没有。住进医院已经这么长时间，从来没有人来看过她，真的是很可怜。"值班护士说。

真是奇怪了！韩玉环虽然从小没有父母，是外国人约翰牧师领养，孤儿院里长大，身边没有任何亲人，可她跟汪抗存已经明确了恋爱关系，说不定都已结了婚。前些日子汪抗存到芜湖来，出于自己是韩玉环闺蜜好友的关系，又因为他们是过去相处要好的同学，汪抗存还信誓旦旦地向自己表示过，只要韩玉环跟他汪抗存在一起，他就决不会让韩玉环再受苦，怎么一下子就变了？

韩玉环病的这么严重，连看都不来看一眼？

正当储金霞陷入同情、气愤和一团雾水的困惑不解，忽听到外面有人在敲门，轻声打听："请问，韩玉环是住在这个病房吗？"

"是的。"值班护士回答，转又问道，"是来看病人的吧，你是韩玉环她的什么人？"

"我是她同学。"来人很有礼貌地回答。

"哦！"值班护士喃喃自语地，"要么是没有人来看望，要么一下子就来了好几个人，今天这是怎么啦？"

储金霞很快认出，前来看望韩玉环自称是韩玉环"同学"的人，是很长时间都没有见过面的小学同学高翔。

高翔同时也认出储金霞，诧异地问道："是你！你怎么来啦？"

储金霞没好气地回答："我倒是想问问你，你怎么来啦！"朝病房门外跟储炎庆打了声招呼："爸，我在这里看我同学，是我的小学同学玉环，你们先去吧，待一会儿我再来。"

"好的，我和你王石岑叔叔先过去，你待会再来吧！"储炎庆回答过后，忽然想起了什么，问道，"金霞，你刚才说什么，玉环她也在这里？"

"是的，玉环也在这里，她也得了精神病，住在精神病医院。"储金霞回答道。

"怎么，你爸他也来了？"高翔问道。

储金霞恼怒地朝高翔瞪了一眼，又用食指压住嘴唇，"嘘"了一声，对高翔说："你小声点，我爸他要是知道你也在这里，知道你和玉环的那些破事，准会把你骂个狗血喷头，赶你出病房不可。"

储金霞向父亲储炎庆隐瞒了高翔也在韩玉环的病房，也是来看望韩玉环的真实情况。

储炎庆在医院走廊，不放心地问道："玉环也在这里？她那么活泼开朗的一个孩子，怎么就会得精神病？"接着又说，"金霞，等你爸我看过那边病人以后，再过来看望玉环。"

储金霞回答道："爸，你们先去吧，我再陪玉环说上几句话，一会儿我就过去，跟你们去看望病人，然后再陪您过来，看望玉环。"储金霞想故意拖延时间，好多向高翔了解一些事情的原委：韩玉环她为什么会得精神病？韩玉环得病这么长时间，为什么汪抗存不来看望？为什么来看望韩玉环的不是汪抗存而是高翔？

这一系列的困惑与不解，储金霞都想从高翔那里厘清头绪，弄得个水落石出。

谈话中，高翔向储金霞娓娓道来，说出了事情的缘由，来龙去脉，帮储金霞解开了很多绕不过去的心结……

原来韩玉环同汪抗存好上以后，在相处过程中，了解到汪抗存的身世也同自己一样，悲惨凄凉。

汪抗存的父母不是他的亲生父母，而是汪抗存在襁褓中就收养他的养父母，他的亲生父亲是一位国民党军官，1943年被派往缅甸，参加20万中国远征军横渡怒江的对日作战。部队临出发前，因汪抗存的生母怀有身孕，便将她留在国内，派人护送到其时尚处于沦陷区的芜湖。汪抗存出生以后，生母不知道从哪里得到丈夫在缅甸阵亡的消息，为了能给丈夫留下骨肉血脉，同时也是为了躲避敌伪对他们母子的迫害，不得不含泪忍痛，将襁褓中的孩子交给"小绍兴"汪老板夫妇收养。并让孩子跟着养父姓汪，起名汪抗存。

"抗存"这个名字，是汪抗存尚未出生还在母亲肚子里的时候，生父帮起的，意思是抗战存活下来的骨肉血脉。

1945年抗战胜利，在"小绍兴"汪老板夫妇好心撮合下，汪抗存的生母同后来的丈夫也就是川军班长结了婚。在跟随原先丈夫逃往台湾临离开大陆的时候，生母曾经想到过把汪抗存带走，可转念又一想，养父母把孩子抚养长这么大不容易，再说这兵荒马乱的，万一路上有个三长两短的闪失，就对不起"死而复活"的丈夫，于是便狠了狠心，丢下了亲生儿子……

了解到汪抗存的身世情况以后，韩玉环惺惺惜惜惺惺的，很是感叹伤怀。说自己和汪抗存是"一根藤上的两个苦瓜"，愿与汪抗存牵手相伴白头偕老。可是"造反队"揪着韩玉环养父约翰牧师的事不放，硬是逼着韩玉环要把问题交代清楚，还将她关押起来，进行了非人的折磨。

被逼得实在走投无路的情况下，韩玉环头脑昏沉、处于极度疲劳状态，精神恍惚地，交代了未婚夫汪抗存的身世"问题"。

接着"造反队"又顺藤摸瓜地，牵扯出了储炎庆的"严重阶级立场"问题。

交代完这些以后，韩玉环就得了精神病。

"你说的这些，都是真的吗？"储金霞冷不丁地问了一句。

高翔抬起尴尬的面孔："我说的这些，都是真的。"

"那你老实告诉我，这些情况，你是怎么知道的？"储金霞又紧追不舍地质问道。

高翔满脸羞愧地："你应该知道，我和韩玉环，曾经好过。"

储金霞还从高翔那里了解到，储炎庆后来被"军宣队"放了出来，不再进行刑讯逼供式的审查追问，是因为高翔跟"军宣队"打了招呼。

"你有那么大的权力，能让他们不再折磨我爸？"储金霞不相信地问道。

高翔讪笑着回答："我虽然没有多大权力，但'军宣队'的那些人，都是我的战友。战友之间相互帮忙，也是人之常情。再说你爸爸他也没有什么问题。"

高翔说的挺轻松，可是这些话让储金霞听起来，却感到非常的不自然。

铁画从1967年被当作"封建主义黑画"，停止生产，到了1973年初，在国家及省部有关方面的关心下支持，才跟国内其他类似工艺美术品生产制作一样，又一次得到恢复。

周恩来总理在一份报告中指出："工艺美术品只要不是反动的，丑恶的，黄色的东西，都可以组织生产和出口。"在当时特定政治环境下，这无疑是给有着300多年历史的铁画，打了一剂有力的强心针。

1973年3月，以铁画为主导产品的芜湖市工艺厂，重又恢复生产，并正式更名为芜湖市工艺美术厂。

二度出山的储炎庆，锻制成功的第一件作品叫作《绿竹垂荫》。

这是一幅全立体通透式铁画，是储炎庆复出后铁画锻制技艺的一个创新。

《绿竹垂荫》中的"竹叶"

储金霞参加了《绿竹垂荫》"竹叶"的锻制。

储炎庆边锻边跟储金霞说："你爸我这一生世，大半辈子过来，'梅兰竹菊四君子'，最喜爱的就是竹子。古人说过，竹子有'七德'，第一是说它身形挺直，宁折不弯，代表着正直；第二是说它虽然有很多的节，但它节节向上攀升，永不止步，是奋进的象征；第三是说它外直内空，襟怀若谷，有虚怀的情操；第四是它虽然有花，但却从不开放，而是素面朝天，内敛谦虚，表明质朴；第五是竹子超然物外，顶天立地，展现卓尔风范；第六是竹子载文传世，任劳任怨，天生一种担当精神；第七种品德也就是你爸我平生最喜爱的一个品德，竹子虽然傲立群芳，卓尔不群，但它善群，有着很强的包容性，无论霜欺雪压，虫蛀兽啃，始终保持着一种旺盛的生命力，绿竹垂荫……"

看上去储炎庆是在说竹子，其实他讲述的是深刻的人生道理。把"文化大革命"运动中自己的遭遇，乃至日常生活中遇到的各种委屈和不公正待遇，是非恩怨，全都寄寓在《绿竹垂荫》作品里的"竹干""竹枝""竹叶"，乃至"竹花""竹笋"的意境中，化解在锻制铁画的"锤笔"之下。

高风亮节，亮节高风。

功夫在诗外。已是"而立之年"的储金霞，从储炎庆身上，看到和学到了铁画锻制之外很多东西。

那回在精神病医院，储金霞本来是打算陪同父亲储炎庆看望韩玉环的，可她担心父亲得知真情后会引起更大的烦恼，于是便借口"女病房男的进去不方便"，故意把储炎庆支开了。

此前，储金霞也把高翔支走，不让高翔与储炎庆照面。

当时储炎庆只"哦！"了一声，便没再坚持要去看望韩玉环，而是默默无语地，低垂着脑袋，走在回家的路上。

回到家以后，储金霞还是忍不住想把韩玉环得病的原因，以及"造反队"抓走储炎庆，险遭更大迫害的真实情况，说给储炎庆听。

"爸……"储金霞几次开口要说，都被储炎庆摆摆手拦住。

"不说了，什么都不用说，你爸我知道。"储炎庆说。

"你知道什么？"储金霞感到不解。

"玉环这孩子得病，都是因为我引起。"储炎庆痛苦地说。

"啊？爸……你都知道了！"储金霞惊讶地叫了起来。

原来汪抗存那年到"小红楼"，亲手交给储炎庆一封信，这封信是"小绍兴"汪老板写给储炎庆的。信中告诉储炎庆，徽州那边随着"文化大革命"前奏的"四清"运动逐步深入，已经有人在怀疑汪抗存的出生身世。极有可能还会追查到汪抗存的亲生父母，牵涉到汪抗存的继父被枪毙。提醒储炎庆要注意。

"那次'造反队'来抓我的时候，起初我以为'反映告发'的人，是'小绍兴'汪老板，也就是抗存的养父，因为这件事情当时只有他知道。后来我听说抗存跟玉环好上，后来我又听你说玉环得了精神病，医院里那么多的精神病人，几乎都与'文化大革命'运动有关，而且你推三托四不让我去看望玉环，我就估摸着玉环她得精神病，肯定与这件事有联系。"说完，储炎庆叹了一口气："唉，玉环这孩子，受苦遭罪了！"

储金霞一边锻制着《绿竹垂荫》的"竹叶"，一边陷入过往那些让人不堪回首的痛苦记忆……

芜湖市工艺美术厂，在原芜湖市工艺厂的基础上正式成立挂牌后，锻制铁画的炉火重又烧了起来，砧台的锻锤声重又"叮叮当当"地响了起来。

工厂恢复生产不久，急需要大批技术人才，姚士鑫也就是在这个时候，从原先工作的芜湖市日用工具厂，调到工艺美术厂。

芜湖市日用工具厂和芜湖市工艺美术厂，这两家工厂，当时都隶属于芜湖市第二轻工业总公司。姚士鑫调动工作时，到二轻总公司人事部门办理手续。

工作人员问姚士鑫："你又不会锻制铁画，到工艺美术厂做什么？"

姚士鑫回答："我虽然不会锻制铁画，但我会锻打锻制铁画的专用工具，像锤子、钳子、剪子这些东西，一样也少不了。如果离开了这些，那些铁画艺人们，纵有天大本事，也锻制不出来铁画。"

工作人员乐了："他们不可以到市面上去买，锤子、钳子、剪子之类，还需要有你来锻打？"

姚士鑫同工作人员卖起关子："这你就不知道了，从市面上买来的那些，虽然也是锤子、钳子、剪子，但不适合锻制铁画。锻制铁画专用工具，都要经过特别锻打。如果放在过去，连炉子里烧的煤都要经过特别加工。"

并且告诉工作人员，在所有铁画锻制的专用工具中，他姚士鑫锻打最好的是锻锤，"各种各样的锻锤，羊头锤、鸭嘴锤、奶头锤、鼓形锤，还有六角锤、八角锤等，我都会锻打，而且打得非常好。毫不夸张地跟你说，在锻打铁画锻制的专用锻锤上，除了我父亲姚宣祥，还没有哪一个能比得上我姚士鑫。父亲去世以后，更就没有人跟我比了！"

回到家以后，姚士鑫把在二轻总公司人事部门办调动，同工作人员对话的情况，说给储金霞听。

储金霞也乐了，嗔道："你还很会说话的……"

姚士鑫调皮地对储金霞说："这样一来，我就可以天天守护在你身边，天天保护着你。

储金霞哪里能猜透姚士鑫的心思，此时姚士鑫所说的"保护"，是有着另外一层含义。

韩玉环和高翔，韩玉环和汪抗存的那些剪不断，理还乱的事；是是非非，恩恩怨怨，姚士鑫全都知道。

姚士鑫并且知道，高翔在储炎庆和储家陷入最困难的时候，以一种姚士鑫所不能够具备的方式，有效地保护了他们。

高翔的出现，使姚士鑫心里面感到有点乱。

姚士鑫所要"保护"的，是他和储金霞好不容易垒成的爱情"鸟巢"。在姚士鑫看来，只能属于他和储金霞以及女儿燕子的一片天地。

神圣不可侵犯。

1974年1月，姚士鑫和储金霞的第二个爱情小结晶，天使一般，来到了他们的生活中间。

由于是在冬天出生，他们便给第二个女儿取名"冬冬"，学名"姚小东"（后更名储莅文）。

都说女儿是父母的"小棉袄"，储金霞和姚士鑫两个女儿，大女儿"燕子"姚艳，小女儿"冬冬"储莅文，两个贴心的"小棉袄"。

储金霞与丈夫、女儿合影

而储苤文不仅是孝顺父母贴心的"小棉袄"，也是储金霞铁画人生的小助手，铁画锻制事业的"小棉袄"……

却说储炎庆自从经受"文化大革命"运动的种种磨难后，尽管他有着顽强的意志，坚强地挺了过来，但终究积劳成疾，身体一天不如一天，每况愈下。

储炎庆预感到，自己能够挥锤锻制铁画的时日已经不会太久，于是他几乎夜以继日地，奔忙在砧台边、锻炉旁。婉言谢绝很多需要他参加的社会活动，潜下心来，教徒授艺，研发和锻制新的铁画作品。

国家和省部领导、社会各界人士、外国友人，又像当初那样，纷纷来到芜湖市工艺美术厂参观铁画锻制。国内各大主流媒体和海外传媒，对"中华一绝"的芜湖铁画，也都进行了各种形式的宣传报道。可是人们发现，作为铁画锻制领军人物的储炎庆，却很少在公众场合露面。即便遇上重要接待任务，需储炎庆到场，他也只是偶尔闪露一下，便又不见他的身影。

这一回，赖少其陪同一家外国友好艺术团体到安徽访问，参观芜湖市工艺美术厂锻制铁画，从头到尾都没有看到储炎庆，感到很奇怪。忽然看到正在一旁忙碌的储金霞，便问道："金霞，你爸他不是已经'解放'，同我一样出来工作了吗，怎么我这次来没有见到他？"

储金霞带着哭腔回答道："我爸他呀，最近成天待在他自己临时搭盖的'工棚'里，闭门不出，和他的徒弟们一起埋头锻制铁画。有时候叫我也过去，帮帮他的忙，教我一些铁画技艺知识。我都快急死了，我爸他那样无休止的劳累，又是上了年纪的老人，身体又有毛病，要是哪一天累倒，可怎么得了！"

赖少其"哦！"了一声，说道："还有这么回事？我这就去看看他。工作再忙也要注意休息，身体很重要，有了好的身体，才会有了一切，如果没有好的健康的身体，什么事也干不了，那就实在得不偿失。"

在储炎庆的临时"工棚"里，赖少其见到了储炎庆。

"老储！你老多了，也瘦多了……"一见到储炎庆的面，赖少其不由两行热泪滚滚落下。

同是劫后余生人，岁月沧桑感，油然而生。两人都为好不容易见到面，感到庆幸，同时又为国家的命运，有一种拭抹不去的忧患。

"赖部长，您来啦！"储炎庆拿起手中锻锤，在砧台上敲打几下，发出响亮的锤声，笑着说道："'千金难买老来瘦'，赖部长，我健康着呢。"

"再怎么健康，也要注意劳逸结合。来日方长，后面还有很多事，等着我们去做呢！"赖少其劝道。

储炎庆依旧笑着说："我也知道，还有很多事情等着我们去做，可是我更知道，留给我储炎庆为人民服务的时间已经不多了。实不相瞒跟您赖部长说，最近我老是做梦，梦见我的亲家，也是我的老搭档姚宣祥，我手中这把锻锤，锻制铁画的专用锻锤，就是他送给我的……"

储金霞与父亲储炎庆

储金霞与女儿储莅文

1974年12月28日，一代铁画大师，储金霞的父亲储炎庆，在完成了他的最后一件作品铁画《松鹰图》以后，闭上了他睿智的双眼，去跟他的亲家公也是他的老搭档姚宣祥，在另外一个世界见面了。

他们欢乐豪爽地，喝着生活中的美酒；姚宣祥喝白酒，储炎庆喝黄酒，"女儿红"。

他们嬉笑怒骂地，玩着一桩并非不是游戏的人生游戏；"指腹为婚"，生下男的做兄弟，生下女的做夫妻。

他们一丝不苟地，在炽热的砧台旁，在火红的锻炉前，锻冶他们的希望与追求；一个锻制世界上最精美的图画芜湖铁画，一个锻打铁画锻制须臾不可离开的专用工具锻锤……

悼念储炎庆的灵堂，设在芜湖市第二轻工业总公司礼堂，成立了在当时来说规格比较高的治丧委员会，由芜湖市主要领导担任治丧委员会主任。全国人大常委会、中共中央统战部，以及各有关部委、安徽省委省政府、芜湖市委市政府等都送来了花圈。

全国人大和中央统战部、安徽省委省政府，还专门派员参加了储炎庆的追悼大会。

逝者已去，英魂永存。

储炎庆"八大弟子"的储春旺、杨光辉、张良华、张德才、颜昌贵、吴智祥、秦学文、倪乃林等人，身着重孝，齐刷刷地跪在师父遗像前。他们一个个泪流满面，悲痛欲绝。

储炎庆的老家枞阳，也来人参加了追悼大会。他们提出一个要求，依照老家风俗，入土为安，为储炎庆准备了一口棺材，想把储炎庆遗体入殓装进棺材，运回老家，择土安葬。

储金霞双膝跪地，央求枞阳老家的人："你们大家的心意我都领了，可是我爸他临终时告诉我，他这一生一世，都是跟火打交道，取的名字也是两个'火'字叠在一起的'炎'字，就让他火葬，在火中得到灵魂的升腾吧。"

不光是枞阳老家的人，旁边所有的人听后，无不为之动容。

老家一位储炎庆的胞妹，拉着储金霞的手，流着泪说："金霞，你起来吧，你这样跪着，我们心里比什么都要难受……"

于是按照储炎庆生前遗嘱，对遗体进行火化。

储金霞泪水涟涟地，望着从焚炉烟囱里冒出的青烟，袅袅冉冉，好像看到父亲储炎庆站在上面，手里拿着把须臾不离身的锻锤，腾云驾雾般，渐远渐远，离自己而去。

忽然间，储金霞打了一个寒战，心头涌起一种从未有过的失落。

追悼会那天，韩玉环也来了。

由于治疗的药物作用，韩玉环的脸色有点浮肿，目光呆滞，反应迟钝，说话声音带有嘶哑，可思路还很清晰。

韩玉环说："金霞，我对不起你，对不起储伯伯！"

储金霞说："那都是过去的事，过去就让它过去算了。"想起父亲储炎庆生前锻制的《绿竹垂荫》，父亲说过竹子品德的"善群"包容，便又说道，"其实你也受了很多的苦，在那样的大背景下，受苦蒙冤的，不止我们一家，也不止你韩玉环一个人。"

泪水在韩玉环眼中滚动。

过了一会，韩玉环又对储金霞说："金霞，我这次来一是给储伯伯送行，二也是来向你道别。"

"怎么，你要到哪里去?"储金霞问道。

"到湖北。"韩玉环说。接着她告诉储金霞，"湖北有一个县，正在组建县黄梅戏剧团，需要人。因为我过去在省艺校学过黄梅戏演唱，有点基础，所以就到他们那里去工作。"

"那好啊！虽然你说的湖北那个县离家乡远了点，但你可以演唱你喜爱的黄梅戏，学到的知识能派上用场，那该有多好！"储金霞为韩玉环感到高兴，并向她表示祝贺。

　　韩玉环有点羞涩地说："金霞，我这次能去湖北，进黄梅戏剧团，全都是高翔帮的忙。"

　　"哦？"储金霞感到有点意外……

立体铁画《荷蟹》

第八章　宝岛梵音

梵音般锤起锤落的锻锤声中，一件件精美的作品带着淬火余热，冒着缕缕清烟，在储金霞手中神奇地出现。

父亲去世以后，储金霞像是变了个人似的，说话少了许多，喜欢一个人独处，陷入沉思。

储金霞在想：从此以后，父亲那个对自己来说遮风挡雨的参天大树，将不复存在；父亲曾经在铁画事业上给予的光环，也将失去光彩。自己像是一叶飘荡在人生海洋的小船，究竟驶往哪里，或是如何行驶，乃至在行驶和渡越过程中无可避免地遇到险礁暗滩、疾风巨浪时将如何应对，心中一片茫然。

方爱珍哭着来找储金霞，说是"小红楼"里他们家原先职工宿舍性质的住房，厂子里有人提出要收回，"你爸他去世才几大天，真是尸骨未寒，就要赶我们孤儿寡母出门？"

世态炎凉！储金霞的脑子里，蓦然闪现这句在自己这个年纪不应该有的世俗名言。

父亲采取的是火葬，何来"尸骨"？又何来"未寒"可言？

储金霞想向母亲解释这些，但又感到里面的道理有点深，母亲弄不明白，于是便以实际生活中的一些浅显现象，说给母亲听。

储金霞说："妈，'小红楼'的宿舍住房，是组织上分给爸爸接待来宾，进行艺术交流，搞研究开发铁画新产品用的。现在爸爸已经去世，他们要是想收回，就让他们收回去好了。"

方爱珍是一个明白事理的人，见女儿储金霞不计较，也就没再较真下去，揩着眼泪说道："他们真要收回，也就只好让他们收回去算了。"想了想又说，"金霞你发现出来没有，近些日子你的那些师兄中有的人，见到我好像有点躲躲闪闪，招呼都不愿打一声，一副不理不睬的样子。"

储金霞笑了："妈，您多心了。师兄中有的人可能最近比较忙，见面不打招呼也很正常，您就不要多想，不要往心里面去。"

方爱珍摇了摇头："不对，我看他们中个别的人，不像忙的样子，倒是显得很清闲。"

方爱珍说的储金霞师兄中"有的人"，以及"个别的人"，所指是什么人，储金霞心中自然清楚。

父亲也就是师父储炎庆在世的时候，师兄中"有的人"或"个别的人"，就对打铁锻制铁画这个行当心存旁骛。现在储炎庆去世了，便更加感到前途无望，加上又没有师父在世时的管束，便见异思迁，"改行""跳槽"的想法，愈加暴露无遗。

总算还有点良心，师父去世以后，见到了师母，"有的人"或"个别的人"便心中有鬼，感到不大自在。躲躲闪闪，不敢多说话，怕话说多了师母要是问起来，回答不了，显得尴尬。

储金霞不由在心里感到好笑。

"妈，保重好您的身体，有些事不需要您管的，您就不用管的那么太多。人各有志，随他们去吧。"储金霞说。

岂止是师兄中"有的人"或"个别的人"。储金霞渐渐发现，过去那些经常来往，热情得不得了的一些人，自从储炎庆去世以后，也都来往的少得多。热情减淡，甚至见面时还用一种异样的目光望着自己。

有时候自己主动上前跟那些人打招呼，说话，回答得也很勉强。或者是简单搪塞几句，便又借故匆匆走开，好像是自己要找他们帮忙办什么事似的，不帮忙不好，如果帮忙了，他们实在也不愿意帮其实并不存在的所谓的"忙"。

曾经一度，储金霞心里面感到很委屈，也很憋屈。这些委屈和憋屈，父亲在世的时候从来也没有发生过，即便是发生了，也是父亲把顶挡过去，或是自己向父亲倾诉，得到一种释怀，慰藉。

可是现在这一切的一切，都得要自己来承受。

见储金霞郁郁寡欢，总像有什么心事似的，姚士鑫有点不放心，他担心这样下去储金霞会闷出来毛病，于是便想陪储金霞一道，到外面放松放松，调节一下情绪。

"金霞，你看我们最近能不能，出去走一趟？"姚士鑫说。

那时候还没有"旅游"的说法，只是说"出去走走"。约定俗成地，不能说"玩"，怕跟"游山玩水"扯在一起，遭到批判。

"你是不是担心我闷在家里，想不开，会像韩玉环那样得精神病？"储金霞笑着问道，接着又说，"你可不要忘了，我虽然是个女人，但我是打铁锻制铁画的女人，外表温柔，骨子里面可硬着呢。"

"哪会呢？像你这样性格开朗，拿得起放得下的人，怎么会想不开闷出来精神病？"姚士鑫连忙解释，"我是说你锻制铁画搞艺术创作，按照王石岑教授跟我们说的，要经常出去走一走，看一看，深入生活，汲取艺术养料，只有这样，才能锻制出来更多更好的铁画作品。"

储金霞想了想，说道："你说的也是。父亲在世时跟我说过，当年汤鹏创立铁画，为了锻制《铁螃蟹》，还专门到菜市场买回真螃蟹，观察它们的形状。可买回来的螃蟹不爬行，看不出来气势，于是汤鹏只好又到螃蟹经常出没的河滩，蹲伏下来，观看螃蟹爬行时候的动作，真实的精神状态。这样一来，锻制出来的'螃蟹'就活灵活现，跟真的一样。"

姚士鑫说："汤鹏锻制《铁螃蟹》，是父亲在世时讲述的故事，可我则是亲身经历过，父亲深入生活，观察事物，锻制铁画的真事。那一年父亲为了锻制铁画《松鹰图》，参加世界工艺美术作品大展，让我陪他一道，到动物园观察鹰的形状，鹰的神态，观察鹰的眼睛、爪子、羽毛……"

"你说的那个'鹰'，叫作'雕'，在赭山公园动物园里养着。老大老高的一个铁鸟笼子，关在里面，提供人们观赏。那年父亲锻制《松鹰图》，观察现实生活中的鹰，也带我去看过，而且去过不止一回。"姚士鑫正准备往下说，被储金霞接过话头。

说完以后，储金霞百感交集，沉浸在往事的回忆。酸甜苦辣的滋味，也只有她和姚士鑫才能够体悟得出。

"鹰有好多种，小的叫'隼'，大的叫'雕'。"姚士鑫解释道。

储金霞萦萦于回忆："记得那头叫'雕'的鹰，很厉害，眼睛汹汹的，爪子尖尖的，翅膀上的羽毛像铁打的一样，飞动起来'啪啦啪啦'地响，整个铁鸟笼子都跟着晃……"

储金霞还记得，那一年父亲为了观察现实生活中的鹰，还同画稿的画家结伴同行，去往皖南山区，观察鸟笼子之外大自然中，无拘无束，搏击长空，自由自在飞翔的雄鹰。

并且记得，在锻制晋京铁画《迎客松》期间，尽管时间要求那么紧，工作任务那么重，父亲也还挤出来些时间，跟王石岑一道，多次登临黄山，与现实生活中的"黄山迎客松"，进行零距离接触感受。

"走，到黄山去。"

心有灵犀一点通，储金霞和姚士鑫二人，几乎是异口同声地，说出了这一决定。

有"震旦国中第一山"之誉的黄山，秦汉时期始被发现，明代大旅行家、地理学家徐霞客两游黄山，称"五岳归来不看山，黄山归来不看岳"，揭开黄山神秘的面纱。

20世纪30年代民国政府开始建设黄山，中华人民共和国成立后加大建设力度，一度曾为不对外开放的疗养院（储炎庆、王石岑等到黄山体验生活，还是凭着相关部门开具的介绍信入内）。改革开放后的1979年，黄山遂正式对外开放，建有公路并有长途客车直通山脚。山上的登山步道修缮好以后，也比过去走起来安全和好走的多。

储金霞和姚士鑫，顺着未必不是当年储炎庆和王石岑上山走过的登山步道，一边游山看景，一边说着话。

"相传黄山是轩辕黄帝炼丹的地方，我们铁匠的老祖宗老子李耳，也是在炼丹炉前炼丹。今天我们俩到黄山来，真是找对了地方！"姚士鑫气喘吁吁地说，不时伸出手背，抹去额头上沁出的汗珠。

储金霞望了姚士鑫一眼，嗔道："就你懂得的知识多，贫嘴！既然你如此见多识广，知识渊博，那你知道不知道，轩辕黄帝和老子李耳炼丹，他们炼的是什么丹？"

"这个问题，你可就难不倒我了。轩辕黄帝和老子李耳炼的丹，是吃下去以后让人'长生不老'的仙丹。"姚士鑫"嘻嘻"笑着回答。

"真有那么神奇的'仙丹'，人吃下去能'长生不老'，永远年轻。活上一百年、一千年，一万年，甚至时间更长？"储金霞问姚士鑫，

"那样的仙丹，人世间有吗，你见到过吗？"

"这……"姚士鑫讷讷地，回答不上来。他抓了抓脑袋，转又说道，"那也不过是个传说，现实生活中不可能有。"

"有。"储金霞说得很干脆，一副不容置疑的样子。

"有？它在哪里？"姚士鑫感到很奇怪，发现储金霞越来越有点莫名其妙，神神道道的。

"在我们每一个人的心中。"储金霞说道。说完又长长地望着远方，望着远方的天空。

绵延数十公里的黄山，千峰万壑，放眼望去，比比皆是松树，人们特别称之为"黄山松"。

黄山松分布在海拔800米以上的高山，以山石为母，顽强地扎根在巨岩裂隙之中。针叶粗短，苍翠浓密，干曲枝虬，千姿百态，形态各异。或倚岸而挺拔，或独立于峰巅；或倒悬绝壁，或冠平如盖，或尖削似剑。有的循崖度壑，绕石而过；有的穿罅穴缝，破石而出。忽悬、忽横、忽卧、忽起，真可谓"无树非松，无石不松，无松不奇"。

储金霞看得都醉了。

储炎庆在世时曾经告诉过储金霞，黄山松不像一般松树，在泥土里生长，而是靠着分泌一种酸性物质，依山势和风向，扎根在高山峭壁的夹缝中。

果然如此。储金霞发现，黄山松的生长方式非常奇特，扎根在岩石缝里，没有泥土，枝丫向着一侧方向伸展，根的大半部分生长在空中，像须蔓一样，随风摇曳地迎接雨露，拥抱阳光。

黄山松用它那倔强的生命，为大自然创造了一方乐土，在人们难以想象预料的地方，撑起一片绿的天空，充满勃勃生机。使得小鸟有了栖息的场所，鸣蝉有了唱歌的舞台；所有的花花草草，也都有了赖以庇佑的平台，在石缝中间生生不息地繁衍。

《迎客松》

是谁在滋养着这些无本之木？是云，是雾，还是黄山独有的自然环境？

储金霞陷入深深的思索，一遍又一遍地在心中发问……

姚士鑫笑着指向身边的"奇松"和"怪石"，有感而发地说道："俗话说'红花虽好，还得绿叶扶持'，'奇松'虽然好看，但是离不开'怪石'这片'绿叶'的陪衬。"

储金霞朝姚士鑫白了一眼："'奇松'和'怪石'，究竟哪一个是'红花'，哪一个是'绿叶'，你能说得清吗？"

姚士鑫憨笑着，摇了摇头："说不清。"

被称为"奇松"的黄山松，是从"怪石"的山石缝中，吸取所需养分和水，而它的根，又能分泌出一种有机酸，一点一点地侵蚀着"怪石"，使得山石加快风化，形成少量岩土，供其扎根。"奇松"黄山松的根扎好了，又能有效地保护"怪石"山石的稳定性，并能通过根须把山石牢牢缚住，使其不至于向下滑动，兀立在崇山峻岭，跟黄山松一道，展露风采。

真的是很难说得清，"奇松"和"怪石"，究竟哪一个是主角"红花"，哪一个是配角"绿叶"。

观山赏景途中，二人不时看到有背着画架的老师和学生、来自全国各地的美术工作者、画家，对着黄山美景，尤其是对着"奇松""怪石"，拿起画笔，全神贯注地写生作画。

一拨又一拨，一群又一群，他们那种认真敬业的精神，使储金霞和姚士鑫深受感动，嗟叹不已。

当储金霞和姚士鑫来到"迎客松"大树下，忽然发现杨光辉也夹杂在写生作画的人群中。

和杨光辉站在一起的，是拿着画笔，对身旁的杨光辉以及他的学生们，指指点点，进行教学辅导的王石岑。

"你！二师兄，你怎么也在这里？"储金霞感到很惊讶。

储金霞惊讶的不是在黄山遇见了杨光辉，而是杨光辉怎么会跟写生作画的王石岑，以及王石岑的学生们在一起？

"金霞，你什么时候也来啦？"画家的眼光，很是敏锐，王石岑一眼就看到了储金霞，他停下笔来，高兴地唤着"金霞"，并同储金霞身旁的姚士鑫微微点头，打了个招呼。

"王叔叔，我和士鑫正好有点时间，到黄山来走一走，看一看，真是太巧，在这里遇上您了！"储金霞说。

王石岑告诉储金霞，自己是带着美术系的学生来黄山写生的，"现在山上的路，比过去那个时候我和你爸爸到黄山，好走多了。"

"那他，我的二师兄……"储金霞指了指杨光辉，意思是问王石岑，他又不是美术系的学生，他来做什么？

王石岑说："你说光辉呀，他也是跟我一道来画写生的。"称赞杨光辉，"别看他是个拿锻锤锻制铁画的铁匠，拿起画笔作起画来，一点

锻
红
尘
——
储金霞铁画人生

也不含糊，跟我后面学画这么多年，这些日子进步可大了。"

"哦!"储金霞没再问些什么，跟王石岑打了声招呼，"王叔叔，您先忙，我和士鑫到那边去看看。"

他们来到黄山第二高峰的主峰光明顶。

站在光明顶，朝山下远眺，平畴沃野，白墙黑瓦的房舍点缀其间，人烟聚集兴旺，那处地方便是"猴子望太平"的徽州太平县。

"猴子"，是指山上有一块长的很像"猴子"的巨石，又称"蟠桃石"；"太平"，就是旧时属徽州府，是时属徽州地区的太平县。

储金霞忧心忡忡地说："汪抗存和他的父亲就住在那里，不知道他们现在怎么样了?"

既关心近在咫尺的黄山脚下汪抗存父子的命运，同时也不无牵挂身在远方的闺蜜好友韩玉环身体、工作及个人问题，解决处理得怎么样了。

看云卷云舒，潮起潮落，人生起伏无常。

假如轩辕黄帝在黄山炼丹，遇到这些情况，他的"丹"，还会一直"炼"下去吗?

快起风了，山上有点冷飕飕的。

姚士鑫拉着储金霞的胳臂："走吧，好像要下雨的样子，我们先找个地方住下来再说。"

......

1986年，当了12年一线生产工人，尝阅人世间各种酸甜苦辣沧桑炎凉的储金霞，终于迎来了铁画锻制掌门人的角色转换，她以娴熟的技艺和吃苦耐劳勇于担当所做出的业绩，担任了芜湖市工艺美术厂铁画车间主任，都说"十年磨一剑"，她是"十二年磨一剑"。

芜湖市工艺美术厂，是时除生产铁画之外还经营着"芜湖三画"

中另外两家即堆漆画和通草画的制作生产，并兼营金银首饰加工，仿古画绘制等。期间还兼并了芜湖市华侨皮鞋厂、芜湖市制伞厂、芜湖市牙刷厂等经营不下去的"老字号"生产企业。

铁画车间是工艺美术厂主打产品铁画唯一制作生产单位，且担负着传承芜湖铁画的历史重任。

在12年的一线生产工人期间，储金霞不去计较也没有心思去计较个人的宠辱得失，以及工作和生活中的是非恩怨，她沉静下来，一心只埋头在火红炽热的锻炉旁，与砧台相伴，挥动着丈夫姚士鑫为她锻打的锻锤，精心锻制视作第二生命的铁画。

储金霞的手臂锻酸了，腿脚站麻了，由于长时间弯腰鞠背地在砧台前锻制铁画，用一只胳膊（右胳膊）使劲，变得背有点驼，肩膀有点斜，远远看上去，跟她实际年龄很不相符。只有从储金霞那睿智的黑白分明的一双眼睛中，被炉火长期映烤的红扑扑脸庞上，才能辨认出，这是一位从技艺到思想都很成熟的女性，真正的成熟女性。

储金霞的手掌心锻出来老茧，褪了一遍又一遍，长了一层又一层的茧皮，粗糙得像是老松树的树皮，跟人握起手来，对方都感到有点硌手疼。加上她习惯握手时用力晃动，给人感觉又像是一个干粗活出大力气的男人。

上任伊始，储金霞的铁画车间便接受了一个重要政治任务，也就是一个经济订货大单，以亚运会吉祥物熊猫"盼盼"为题材，锻制10000件（后又增加至近30000件）铁画，作为亚运会承办方中国礼品，赠送给前来参赛的各国运动员和重要来宾。

在各方专家指导协助下，储金霞带领工人和技术骨干，大胆采用最能代表中国文化标志的陶瓷瓷盘为衬板，配上象征中国创造精神的铁画，创作完成之后一时想不出什么好的名称，便叫它"瓷盘铁画"，后逐渐被叫开。

瓷盘铁画是铁画锻制史上又一重大突破。清代汤鹏之前的铁画没有衬板，立体通透式，叫作"铁花"。汤鹏受萧云从宣纸作画的启发，采用木制衬板代替"宣纸"，形成纸上作画效果，于是正式命名为"铁画"。

从汤鹏到储炎庆，一直到瓷盘铁画《熊猫"盼盼"》面世之前，

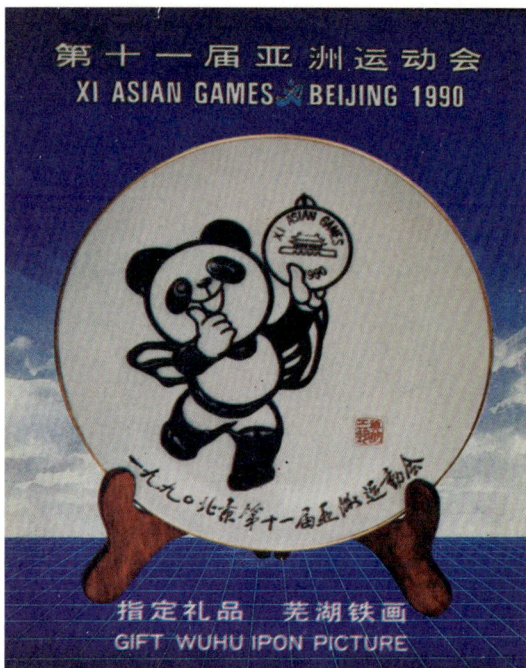

《熊猫"盼盼"》

铁画的衬板都是采用木制，只有在《熊猫"盼盼"》以后，才采用瓷盘或适合做铁画衬板的其他材料。

铁画创作进入了百花齐放，琳琅满目的时代。

如何才能把坚硬的用铁锻制出来的画，镶嵌在易碎的瓷盘上，又不失其本来特色，且效果更佳，为国争光，为民族添彩呢？储金霞为此寝食不安，她不分白天黑夜地与一线生产工人切磋打磨，同专业技术人员研究商量，并多次前往瓷盘进货厂家景德镇窑厂，像体验观察现实生活中铁画作品反映的题材那样，深入了解作为铁画衬板材料瓷盘的生产制作过程，熟知其特性。

功夫不负有心人，瓷盘铁画《熊猫"盼盼"》一送达亚运会现场，便立即受到来自世界各国人们的喜爱。随着慷慨激昂的《亚洲雄

风》的歌声，风靡亚洲，风靡全世界。

为了进一步加强铁画的研究开发，在省市领导和有关部门关心支持下，芜湖市工艺美术厂成立了铁画研究所。

1989年，储金霞担任了铁画研究所负责业务的副所长（1994年升任研究所所长）。担任研究所副所长的第二年，即1990年8月，储金霞和研究所研究人员一道，开发了铁画"镀金画"，并正式将产品名称命名为"镀金铁画"。以紫铜材料代替铁，锻制出来以后经过金属处理，再镀上一层金，使其金光闪闪，富丽堂皇。在铁画的材质上进行创新改变。

"镀金铁画"投放市场后，受到普遍欢迎。成为铁画锻制又一创新的定型产品。

1991年，储金霞接受了一个重要的政治任务，以中华传统工艺的芜湖铁画为媒介，作为台海两岸"文化使者"，前往宝岛台湾，参加由中国科协在台湾高雄市举办的"中国敦煌古代科学技术展览"，同时进行铁画锻制技艺的现场演示。

储金霞喜滋滋地，把这个消息告诉了丈夫姚士鑫。

"这是一次以民间形式举办的文化交流活动，上级领导在向我们布置任务的时候，一再强调任务的重要性，要我们为架设台海两岸早日沟通的桥梁，不辱使命，当好'文化使者'。"储金霞激动地说。

1987年底，长达30多年的台海两岸隔绝状态被打破后，两岸人员往来和经济、文化等各项交流随之发展起来。台湾于1990年11月成立了海峡交流基金会（简称海基会）。为了便于与海基会接触、商谈，中共中央台办、国务院台办推动于1991年12月成立了海峡两岸关系协会（简称海协会），坚持"一个中国"的原则，为两岸交往和事务性商谈提供平台。

储金霞（右三）参加"中国敦煌古代科学技术展"代表团赴台湾进行文化艺术交流

也就是在这样的政治环境下，台湾民间有识之士，主动跟大陆的中国科协取得联系，达成了"中国敦煌古代科学技术展览"的宝岛之行。

科学技术与文化艺术，从来都是振动历史腾飞的两个有力翅膀。根据承办方要求，并与主办方中国科协商定，在1000余种中国大陆最优秀的传统工艺中，遴选出4种展览内容丰富、图片实物与手工演示相谐，"动""静"形式相结合的传统工艺门类，即：芜湖铁画、惠山泥人、山东契金画、甘肃造纸，赴台展览和演示。

整个展览活动为2个月时间，地点在台湾高雄市佛光山，代表团加上领队一共8个人，7名男同志，1名女同志。也就是说代表团中，女同志只有储金霞一个人。

姚士鑫听后笑了，说："你们这是'八仙过海'啊！七男一女的'八仙'汉钟离、张果老、韩湘子、铁拐李、吕洞宾、何仙姑、蓝采和、曹国舅中，你就是那位手持荷花，巧降及时雨的'何仙姑'。'过海'嘛，过的就是东海，台湾海峡。"

储金霞表情凝重地说："这'过海'过的不仅是实际生活中的海，更有思想上的'海'。"

毕竟由于政治原因，两岸同胞分隔40多年，谁都不愿看到这种局面再继续下去。祖国统一，台湾回归，是两岸民众的共同愿望。

"这次'中国敦煌古代科学技术展览'在台湾高雄市展出演示，是40年来中国大陆首次在台湾举办大型展览，上级领导一再强调，要我们一定要当好'文化使者'，不负台海两岸同胞众望所托。"储金霞说。

对储金霞滔滔不绝一番"大道理"，憨厚老实的姚士鑫听得习惯了，他从不加以评论，而是毫无怨言地接受。尽管有时候也是处于一知半解。

姚士鑫对现代"大道理"虽然懂得的比较少，但他肚子里传统故事装的还相当地多，说起来一套一套。这也是普通中国老百姓的共同特点，用传统故事里蕴含的文化，诠释现实生活中的道理，抑或"大道理"。

姚士鑫沉浸在"八仙过海"的民间传说故事中，饶有兴趣地继续往下说："传说有一年，蓬莱仙岛的牡丹花盛开，白云仙长邀请汉钟离等八位神仙到岛上观赏牡丹花，回程时铁拐李建议，大家不用搭船，各自想出自己的办法过海。八位神仙果然神通广大，拿出自己的看家本领，顺利过了海。后来人们便把依靠自己的真本事，创造天下奇迹的'八仙过海'，说成是'八仙过海、各显神通'。你们代表团八个人，你是搞铁画锻制的，还有搞捏泥人、契金画、造纸的，个个都是身怀绝技的能工巧匠，不比那八位'神仙'差。"

说完，姚士鑫高兴地笑了起来。

储金霞受到感染，也为姚士鑫的诙谐幽默，乐了。

由于是中国大陆第一次组团到台湾文化交流，任务比较特殊。按照有关部门统一安排，储金霞先到北京进行一周时间的集中培训，然后再乘坐民航班机，经由香港，转飞台湾高雄。

集训结束，正式启程。当代表团乘坐的飞机飞抵台湾高雄市上空时，已是傍晚时分。储金霞从飞机舷窗惊喜地发现，地面好像有颗夜明珠一样的东西，放射着熠熠光芒。

同机一位到过台湾的乘客告诉她，那便是世界闻名的"金身接引大佛"塑像，高120英尺，台湾高雄市佛光山的地标。

"哦！"储金霞张开了嘴巴，感到很是震撼。

高雄市是台湾地区的第二大城市，位于台湾本岛西南部。

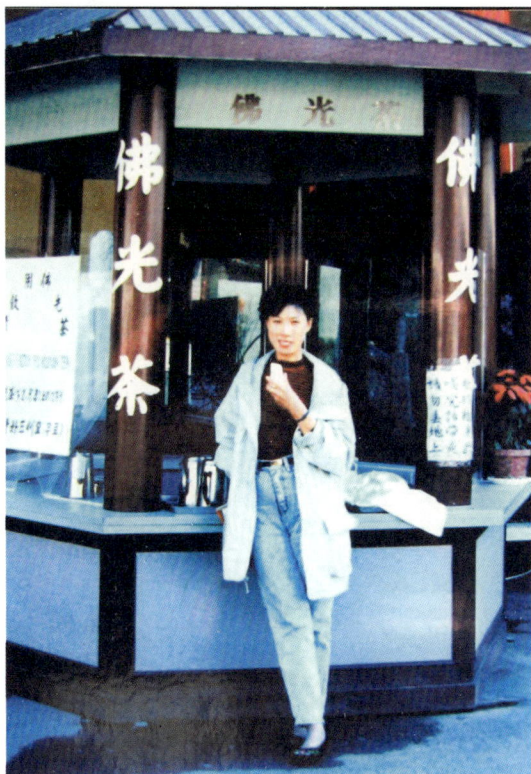
储金霞在台湾佛光山

佛光山本来是一座荒山，在短短的数十年中，创建成为台湾地区第一座十方丛林，其中论建筑的气派、庙宇的宽广，佛像的雕塑，庭院的规划，殿阁的布置等，都与众不同，别具一格。

佛光山形如莲花瓣状，在地利上，先天即已具备了佛国净土的条件；在设计上，仿效中国大陆"四大名山"而建设。同时亦搜集参照了世界各国佛教圣地建筑的精华，融合建造而成。在意义功能设计构想上，将抽象的佛法，用具体、巧妙的方式表现出来；在整体规划设计的动机上，处处表现为他人所设想，以弘扬佛法与大众休闲相结缘。

佛光山最突出的标志是"金身接引大佛"。接引大佛左手下垂作迎迓状，右手举至肩，掌心向前，手指向上，表示"接引上天"。佛像全身贴金，每当与朝阳暮霞相映，可见金光万丈，耀眼夺目。

佛光山开创者星云大师，法名释星云，1927年出生，江苏扬州（江都）人，俗名李国深，法号悟彻，信徒们尊称他为"星云大师"。

星云大师于1939年在南京栖霞寺出家，为佛教临济宗第48代传人。1945年入栖霞律学院修学佛法，1949年春，来到台湾，1967年创建佛光山，并出任佛光山寺第一、二、三任住持。他以弘扬"人间佛教"为宗风，树立"以文化弘扬佛法，以教育培养人才，以慈善福利社会，以共修净化人心"宗旨，致力推动佛教教育、文化、慈善、弘法事业，并融古汇今，手拟规章制度，将佛教带往现代化新的里程碑。

对台海两岸的交流，星云大师做了大量实质性工作，"两岸未通，佛教先行"。通过星云大师身体力行的努力，早在十几年前，两岸佛教界就已经常来往，星云大师佛光山的国际佛光会到过西安，把佛指舍利迎请到台湾供奉；组织了佛光山梵呗赞颂团，到北京音乐厅表演，在上海大剧院表演。星云大师还邀请大陆四大教派、藏传佛教、南传佛教，一起到世界各地，以梵呗、佛教的音乐与世界结缘，传为佳话。

这次由中国科协举办的"中国敦煌古代科学技术展览"，地点就设在高雄市佛光山，是星云大师和承办方的特意安排。

飞机十分平稳地，呈"台阶式"一级一级往下降落。"金身接引大佛"离储金霞的视线也越来越近，神秘的五块"莲花瓣"似的佛光山，几乎是扑面而来，触手可及。望着眼前的情景，储金霞不由在心底泛起波澜，浮想联翩。

机舱内，有人发出低声议论："过年了！"

储金霞这才忽然想起，他们到达高雄的这一天，1992年2月3日，正是农历腊月三十除夕。按照中国传统习俗，三十晚上过大年，全家人一起，欢欢喜喜吃年夜饭。

这几年又加了一个内容，一边吃年夜饭，一边围坐在电视机前看"春晚"，其乐融融。

可是今年的大年三十除夕夜却是在台湾高雄度过。身在异乡为异客，储金霞心中不由有一种说不出来的滋味。

储金霞的锻造台

过年了！热心的主人早已想好，做了精心安排。代表团一下飞机，就在承办方负责人引领下，直奔宾馆会餐大厅，一桌丰盛的年夜饭，呈现在大家面前，虽然谈不上什么"满汉全席"，但"鸡""鱼""肉"齐全，甚至还有"生猛海鲜"，数了数，一共十八道菜，热气腾腾，透出诱人的香味。

承办方负责人告诉大家，这是佛光山僧侣按照星云大师的吩咐，特地为祖国大陆来的客人们，准备的一道年夜饭。

"咦！不是说僧人不吃荤的吗，怎么鸡呀鱼呀肉的，还有海鲜，桌子上摆得满满的?"储金霞低声嘀咕。

代表团领队到过世界上很多地方，他见多识广，笑着对储金霞说："别看鸡呀鱼呀肉的，还有海鲜，很馋人，你夹一筷子尝尝，就知道是怎么回事了。"

储金霞夹了一块"红烧排骨"，放进嘴里，品尝了一下，没有油荤味，这才想起"荤菜素做"的说法。所谓的"鸡""鱼""肉"以及"生猛海鲜"，全都是形象化的豆制品烹成。

吃罢年夜饭，在宾馆住下，因为旅途劳累，大家都感到疲倦，储金霞也不例外，考虑到第二天还有很多活动要安排，必须养足充沛精神，便躺倒在床，进入睡眠。

半夜时分，储金霞忽然被一阵"噼噼啪啪！"的鞭炮声吵醒，紧接着是佛光山寺庙响起新年祈福的钟声："噹！噹！噹……"空谷回音，幽幽扬扬，不绝于耳，新的一年，开始了。

随团另有4名中央美院的老师，他们把展览和表演现场布置好，任务完成过后，便按照预定计划，提前离开台湾，返回国内。

中央美院老师们布置的铁画展览和锻制演示场所，是一座精心设计搭制而成的彩楼，古色古香，民族风味极浓。彩楼内十分齐整地摆放着砧台、锻炉、风箱等锻制器具。由于设计制作者对铁画知识了解得不怎么多，储金霞便根据自己所掌握的这方面知识，提供"铁画简介"相关资料，让他们制作成展板，配合实物，进行宣传。

一位中央美院老师听完介绍后，发出惊叹："哇！铁画有这么神奇，这么伟大！"

为了体现整体精神风貌，代表团成员统一着装。男同志着西服打领带，团里唯一的女同志储金霞，身穿民族风格的旗袍，楚楚动人，气度不凡。

临到现场前，储金霞脱下旗袍，换上一套工作正装。她上身穿着件大红羊毛衫，外罩银灰色风衣，显得飘逸，且不乏干练。

储金霞身上穿的羊毛衫，也是出发前姚士鑫陪着她到商店选购的。

代表团领队望了望储金霞这身穿着，满意地说："大红颜色羊毛衫，通过衣服的颜色，说明你的身份是打铁锻制铁画的，跟火打交道，火是红颜色。"

储金霞笑着回答说："红颜色羊毛衫，还有层意思在里面，那就是大红颜色又叫'中国红'，通过衣服的颜色，告诉台湾同胞，我们都是中国人。"

这时候，山上已经来了很多的人。有的是来朝山进香的佛教信徒，有的是游山玩景的游客，几乎不约而同地，全都蜂拥而至，围聚在储金霞表演铁画锻制技艺的彩楼前。

"这是怎么回事？"储金霞有点慌了，为什么这些人不去其他传统工艺演示现场，诸如惠山泥人、山东契金画、甘肃造纸，这些传统工艺的展览演示也很精彩，同样很有看点，为什么他们不去呢？或者说去那些地方参观的人比较少，而参观铁画和铁画锻制技艺演示的却特别多。

承办方负责人对储金霞说："那些观众是听到您在锻制铁画的时候，锻锤发出敲打的声音，'叮叮当当！''叮当叮当！'清脆悦耳，跟寺庙里的琅琅诵经声融为一体，合在一处，显得奇妙无比。一种心灵的感应加上好奇，就把他们吸引过来了。"

承办方负责人在说这番话的时候，一副很是虔诚的样子，接着又慨叹一句，轻轻吐出两个字："梵音……"

梵音，佛的声音。

梵音在中国佛教语境中，具备双重特性。它是属于、同时也不属于人世间的一种声音。

佛教寺院里的梵呗，是由佛教徒唱念产生，所以这梵音是为人世间的音声；而佛教经文常又强调"梵音"的妙善特质，超越人世间各类音乐，是优于人世间音声的音声。

当这种音声由佛教徒诵读经文产生时，超越人世间音声的梵音就存在于人世间了。

这种被视为超越人世间的音声，在佛教氛围甚浓的佛光山，未必不是来自储金霞锻制铁画的锻锤声："叮当！叮当！""叮叮！当当……"

梵音般锤起锤落的锻锤声中，一件件精美的作品带着淬火余热，冒着缕缕清烟，在储金霞手中神奇地出现。齐白石的《虾》、唐云的《蟹》、黄胄的《驴》、徐悲鸿的《马》，当锻到自己根据连环画人物创作的《蔡文姬》时，储金霞脑海中骤然浮现起过去往事，凝住神了……

多年前的一个晚上，储金霞家。

在不算太强的灯光下，储金霞对锻制出来的《蔡文姬》铁画初稿，进行其中重要工序的"整形"。她拿着姚士鑫特意为她锻打的两把尖头钳，左手一把，右手一把；或左或右，或上或下，跟绣花似的，点、线、块、面，不断进行修饰和调整。

"妈妈，您锻制的这个人，她叫什么名字呀？"女儿储苌文的问话，带有稚嫩的童音，且不乏有一种好奇。

"女儿，妈妈锻制的这个人，她叫蔡文姬，是一个很了不起的人。"储金霞回答道。

接着储金霞告诉储苌文，蔡文姬是东汉末年著名的才女，中国古代"四大才女"之一。"四大才女"中，除了东汉的蔡文姬，还有南宋的李清照，唐朝的上官婉儿，西汉的卓文君。

"妈妈，古代有那么多的才女，为什么您只锻制'蔡文姬'呀?"储苢文稚气地又问道。

储金霞耐心地回答女儿："妈妈之所以锻制蔡文姬这个才女，是因为她的从艺情况，很多地方都跟妈妈相似。"

于是，储金霞便向女儿储苢文，讲起蔡文姬和她父亲蔡邕的故事。

"妈妈，我知道了，您是说您锻制铁画，是受到爷爷的影响，您现在铁画锻制的这么好，也都是爷爷教出来的，我说的对吗?"

听完蔡文姬和蔡邕的故事，储苢文仰起小脸，问母亲储金霞道。

"好女儿，真懂事，乖!"储金霞激动地放下手中《蔡文姬》铁画初稿，一把将女儿储苢文揽在怀里，眼泪水"唰唰"直往下流……

……

"小姐，不大师，铁画大师，您能不能把您的手伸出来，给我看看?"一位面目慈祥的老奶奶，发出轻声呼唤，拉回储金霞发散开来的思绪。

"我，我的手有什么好看的? 对不起，我这人，不相信卦象。"储金霞以为老奶奶是看手相的，微笑着，很有礼貌地拒绝。

"我不是看您手相，只想看看您的手，跟一般人长的，是不是一样?"老奶奶说，"过去我是搞刺绣的，今年86岁，已经歇下来20多年没有再搞刺绣，也就是说20多年没拿过绣花针。刚才我看您的手，手指柔柔细细的，那种纤巧，凭着直观，我很快就想到您是一位绣娘。或者说如果现在不是，以前肯定搞过刺绣，因为这种手指，只能属于飞舞绣针的绣娘。"

绣娘的手指，非常特殊，虽然一时不在拈针引线，飞动如蝶，但绣娘纤纤的手指，依然如初地生动、优美，引人入胜。

见老奶奶坚持要看自己的手，盛情难却，储金霞只好放下手中的锻锤，伸出双手，展开10个手指头，给老奶奶看。

储金霞笑着说："奶奶，我是一个打铁的，从小就跟我父亲学打铁，锻制铁画，从来也没有拿过绣花针。是个铁匠，不是您说的'绣娘'。"

老奶奶掰开储金霞手指头，看了看，又问储金霞今年多大，什么地方人？拉着储金霞的一只手，抚摸着手背，说道："姑娘，我老家在苏州，离你们芜湖不远，早年跟着丈夫来到台湾，已经有40多年没回老家了。苏州那个地方，女孩子家一般都会刺绣，所以我看你长得纤细苗条，手指又生的纤巧，把你也误当成跟我一样经历的绣娘了。姑娘，我活了一大把年纪，到过很多地方，从来也没有见到过女孩子家打铁，没有看到过用铁作成画。你虽然不是搞刺绣的绣娘，但你锻制出来的铁画，一点也不比刺绣差。在我眼中，你手中拿着的锻锤，它就是'绣花针'！"

说着，老奶奶便硬要拉着"绣娘"储金霞，和她一起照相。

这一天，德高望重的星云大师，身着大红袈裟，手捻佛珠，在僧徒和信众们簇拥下，满面春风地来到铁画锻制现场的彩楼，隔老远就跟大家打着招呼："阿弥陀佛，这些日子我因为有事脱不开身子，没来看望大家，失礼了。"

代表团领队笑着迎上前去，说道："大师您事情那么多，还来看望我们，实在是我们大家的荣幸。"又对星云大师和佛光山做出的接待安排，细致周到的考虑，到了佛光山就像到了家里一样，表示诚挚的感谢。

星云大师说："阿弥陀佛，今天老衲到你们这里来，是带着一项重要任务，马上要有几位贵客，来你们这里参观，我要让他们见识一下，大陆的传统工艺是多么的了不起。"

星云大师所说的"贵客"，便是当时台湾当局的几位领导人物。

储金霞手中正在锻制一幅《蔡文姬》，还没有最后完成，代表团领队让她改锻齐白石《虾》之类小件，赠送给"贵客"。储金霞笑了笑没有采纳，而是坚持把《蔡文姬》最后锻制成功。

"文姬归汉"，此意不言而喻。

星云大师在一旁会意地笑了："阿弥陀佛，这位施主什么用意，老衲自然领悟得出……"

时间过得飞一样快，转眼就到了春节过后的"二月二龙抬头"。这也预示着"中国敦煌古代科学技术展览"在台湾的展出演示活动，按照预定时间，将全部结束。

"二月二龙抬头"在中国传统习俗中，是一个非常重要的节日。传说这一天是苍龙"登天"的日子，处在二十四节气的"惊蛰"之后。大地回春，万物复苏，农耕在即，一切都从新的开始。

为了纳吉，二月初二这天吃的食物也与"龙"有关，面条不叫"面条"，叫作"龙须面"；水饺叫作"龙耳""龙角"；米饭叫作"龙子"；煎饼烙成龙鳞状，叫作"龙鳞饼"；面条、馄饨一块煮叫作"龙拿珠"；吃猪头叫作"食龙头"；吃葱饼叫作"撕龙皮"，等等。

一切食物的取名，都有"龙"的象征与寓意。

按照过"节"的习俗，东道主承办方准备了一桌丰盛的晚宴，席间自然少不了豆制品做的"猪头肉"，也就是"龙头"，油汪汪的，甚是馋人。

由于有了上回吃年夜饭的体验，储金霞对这些"荤菜素做"的烹饪方法已经不再感到新奇。当时，坐在她身旁的一位承办方工作人员，用筷子指着餐桌上的"龙头"（猪头肉），问储金霞："储大师，这大老肥的'龙头'，您敢不敢吃？"

"这有什么不敢吃的？"储金霞夹了一筷子，填进嘴里，吃的可香了。

"哈哈！储大师您吃'猪头肉'，您就不怕长胖？"承办方工作人员调侃起来。

"我早就知道，这些'荤菜'都是豆制品做的，一点也没有油腻，吃了不会长胖。"储金霞边笑边说。

这位工作人员跟储金霞相处得非常好，眼看代表团就要走了，相处两个多月的时间，就要分手，心里面有点舍不得。

工作人员对储金霞说："储大师，您这个人真好，这么大的成就，一点架子都没有。"

储金霞说："您人也挺不错的，跟着我们，忙前忙后忙了这么多天，从没听您说过一句怨言。至于说到'成就'和'架子'，我不就是个打铁的女铁匠吗，有什么'架子'好摆的？"说着，深情地握着那位工作人员的手，传递着脉脉友情。

"像大师您这样很有成就的艺人，铁画又是稀缺品种，不光在台湾，我估计在全世界也都少见，非常受欢迎。从您这些日子展览演示的情况就可以看出，每天都有好几万人来佛光山，参观大陆传统工艺展览演示，其中绝大部分都是循着锻锤声，到您的彩棚观看铁画锻制技艺演示，了不起，真的是了不起呀！"工作人员激动地说。

第九章　迎客松，我来了

　　到了北京，一进入人民大会堂，储金霞的泪水就止不住地，"唰唰"直往下流，她心中激烈地颤抖着：迎客松，我来了……

　　1998年，储金霞担任了芜湖市工艺美术集团副总经理，兼任铁画研究所所长。

　　同年10月，储金霞又光荣当选为第九届全国人大代表。这是继1964年父亲储炎庆当选第三届全国人大代表后，时隔34年，储家再次有人当选为全国人大代表，登上人民当家做主的国家最高殿堂。

　　作为铁画的女儿，储金霞心中念念不忘的还是铁画，她在神圣的《人大代表议案》中，撰写并填写了"关于建立'中国铁画博物馆'"的议案，共有32名代表在上面签上自己的名字，其中还有时任中共芜湖市委主要负责人。

　　储金霞对象征着中华民族精神的芜湖铁画，一往情深；对铁画的未来传承发展，寄予深切厚望。

　　储金霞心中在想，这些荣誉和政治地位的得来，都与铁画分不开。正因为有了铁画锻制事业，才有了父亲和自己的今天，自己责无旁贷地，一定要为铁画事业奋斗终生。

铁画是300年前由清代铁工汤鹏创立，父亲储炎庆在此基础上恢复发展，没有让铁画的薪火中断，而自己要是只在创立和恢复发展层面上坐享其成，没有创新突破，就对不起先人，对不起父亲的在天之灵，更对不起对铁画事业寄予厚望的所有人。

可是究竟从哪些地方创新，怎样才能找到创新的突破口？过去虽然在大家的帮助支持和参与下，有了一些可以称道的集体成果，比如在衬板的选配上，在材质的改进上，乃至在题材的选取和视野扩大上，做出了一些尝试性努力，也获得了一些成功，但对铁画锻制主体的锻制技艺，还始终固守窠臼，使用的还是多少年前的老套路。

曾经她也想过在锻制技艺上进行一些改进，可毕竟是传承多年甚至300多年的传统工艺，百无得法，无从下手。

锻制瓷盘铁画《熊猫"盼盼"》的时候，储金霞曾经到景德镇窑厂瓷盘烧制现场，亲眼看到窑火淬变使窑件变得厚实，色彩丰富，储金霞想到，在铁画锻制"取件入炉"的"下料"工序中，通过淬火的火候掌握，能不能达到铁的黑颜色"墨分五色"（浓、淡、干、湿、焦）的层次效果呢？

于是在参加人大会期间，她就按捺不住地想回去，回到锻炉和砧台旁，急欲把想法变为现实，在锻制技艺上进行创新突破。

可是当储金霞回到芜湖，回到现实生活当中，又遭遇到了她人生中的第二次严重打击，抑或是又一次严重失落。

北京参加全国人代会回来，储金霞兴奋异常，她恨不得立刻就把自己在北京遇到和所发生的高兴事，全都说给姚士鑫听。可是姚士鑫却心不在焉地，有一句没一句的搭着话，使储金霞感到很扫兴。

"你这是怎么啦？人家跟你说话，你怎么这个样子。"储金霞有点不高兴地说。

"金霞，我想，跟你商量件事⋯⋯"姚士鑫吞吞吐吐地。

"有什么话你就快说，别搞的跟一个老太婆似的，吞吞吐吐，犹犹豫豫，说半句留半句？"储金霞风风火火地。

"我，我想⋯⋯"姚士鑫舌头在嘴里打了老半天的弯，终于还是把要说的话吐了出来。

姚士鑫告诉储金霞，他想辞去现在的工作，下来也就是所谓的"下海"，自己开一家铁画店，自谋职业。

姚士鑫所谓的"辞去工作"，实际上"辞去"的也算不上是什么"工作"。早在1992年，姚士鑫就已经让小女儿储苤文"顶"了他的"职"，进厂当了名铁画艺徒。现在的他已不再是工厂在编职工，只不过厂里一时还找不到锻打铁画专用工具的能手，才又把他留了下来。工资待遇虽然少了点，其他一切保持不变，姚士鑫多年养成遵守劳动纪律的习惯没有改变，每天按时上下班，从不迟到早退，学习开会照

储金霞（左一）与同事们
在《迎客松》前合影

样参加，俨然就是一名无其名有其实的在岗职工，继续为锻制铁画做着辅助性工作。

储金霞在意的倒不是姚士鑫现在身份，以及不恰当提法的"辞职"，而是对姚士鑫"下海"开店十分敏感。且不说自己是集团领导，稳定职工思想情绪，是她作为分内不可推卸的责任，单就从这次在北京参加完全国人代会回来，想为铁画事业大干一场，需要得到姚士鑫支持这一点上，她也接受不了。

在储金霞看来，被视作第二生命的铁画，正当轰轰烈烈红红火火地处于发展态势，自己关于铁画锻制技艺的革新计划将予付诸实施，队伍中忽然出现了"逃兵"。而这个"逃兵"不是别人，正是信誓旦旦"甘当绿叶"全心全意支持铁画事业的丈夫姚士鑫。

储金霞恼了。

"你的意思是不是让你当辅助工，锻打铁画专用工具委屈了你，你不想再把这个'配角'当下去了？"储金霞气呼呼地质问。

"我哪里是那个意思？你看我当'配角'当了这么多年，过去给你当，现在给厂里那么多人当，你听我说过一句埋怨话吗？"姚士鑫很是委屈地。

"你是不是看到厂里有的人改行不搞铁画，在外面开店发了财，你心痒眼馋了？"储金霞穷追不舍。

"金霞，我们夫妻这么多年，别人不了解难道你还不了解我，我姚士鑫是那种财迷心窍想发财的人吗？再说我下来开店，开的也是铁画店，根本没有离开铁画，怎么能叫作'改行'呢？"姚士鑫回答道。

"那你……"储金霞想了半天也想不出来，姚士鑫这样做的真实目的究竟是什么？

"……是不是因为我这次在北京开会，高翔到我住的地方找过我，你犯小心眼吃醋?"储金霞问道。

姚士鑫听后笑了:"我们都这么一大把年纪,你今年虚54我也是55岁的人了,不再是小青年,哪还会像年轻人那样小肚鸡肠吃醋?"接着又忍俊不禁地"咯咯"笑出声来,"你这么一说,我都有点不好意思了。"

储金霞也感到此话有点欠妥,接着又问:"那你到底是什么原因,非要离开工艺美术厂,离开我……"鼻子有点发酸,声音发哽。

"金霞,我这样做的目的,其实还是为了你,为了铁画……"姚士鑫柔着声音说道。

"你还好意思说是为我,为铁画?你半路当'逃兵',拆我的梯子,拆铁画的梯子,你说你,到底安的什么心!"储金霞激动的叫了起来。

脾气再怎么好,也有按捺不住的时候。姚士鑫对储金霞又是"不愿当配角",又是"当逃兵""拆梯子"的种种指责,有点不高兴了,说话腔调开始变得硬气起来。

姚士鑫说:"你口口声声说是为了铁画,铁画要是照你们这样搞下去,工人上班出力不出活,懒一点散一点不说,还偷偷摸摸揽私活在车间里干。用着公家的设备,公家的材料,这在过去就叫做'挖社会主义墙脚'。铁画好不容易才有今天的局面,能够经得起这样'挖'吗?"

姚士鑫说:"铁画靠自身生产销售得来的收入,养铁画自身和扩大再生产本来就很勉强,现在又拖了这么多的'包袱',兼并了好几家都是经营不下去的企业,这个'包袱',你们能够背得起吗?我看总有一天会要被背垮!"

姚士鑫说:"这么多年来,铁画都是靠着吃'政治饭'撑着,上面有'政治性'生产任务了，就有活干有钱赚，一段时间没有了，效益就明显下降。改革开放这么多年，口头上都说铁画要'面向市场'，可行动上却还是在'等''靠''要'，照这样搞下去，不光是企业生存困难，铁画的命运也很危险，哪里还谈得上什么'发展'！"

姚士鑫越说越激动，越说嗓门越高，甚至说到有些地方，激动的叫了起来，声音大得吓人。

储金霞不得不把耳朵捂了起来，痛苦地摇了摇脑袋："你，你什么都不要说了……"

对于姚士鑫说的这些情况，储金霞不是不知道。企业要生存，铁画要发展，靠过去那套做法根本行不通，必须要走出一条新的路子，用改革的办法解决改革中存在的问题。

可是这条"新的路子"在哪里，"改革的办法"又是什么？储金霞陷入苦苦思索，极度地困惑。

一段时间内，储金霞经常彻夜难眠，说话做事总是走神。

有一天，储金霞走在路上，猛不丁地听人喊了她一声："九妹！"这称呼以及带着这称呼的声音，储金霞已是多年没有听到，所以听起来感到既熟悉又陌生。还没有等她完全缓过神来，又听到对方喊了一声："九妹……"

原来喊她的是当年的二师兄，也是她的姑表哥，曾经在铁画锻制事业日常工作中，搭档合作的杨光辉。

之前的一段时间里，杨光辉沉湎于绘画，几乎是不能自拔。在人们眼中尤其是在储金霞和方爱珍眼中，以为杨光辉心有旁骛，想改行"跳槽"，不再搞铁画锻制，而是另辟蹊径，走绘画赚钱的路。因为锻制铁画又苦又累，而且还挣不到多少钱，搞绘画则既体面又轻松，钱还来得容易。

由于杨光辉有着铁画锻制的艺术功底，砧上作画使然，纸上泼墨也很出色，且有着自己的风格特点，因此，小有名气，也售卖出去好几件作品，并有画商提出要为他"包装"，批量收购杨光辉绘画作品。

正当大家满以为"铁画锻制行当走出画家杨光辉"，甚至当地媒体也准备以此为题进行报道时，杨光辉突然在一次书画界举办的笔会上宣布：自己之所以迷上绘画，是为了更好地在铁画锻制上发展，学习与汤天池同一时期的铁画艺人梁再邦，自画自锻，以更好地提升自己的铁画锻制技艺水平。

原来杨光辉沉湎绘画，也还是为了铁画。

这便使得师妹的"九妹"储金霞以及师母方爱珍对杨光辉刮目相看：当年储炎庆没有看错人，在世时就不止一次地在方爱珍母女面前夸过，二徒弟光辉"聪明"，"有思想"。

误会解除以后，储金霞跟杨光辉在铁画锻制事业上的合作更为密切。储金霞担任铁画研究所副所长时，杨光辉是研究所所长。储金霞接任铁画研究所所长的时候，年过60的杨光辉虽然到了退休年龄，办了退休手续，可他退休不退岗，继续关注铁画事业的发展，协助储金霞做了大量工作，并笔（锤笔）耕不辍，不断有铁画新作面世，不断有创新成果涌现。

杨光辉喊了一声"九妹"后，很是深沉地问储金霞道："当年我们跟师父他老人家锻制晋京铁画《迎客松》的那些事，你还记得吗？"

"记得，我怎么会不记得？那时候你和大师兄他们，成天就是这样'九妹''九妹'地喊我，叫我干这干那的。"储金霞回答。

"哦，记得就好……"杨光辉说了上半句，留下半句话没有说，背着双手就走了。

储金霞感到有点莫名其妙，跟在杨光辉后面问道："二师兄，您问这话是什么意思?"

对杨光辉的称呼,有人称"杨所长",也有称他"杨老",师兄弟之间称他为"光辉"。储金霞因杨光辉称自己"九妹",便顺延着称呼他"二师兄"。

杨光辉忽然回转过身子,心情很是难过的样子,说道:"铁画要是再这么搞下去,师父留下的那些家底子,就都要被败光了!"说完扭头就走,剩下储金霞一个人呆呆站立在那里,老半天挪不开步子。

度尽无数劫波,经受烟熏火燎千锤百炼的铁画,难道又要面临一次灾难性的击打?

储金霞想到这里,不由得打了一个寒战。

可是她坚定地相信,有着顽强生命力的铁画,一定会战胜所遇到的一切困难,就像坚强不屈的"迎客松"那样,傲然屹立在高山之巅,摇曳着永远绿色的枝干和针叶。

因为它的根,已经深深植入在自己,乃至更多关心支持铁画事业发展的有识之士心中。

姚士鑫"辞职"开店的消息,很快在全厂传开。一时间各种声音鹊起,引来议论纷纭。

因为姚士鑫是储金霞丈夫的关系,储金霞又是集团副总,全国人大代表,一代铁画大师储炎庆的女儿,是铁画事业传承发展的核心人物,所以人们在议论姚士鑫"辞职"开店的同时,又多出来一些说法。

这一天,杨光辉又来找储金霞,气呼呼地说:"你知道吗,厂里那些人,说了士鑫以后,又是怎么说你的?"

储金霞故作不知地问道:"那些人是怎么说的,你能说给我听听吗?"

杨光辉气恼地说:"你到底是装糊涂还是怎么回事,议论的那么厉害，你真的就一点都不知道?"

储金霞说："我真的是不知道。"

"好吧，那我就说给你听，你听好了……"

杨光辉告诉储金霞，全厂上下，甚至社会上不少人都在议论，姚士鑫"辞职"开店，是受他妻子储金霞的指使。身为集团副总的储金霞，不把心思放在铁画事业发展建设上，而是顾着自己的私利。

储金霞听后，问道："除了这些，还有吗?"

杨光辉气不打一处来地说："还有比这更难听的，你非得要我说吗?"劝储金霞道，"金霞，九妹，我知道士鑫他开店，不是你的主意，你就不能让他把店停下来吗?你现在的身份不一样，做任何事情，都要考虑影响。"

储金霞委屈得泪水在眼珠上面打转，哽咽着说："二师兄，你又不是不知道，我说不让士鑫他开店，他会听我的吗……"

"咳!"杨光辉气得把手背朝手掌心重重一击，懊恼透了，"当初我就看出士鑫这个人脾气古怪，你们不相信，现在怎么样，遭罪了吧?这要是师父他老人家在世，还不知道会气成什么样子!"

储金霞没好跟杨光辉说，自己为了阻止姚士鑫"辞职"开店，好话歹话说了许多，甚至以离婚相威胁，可姚士鑫就是不听不依，一副嬉皮笑脸地，说那是储金霞做出来的假

人民大会堂《迎客松》正面

象，他们是"指腹为婚"的"娃娃亲"夫妻，前世的缘分，是不可能离婚分手的。

自信的近乎有点发狂。

姚士鑫翻来覆去地还是那些话："辞职"开店，其实是为了储金霞，为了铁画，为了这个家。

这些话听得连女儿储苤文都有点心动。本来储金霞想让女儿储苤文做她父亲工作，劝姚士鑫不要"辞职"开店，安心在厂里上班。可女儿却站在她"顽固不化"的父亲一边，反过来倒劝起母亲储金霞：都什么年代了，国家在改革，各行各业都在改革，"我们这个跟铁画命运绑在一起的家，我们全家都为之奋斗努力的铁画，也要改革……"等等。

"你小孩子家，知道些什么?"储金霞呵斥道。

储金霞忽然发现，向来被自己看作是小鸟依人的女儿储苤文，一下子变了，变得不再听母亲兼师父储金霞的话。而自己当初对父亲兼师父储炎庆的话，却是百依百顺，从来就没有反抗过，乃至个人问题的"指腹为婚"。

"妈! 人家现在都已经是3岁孩子的妈妈了，您还'小孩子家''小孩子家'地这样说人家?"储苤文嘟着嘴，不高兴地说。

"说你怎么啦? 你可给我记好了，孩子在父母的眼里，永远就是一个长不大的孩子。"接着储金霞又是严厉又是疼爱地说，"苤文，尽管这些年来你在锻制铁画方面有些长进，可你不要忘了，对铁画事业未来发展你知道的并不多，还需要不断地学习，认真仔细地观察思考。关于这方面的任何事情，都不要轻易下结论，更不能草率从事。"

"妈，别看女儿我成天埋头锻制铁画，没有您这会那会参加的多，对外部世界似乎知道的少，可我一点也没有把自己闭塞起来，而是通过上网不断获得新的信息，学习了解国家政策。最近我从网上得知，现在不少地方都在搞企业改制，估计要不了多久，我们厂也要进行改制。"储苣文说得头头是道。

储金霞不由倒吸一口凉气：在自己眼中一直就是个"小孩子家"普通铁画艺徒的女儿储苣文，她怎么会知道的那么多？

如果说女儿储苣文年纪轻接受反映新事物快，通过现代网络获知国家将进一步深化改革实行企业改制这一信息，以至于对这一"阵痛"式的重大变革有所预感，可丈夫姚士鑫这个整天只知道埋头干活，连报纸都不怎么看的公认的"大老实人"，又是怎么会对深化改革企业改制产生起敏感的呢？

毫无疑问，很多人的辞职（不像姚士鑫的所谓"辞职"）开店，或是从事别的行当经营，都是为了给自己改制后找一条未必不是"退路"的出路。难道姚士鑫也是这么想，这么在做的吗？

储金霞想都不敢想，奉献了自己青春和大半生美好时光，还有父亲储炎庆毕生精力的工艺美术厂，原来的工艺厂，最初的铁画恢复组，乃至"太阳宫""小红楼"，以及熟悉透了的车间、砧台、锻炉、同事、工友、师兄弟们，花园式的厂房，最终可能都将离自己而去。

如果真的是那样，企业何去何从？铁画！铁画又将何去何从？

工厂和集团办公大楼一楼门厅，陈列着一件铁画的标志性作品——《迎客松》落地屏风。以往储金霞只要一经过《迎客松》前，骄傲和自豪感便油然而生，走起路来脚底生风，浑身充满着使不完的干劲。

可是最近她却怎么也打不起来精神。

作为集团副总，又是全国人大代表，工艺美术厂改制的消息，储金霞知道的比一般员工要早。

从来都是"没有不透风的墙"。或许是什么人把正在进行研究还没有作出最后决定的消息过早泄露，使得与铁画有着深厚感情，对有关铁画前途命运的一举一动都会产生强烈预感的杨光辉，最近一下子老了许多。他走起路来步履蹒跚，说话声音明显苍老。

在铁画《迎客松》落地屏风前，杨光辉颤巍巍地对储金霞说："金霞，你来啦……我们的铁画，我们当年的《迎客松》……"止不住老泪纵横。

几乎是在同一时间，储炎庆当年那些"八大弟子"的铁画艺人，现在的老艺人们，除了已经去世和不在本市的，全都聚拢过来，默默地抚摸着铁画《迎客松》的"枝干"和"针叶"，有的发出低声呜咽。

在全厂职工代表大会上，储金霞以一个普通职工代表的身份，第一个站起来发言。

储金霞说："铁画的'大锅饭'不能再吃下去了，现在我们厂已出现严重亏损，基本处于停产和半停产状态，形势十分严峻。铁画的'铁饭碗'并不是用铁锻制的，该打破还是要打破，留着它只是个负担。企业改制以后，我们都要从'单位人'变为'社会人'、'自然人'，但我们还是打铁锻制铁画的手艺人，堂堂的铁画艺人。改制不改行，我们还会在这条道上坚定地走下去，百炼化作绕指柔，浴火重生，把先辈们创立的铁画事业，薪火传承，继续弘扬下去。"

虽然仍有一部分人思想转不过弯，但结果还是少数服从多数，大会以半数以上票决通过了以铁画制作为主要产品的芜湖市工艺美术厂，实行全面改制。

改制后的工艺美术厂，企业资产重组，员工实行买断，身份实行置换，有的工人"下岗"，重新就业。

储金霞回到家。

锻红尘——储金霞铁画人生

本来在职工代表大会会场上还"巾帼不让须眉"，慷慨陈言的她，回家以后就好像浑身骨头架子都散了。女性特有的柔弱，使得储金霞在丈夫姚士鑫面前暴露无遗。

储金霞忽然感到一种从未有过的失落，这种失落感在父亲储炎庆去世的时候曾经有过，而这一次却比上一次表现得更为强烈。

工厂没有了，岗位没有了。

储金霞难过得想哭……

"回来啦？"姚士鑫唤她。

"回来了。"储金霞拼命止住将要发出的哭声。

"给你看一样东西，你猜它是什么？"姚士鑫递给储金霞一张纸，"趁现在还有空，赶紧把填上。"

姚士鑫递给储金霞的，是一份《个体工商户开业登记申请书》。

"这是怎么回事？你开店这么长时间，到今天还没有办理申请登记。"储金霞诧异地问道。

"不就是一直在等你吗？"姚士鑫憨笑着。

储金霞已经明白是什么意思，她白了姚士鑫一眼，说道："让我填表可以，但你必须先要跟我讲清楚，我在你的店里，究竟担任什么职务？"

"那还用说吗？法人代表，总经理。"姚士鑫慷慨回答道，"过去你在厂里当领导，一直管我，现在我依然归你管，归你领导，一切由你说了算。"

"好，既然你要我来管，由我说了算，那我现在就告诉你，把你的铁画店改为铁画厂，我们办一家铁画锻制工厂。"储金霞说。

"行，你是法人代表，你说怎么办就怎么办。"姚士鑫说罢，又纠正道，"你说错了，这个店或者这个厂不是我的，而是你储金霞储总的，或者是我们俩共同的。当然啰，我还是刚才那句话，你是法人代表，一切由你说了算。"

储金霞当即提出自己设想：办一家集铁画生产制作和销售为一体的实体，名字就叫作"储氏铁画生产销售中心"。等规模扩大了，产生效益了，再把"中心"改为"公司"或者"有限公司"。

"我想好了，既然你不愿烦神让我负责，我就来负责。我抓全盘，管铁画的生产研发和制作销售。你管后勤，同时继续锻打你拿手活的铁画专用工具，锤子剪刀钳子什么的。"储金霞分派着。

姚士鑫咧开嘴笑了，说："拢共才几个大人，还一本正经按照正规企业的做法，分工分的那么细。再说目前在我们'中心'一线岗位锻制铁画的，也只有你和女儿苳文两人，要我锻打那么多的铁画专用工具给哪个用？"

储氏铁画"掌门人"——储金霞

锻
红
尘
——
储金霞铁画人生

储金霞不高兴地分辩道："企业再小也是企业。我们这个'中心'按目前规模，属于小微企业。要想把企业搞上去，产生效益，更好发展铁画事业，就必须采取规范化管理。过去国营和集体单位虽然弊病不少，但在管理上很多好的经验做法还是值得学习借鉴。士鑫我跟你说，我们要么不办企业，要办就把它办好，办得像模像样，否则我这个法人代表宁愿不当，另请高明！"一边说着，一边就把《个体工商户开业登记申请书》递还给姚士鑫。

姚士鑫慌了："金霞你不要生气，刚才是我一时性急，说了不应该说的话，我承认错误，向你检讨。从现在起以及今后，一切都照你说的办。你说实行规范化管理，我们就规范化管理；你说让我锻打铁画专用工具，再多我也要打。如果锻打多了我们自己一时用不掉，还可以支援别的同行，或者拿到市场上销售，作为一项收入。'老九不能走'（'文革'形势稍好一点的政治用语），储总不能走，我们这个'中心'的法人代表，非你莫属。"把储金霞递来的《个体工商户开业登记申请书》，重又塞回到储金霞手中，嘴里反复念叨着，"'老九不能走'，储总不能走。"样子十分滑稽。

储金霞笑了，嗔道："贫嘴！"忽然想起来什么，"刚才你说一线岗位锻制铁画的，只有我和苤文母女两人，怎么会是只有两个人呢？还有我们的小女婿胜强，银霞的小儿子铁艺，他们都是铁画锻制的后起之秀，把他们吸收过来，可以增加我们的技术力量。银霞过去在单位搞会计工作，财务记账管理上的事就由她来打理。对外经营销售上，我们的大女儿姚艳和银霞的大儿子李庆，都可以在这方面发挥作用。"

"好，都听你的，都按你说的去做。"姚士鑫说，"只要你认为快乐，感到高兴，怎么做都行。"

储金霞眼含热泪，笑了。

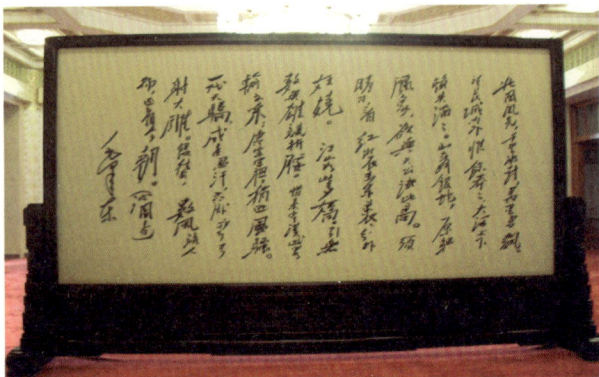

储金霞一边笑，一边擦着眼角的泪水，心里面如同打翻了一只瓶子，五味杂陈，说不出来是什么滋味。

过了一会，姚士鑫忽然想起

人民大会堂《迎客松》背面毛主席诗词

来一件事，对储金霞说："对了，我忘了告诉你一件事，前天汪抗存打电话给我，说他下个月又要到美国洛杉矶去，这次他去美国，还带着一个引进外资的招商任务。"

真的是"三十年河东四十年河西"。当年汪抗存因为"国民党军官父亲"这顶帽子，压得他喘不过来气，即将成为"新娘"的未婚妻韩玉环也不知去向。后来他好不容易找到湖北，同韩玉环见了面。本来他是想尽释前嫌破镜重圆，哪里知道韩玉环死活不愿回到过去，跟一个说不上是爱还是不爱的男人结了婚，并毫不留情地赶汪抗存走，对汪抗存说："你这样做，是不是又要把我逼成精神病！"

正当汪抗存对生活感到无望，甚至想到过要自杀时，改革开放的春风吹来，几乎就在一夜之间，改变了汪抗存的命运。汪抗存先后经历了"摘帽""落实政策"安排工作等一系列命运的转折。那年储金霞和姚士鑫登临黄山的时候，"回首望太平"，黄山脚下太平县的汪抗存已经在一所小学里教书。

储金霞和姚士鑫并不知道当时汪抗存的状况，否则一定会前往汪抗存的住所，拾起过去往事，品尝那酸甜苦辣、起落沉浮的艰涩回忆。

再后来汪抗存的命运就更朝着好的方面发展：他那先是逃到台湾后又来到美国洛杉矶的亲生父母，在国家统战部门帮助下，找到了失散已久的汪抗存。其时汪抗存的"国民党军官"父亲已弃戎从商，与几个同时代的老兵合股开了家文化旅游用品商店。接下来就是汪抗存到美国同亲生父母见了面，阖家团了圆；接下来就是韩玉环同湖北的丈夫离了婚，汪抗存与韩玉环"一根藤上的两个苦瓜"终于走到了一起；再接下来就是韩玉环留在美国帮助打理商店，同时照顾两位老人，汪抗存则大洋两岸来回奔波，像他养父"小绍兴"汪老板当年那样成为一名生意人，组织货源，进行销售。

在汪抗存经营的文化旅游商品中，便有芜湖铁画。由于生意上的来往接触，姚士鑫同汪抗存打的交道也就多了起来。

"哦！"储金霞"哦"了一声，没怎么引起在意。

姚士鑫就着刚才的话题，继续说道："汪抗存在电话中还跟我说，想拉你到美国去，在那里锻制铁画，进行销售。他这个鬼灵精不知从哪里得到的消息，说你这个集团副总当不长，不如跟他到国外，美国也行，新加坡也可以，他和韩玉环在很多国家都有子公司分店，老同学们在一起，热热闹闹赚点钱，干点自己喜欢的事。"

"你有没有问他，我要是到了国外，你怎么办？"储金霞问道。

"汪抗存他跟我说，你要是到了国外，我就跟着你一起去，他那里会把一切都安排得非常好。"姚士鑫回答道。

"你是怎么回答他的？"储金霞正起色来。

"当时我就跟他说，储金霞如果'下来'，就在我的店里干，我把一切都准备好了，到时候我主动让贤，这个店就是她储金霞的，她想怎么干就怎么干，想怎么发展就怎么发展。"姚士鑫说。

储金霞心存感激地望了姚士鑫一眼，转又不高兴地说："汪抗存这个人，也真是叫人不可思议，让他到外国去招商引资，他却把自己国家的资源往国外引。铁画是中华文化的精粹，铁画锻制技艺是老祖宗传下来的民族瑰宝（非物质文化遗产），怎么能随随便便给外国人呢？"

2002年7月的一天。

储金霞忽然接到一个电话，是从北京打来的。

"喂，您是储代表吗？"对方在电话中问。

"是啊，我就是，我是储金霞。"储金霞接到电话后很是不解，从来也没有人这样称呼她"储代表"，问道，"您是谁呀，找我有事吗？"

对方在电话中告诉储金霞，自己是人民大会堂管理局负责人，"人民大会堂会见大厅铁画《迎客松》，是您父亲带领人锻制的吗？"

储金霞正在锻制《迎客松》

"是的，是我父亲储炎庆在新中国成立10周年大庆的时候，带着他的徒弟们精心锻制的，当时我也参加了。"储金霞回答道。

对方听后，非常高兴，说道："这下我可找对人了！您是主创作者储炎庆的女儿，又亲自参加过当年铁画《迎客松》的制作，你们父女俩又都是全国人大代表，您父亲储炎庆是第三届，您是第十一届全国人大代表，现在人民大会堂铁画《迎客松》需要进行整体修复，前提是必须原汁原味，修旧如旧，还要给人以耳目一新的感觉，时间要求在25天以内完成，这个任务，储代表您愿意承担下来吗？"

"愿意！我愿意……谢谢！太谢谢您了……"储金霞激动的话都说不上来，一迭连声地只是"谢谢……"

储金霞真是太感谢了！感谢人民大会堂给她这样一个机会，使她能重温当年跟随父亲储炎庆与"八大弟子"的师兄们，一起锻制晋京铁画《迎客松》的流金岁月。

从铁画《迎客松》晋京，一直到这一次需要整体修复，时间过去将近有半个世纪了。父亲储炎庆和当年有的师兄已经不在人世，尚在人世的也大多进入暮年，虽然壮心未已，却已是力不从心，有的连拿起锻锤都很困难。即便是当年参与过铁画锻制，年仅15周岁，被唤作"小九妹"的自己，如今也已是年近六旬。

放下电话，储金霞便同姚士鑫商量："我带着苋文、铁艺还有胜强他们到北京，修复人民大会堂《迎客松》铁画。你留下来好好守着我们这个成立不久的储氏铁画工艺厂，生产管理研发，一件工作都不能少。"

"好的。"姚士鑫憨憨回答道，并十分关切的提醒叮嘱，"天气这么热，北方天气更热，能不能就让他们年轻人去，到时候你现场指挥指挥就行了……千万不能累着，你年纪已经不小了！"

到了北京，一进入人民大会堂，储金霞的泪水就止不住地，"唰唰"直往下流，她心中激烈地颤抖着：《迎客松》，我来了……

百感交集，往事一幕幕涌上心头：一晃近45个年头过去，从当年少不知事的"小九妹"，到集团副总、全国人大代表，又到眼下民营企业的负责人，自己几乎每走过一段路程，路程的每一个节点，都与铁画有着密不可分的牵系，踩着铁画锻制的锤点，一直在往前走。

岁月催人在老，而铁画依然年轻。

《迎客松》风采依旧，艺术生命永恒。

储金霞激动地对她的徒弟们，储苍文、储铁艺、李胜强等人说："这就是我常跟你们说起的，铁画里程碑式经典作品，人民大会堂三大"镇堂之宝"（铁画《迎客松》、国画《江山如此多娇》、陶瓷《雄狮》）之一的铁画《迎客松》。你们看，这棵'树干'足足有200多斤重，这些'针叶'有27000多根，其中有不少'松针'，就是当年我一根一根亲手锻制而成。"

储金霞说："当年我的父亲也是我的师父储炎庆，带领他的'八大弟子'的徒弟们，在合肥锻压机厂支起8口锻炉，师父一声令下，徒弟们齐心合力，红火锻接，一气呵成。"

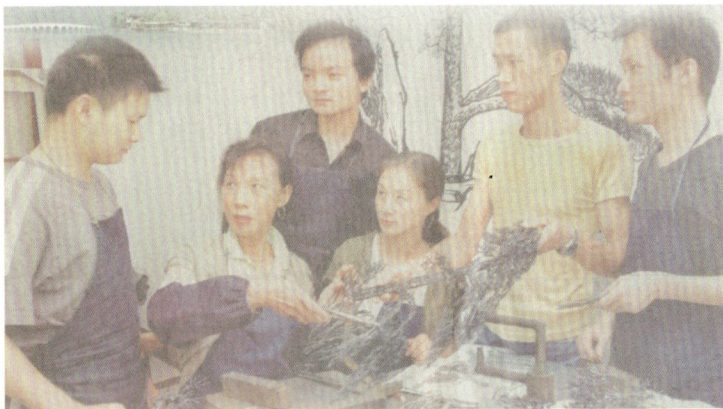

储金霞与她的弟子们

储金霞说："将近半个世纪过去，历经政治的和经济的风风雨雨，《迎客松》不倒，铁画和铁画锻铸的精神还在。从汤鹏创立芜湖铁画开始起，到晋京铁画《迎客松》面世，一代又一代的铁画艺人，他们用

芜湖鸠兹古镇内世界最大铁画《天下徽商　兴于鸠兹》,由储氏铁画锻制

工匠师傅探讨如何修复铁画《迎客松》

191

自己的心血和汗水甚至生命，前赴后继地为着铁画事业努力奋斗，虽然说不上什么'惊天地泣鬼神'，但同样是壮怀激烈，可歌可泣。"说到这里，她大着声音对她的徒弟们说，"今天我们到这里来，既是承担整体修复铁画《迎客松》重要任务，同时也是一次励志奋进的最好教育，以《迎客松》为证，我相信，只要我们以大无畏的精神，奋勇向前，就没有什么困难会难倒我们，人生路上就没有跨不过去的坎，一定会取得事业的成功，人生奋斗目标就一定会实现！因为用铁的材料锻制而成的铁画《迎客松》，比实际生活大自然中的'迎客松'还要顽强，还要坚硬挺拔，更加刚正不屈、坚不可摧，如同巍巍屹立在我们心中的高山之巅……"

受师父储金霞的感染，储苙文、储铁艺、李胜强等新一代铁画艺人们，也都一个个流下激动的泪水，他们暗下决心，一定要完成好这次修复任务，决不能在铁画前辈面前（虽然看不见铁画《迎客松》最初锻制者储炎庆等人）丢脸，不能给铁画《迎客松》丢脸。

同时他们对献身铁画事业，也有了矢志不渝的勇气和决心，挥锤锻打人生事业的坐标，无怨无悔。

人民大会堂铁画《迎客松》整体修复，是一项繁杂而又精细的工程：先要把画面分成多块（8块），一块一块拆卸下来，进行"修旧如旧"的修复调整，然后进行喷漆处理，使之"焕然一新"，最后再一块一块组装起来，镶嵌在衬板上面。整个修复过程，必须要严谨细致，一丝不苟，特别地小心谨慎，来不得半点马虎。

初进行拆卸时，偌大一幅画面，都不知道从哪里下手。储金霞告诉大家，当年父亲储炎庆带着徒弟们进行总成组装时，她和师兄们在一旁看得很清楚，储炎庆用的是传统榫卯结构。储炎庆边组装边对徒弟们说，旧社会这些诀窍都是秘不示人，怕传给徒弟丢了师父的饭碗，新社会师徒关系不一样了，大家都是同事，革命同志，也就没有什么"秘"不"秘"可言的了。

储金霞的徒弟们不仅对师父的师父、一代铁画大师储炎庆的高风亮节生出无比敬意，也还认为，如果不是储金霞当年以储炎庆女儿兼徒弟的身份参加铁画《迎客松》锻制，知道了这个"秘诀"，他们中间任何人遇到这种情况，都会无从下手。不由大为感慨。

人民大会堂铁画《迎客松》整体修复工作，只用了22天的时间，便顺利完成了任务。国务院机关事务管理局有关领导，以及部分文物专家在对修复工作进行认真审核鉴定后，给予非常高的评价。

储金霞本人也获得人民大会堂维修改造工程作出重要贡献的"先进个人"殊荣。

那位前些日子打电话给储金霞的人民大会堂管理局负责人，拉着储金霞的手，高兴地说："起初我对担任这次整体修复任务的储代表还感到担忧，因为您毕竟是位女同志，而且还上了一定年纪。现在我可以骄傲地说，'时代不同了，男女都一样，'男同志能办到的事，女同志而且上了一定年纪的女同志，照样能办到，并且能够办得非常好。"

那位人民大会堂管理局负责人，也是一位女同志。

从北京完成人民大会堂铁画《迎客松》整体修复任务返回芜湖，正赶上"立秋"节令。"好雨知时节"，一场秋雨荡除了暑意，带来了秋天的凉爽。

姚士鑫对胜利归来的储金霞说："老天爷有眼，不用我张罗，亲自为你们洗尘……"

修复人民大会堂铁画《迎客松》现场 1

修复人民大会堂铁画《迎客松》现场2

第十章　殿堂

自1979年第一届开始起,截至2006年第五届评定,享有"中国工艺美术大师"殊荣的共有366人,2012年第六届增至444人。其中安徽省加上第六届的也只有6人,储金霞是安徽省内唯一的女性国家级"大师"。

姚士鑫很是神秘地,拿着一样东西,藏在身背后,笑嘻嘻地对储金霞说:"金霞,送你一样东西。这东西很珍贵,你猜猜看它到底是什么?"

储金霞有点不耐烦地说:"什么东西有那么珍贵?不就是你又打了一把新的锻锤,想把它送给我吗!"说罢,心头不由漾起一阵说不出的滋味,幸福感。

"不是锻锤。我送给你的是什么东西,你肯定猜不出来。"姚士鑫从身后取出一只光盘,亮晶晶的,呈现在储金霞面前,"瞧!我把1995年中央电视台《半边天》栏目为你做的《铁画女儿情》专题片,特地让人刻成光盘,送给你,你说这东西珍贵不珍贵?"

"哦!都这么长时间过去,11年了,你还找人把它刻成光盘,是从哪里找到原始资料的？"储金霞很是惊讶，同时又为姚士鑫这么多年还想着这件事，深受感动。

姚士鑫不无懊恼地说："那年中央电视台来拍过和放过你的电视片以后，我就很后悔，当时应该把资料保存下来，心里一直惦记着这件事。"接着又高兴地说，"前没多久，我和一位朋友谈起这件往事，朋友告诉我，可以找搞影像资料刻录的行家，从网上搜索一下，原始资料肯定会有，把刻录下来，制成光盘，就能永久地保存。"

储金霞接过光盘，百感交集："我说你这个人啦……"

姚士鑫故作不高兴地说："我这个人怎么啦！当你的'半边天'，当的还不够吗？"

两人坐在电视机前，观看11年前中央电视台《半边天》栏目来芜湖，拍摄制作的电视专题片《铁画女儿情》。

高校学子观看锻制铁画

往往也就是在坐下来看电视的时候，储金霞才有空跟姚士鑫说上几句话。但说来说去，还是绕不开铁画的话题。

储金霞告诉姚士鑫，最近省里要评选安徽省工艺美术大师，省里

调整铁画布局

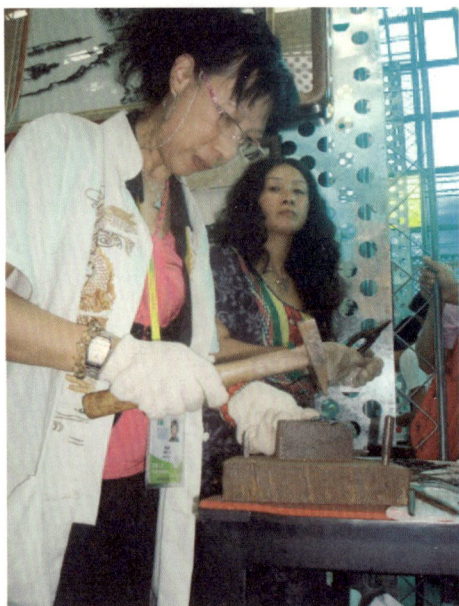

储金霞正在砧台制作铁画

面评定过后，还要推荐到国家参加中国工艺美术大师的评选，自己已被列入金属工艺类铁画参评推荐人选。

"这是安徽省在中国工艺美术大师推荐工作停了20年以后，再次启动。安徽省工艺美术大师评选是首届，推荐参加中国工艺美术大师评定的是第五届。"储金霞说。

中国工艺美术大师评选始于1979年，是授予国内工艺美术创作者的国家级称号。根据《传统工艺美术保护条例》，对符合一定条件且长期从事工艺美术制作的人员，由国务院负责传统工艺美术保护工作的部门予以颁发。

1997年至2006年，由于国务院机构改革，中国工艺美术大师评定工作被搁置一段时间。到了2006年，中国工艺美术大师评定工作重新启动。

中国工艺美术大师传统工艺美术类共有11大项，即：工艺雕刻、工艺陶瓷、工艺印染、工艺织绣、工艺编结、工艺织毯、漆器工艺、工艺家具、金属工艺、首饰工艺、其他工艺。

给高校铁画艺术协会学生传授铁画锻制技艺

铁画属于金属工艺类。

参加中国工艺美术大师传统工艺美术类评审的品种和技艺，必须符合以下条件：一是具有百年以上的传承历史；二是技艺精湛，世代相传，自成风格；三是以天然原材料为主，采用传统工艺和技术，作品主要以手工制作；四是具有鲜明的民族风格和地方特色；五是在国内外享有一定声誉。

同时还要具备爱国敬业，遵纪守法，德艺双馨，无不良信誉记录；连续20年（含20年）以上从事传统工艺美术设计并制作的专业人员；有丰富的创作经验和深厚的传统文化艺术修养，技艺全面而精湛，创作出色且自成风格，艺术成就为业内所公认，在国内外享有盛誉；在传统工艺美术的传承、发掘、保护、发展、人才培养等方面有突出贡献等条件。

近些年来，储金霞不仅在铁画衬板的材料，以及铁画锻制本身的材质上进行了革新突破，在创作上也取得了一定成绩，无论是构图的经营布局，还是技艺的锤法，都产生了质的飞跃。

储金霞锻制的人物铁画有：《蔡文姬》《洛神》《女娲补天》《储炎庆肖像》；动物铁画有：《松鹰图》《奔马》《虾》《鸡趣》；花卉铁画有：《四君子》《蕙兰》《咏莲》；铁书法作品有：《精神千古，气节万载》《毛主席诗词》等。

这些作品有的在国家级甚至世界艺坛参展获奖，有的被作为"免检产品"热销市场，有的被国内外各大博物馆收藏，有的还被国家领导人带到国外作为国礼赠送给外国政要和重要嘉宾，为祖国赢得一定荣誉。

在铁画锻制技艺的传承与弘扬上，储金霞经过长期实践，勇于探索，大胆创新，使古老的传统工艺焕发出新的生命，并向世界传播了中华民族灿烂辉煌的传统文化。

姚士鑫笑着对储金霞说："依我看这些条件，你基本都能够得上，被评为大师应该没有问题。"

储金霞白了姚士鑫一眼："瞎说些什么？要说评上'省大师'，我还有点马马虎虎，可参加'国大师'评定，我心里没有底。"

在工艺美术行业内，中国工艺美术大师被认为是最具权威性的评定之一，荣誉证书盖上大红国徽印章，受到国家认可。

据统计，自1979年第一届开始起，截至2006年的第五届评定，享有"中国工艺美术大师"殊荣的共有366人，2012年第六届增至444人。其中安徽省加上第六届（推荐16人，被评上的只有1人）的也只有6人，储金霞是安徽省内唯一一名女性"国大师"。

国家两院院士迄今1200人，中国工艺美术大师到目前（本书截稿的2017年5月底）为止是444人，可见其含金量之高。

果然不出姚士鑫所料，省里面评定安徽省工艺美术大师的时候，储金霞顺利通过。在此基础上推荐10名人选参加中国工艺美术大师评定，经过层层筛选，结果只评定4名，储金霞位列其中（2012年安徽省推荐16名人选参加第六届中国工艺美术大师评定，结果只有1名入选。是时，储金霞担任评委）。

这4名人员中，除了从事铁画锻制的储金霞，还有从事界首陶艺制作的、徽州砚雕的、马鞍山丝绵画的大师精英。

静静湖心岛

这四位大师，兴高采烈地来到北京人民大会堂领受证书。

由于全国参会的中国工艺美术大师比较多，为了节省时间，各省只需派出1名代表上台领证即可。省有关领导笑呵呵地对储金霞说："这个代表非你储大师莫属。"

储金霞慌了："参加大会领受证书的，都是各个工艺美术领域的精英，领军人物，我怎么能代表他们呢！再说资格比我老成就比我大的人有的是，让我当这个代表，我可消受不起。"

"你储大师全国人大代表都当上了，这个代表怎么不能当！"省有关领导在征求另外3位大师意见后，断然做出决定，由储金霞代表安徽省4位中国工艺美术大师，上台领受证书。

4位中国工艺美术大师中，从事界首陶艺制作的卢山义年龄最长，他出生于1920年，这一年已是86周岁高龄。

卢山义手捻长须，问储金霞道："储大师，您可是芜湖铁画大师储炎庆的女儿?"

"是啊，您是怎么知道的?"储金霞感到很惊诧。

"我和您父亲储炎庆，曾经有过交往。1957年7月，我们还一起参加了首届全国工艺美术艺人代表大会。记得您父亲比我大20岁不到，大概是大18岁的样子。那年我40岁才出点头，您父亲虚岁60，我们是'忘年交'的朋友。按照中国传统'过虚不过周'的习俗，当时我们还商量着为您父亲在北京过'60大寿'生日呢！"卢山义一边说着，一边沉浸在往事的幸福回忆中，发出感叹，"一晃都50年时间过去，我都是86周岁的老人，您父亲储炎庆如果在世，也已是100多岁的'老寿星'了。"

储金霞虽然跟卢山义认识时间不长，打交道的机会不怎么多，但她从侧面也了解到卢山义的一些情况。卢山义的人生和从艺经历，跟自己以及跟父亲储炎庆有点差不多，甚至在很多地方有着惊人的相似。

卢山义出生在"陶艺之乡"的界首县（现为县级市）田营镇，世为陶工。他从小受父辈影响，加上自己的刻苦勤奋和聪明悟性，成为颇有名气的彩陶刻画能手。尤其擅长寺庙、楼阁装饰和三彩刻画坛罐，是一位陶艺刻画名家。

卢山义有个爱好就是看戏，他满脑子里都是戏。戏剧中的人物故事深深地吸引他，激发了他把人物形象画到陶胎上的冲动。只要"叮叮咚咚"锣鼓一定格，当即便成为他作品刻画的主题和创作灵感的源泉。

"我父亲储炎庆在世时，也是很爱看戏。当年芜湖市恢复铁画，父亲就是看了严凤英到芜湖表演的黄梅戏，触发了创作灵感，锻制成功戏剧题材的铁画《断桥会》，使中断多年的芜湖铁画，重又出现在世人面前。"谈起过去往事，储金霞万般感慨。

"您父亲储炎庆取得成就和在世的时候，还没有'中国工艺美术大师'这个称号，记得当初对工艺美术领域取得重大成就的，只叫作'老艺人'，有点不尴不尬。十一届三中全会以后，1979年，才有了'中国工艺美术大师'的评定，唉……"卢山义长长叹了一口气，"如果您父亲储炎庆大师能活到1979年，肯定是一位过得硬的中国工艺美术大师，可惜呀，他老人家1974年就过世，不在人间了！"他声音有点发哽，为国家命运牵动着每一位艺人命运的往事，深深感到惋惜。

也就是在参加完第五届中国工艺美术大师评审表彰大会，领到了盖着大红国徽印章的《中国工艺美术大师》证书半年以后，卢山义便驾鹤而去。跟他那位"忘年交"好友储炎庆，相聚在另一个世界。

2007年1月11日，新年伊始，第五届中国工艺美术大师评审表彰大会在北京人民大会堂举行。中共中央政治局常委、国务院总理温家宝向本届"大师"荣誉称号的获得者表示祝贺，并向与会全体代表和全国工艺美术工作者表示亲切慰问。

中共中央政治局委员、国务院副总理曾培炎出席大会并讲了话。他指出，要按照全面贯彻落实科学发展观的要求，尊重知识人才，鼓励继承与创新，激发创作热情，完善政策法规，优化发展环境，推动产业化经营，促进我国传统工艺美术事业繁荣与发展。

全国人大常委会副委员长李铁映，全国政协副主席郝建秀出席了大会。

本届评审是1997年国务院发布《传统工艺美术保护条例》以来，首次工艺美术大师评审。经过140多名专家的认真评审，共有161人获得本届中国工艺美术大师荣誉称号，254人获得全国优秀工艺美术创作奖。发展改革委主任马凯当场宣读了第五届中国工艺美术大师名单。国务院有关部门负责人、地方主管部门负责人以及相关行业专家代表等500多人出席了大会。

储金霞除获得"中国工艺美术大师"荣誉称号，还获得了"全国优秀工艺美术创作奖"，荣登中国工艺美术最高殿堂。

从北京参加完第五届中国工艺美术大师评审表彰大会回来，紧接着于2007年2月，储金霞又参加了由中国工艺美术学会、中国文物学会和杭州市人民政府在杭州清河坊铜雕艺术博物馆联合举办的"国家级十大师联展暨中国金属艺术精品展"。

杭州的这次展览，是新中国成立以来我国规模最大、品类最齐全、艺术档次最高的一次金属工艺展。

中国金属艺术是中华民族的艺术瑰宝，自商代以来的几千年都保持了非常高的技艺水准。本次联展囊括了铜雕、景泰蓝、黄金与珠宝首饰、金银花丝、铁画、三星堆复制品、金属宝剑、现代金属艺术等金属艺术门类。

位于吴山脚下的杭州河坊街，属于杭州老城区。青石板路面，街道两旁店面古色古香，浓郁的乡音乡情，是远近闻名的传统文化街区。

在这里，储金霞看到了百年药铺"胡庆余堂"，当来到胡雪岩故居前，储金霞饶有兴致地向大家介绍，胡雪岩的祖父是徽州绩溪人，胡雪岩的父亲跟着徽商兴业大军，沿着新安江一路来到杭州，胡雪岩是在杭州出生，按照"三代为籍"的约定俗成，胡雪岩的籍贯应该是徽州绩溪。

在中华老字号"张小泉"剪刀店铺前，储金霞又告诉大家，张小泉原先也是学打铁的，从老家徽州来到芜湖，差一点就走上锻制铁画的道路。后来张小泉从事打制剪刀，很多方面都有受到铁画的影响。

储金霞并向大家介绍，芜湖当地传统特色产品的"三画""三刀"，"三画"是指铁画、堆漆画、通草画，"三刀"就是剪刀、菜刀、剃刀，而铁画又与"三刀"中的剪刀、菜刀、剃刀，在锻制原理上有着很多相同之处。

储金霞对铁画事业执着追求和挚爱之情，溢于言表。

在这次展览会上，储金霞又向观众们进行了铁画锻制技艺演示，现场锻制了一幅《咏莲图》。

这是一幅根据北宋周敦颐《爱莲说》文章意境锻制的铁画作品。

《爱莲说》是北宋理学家周敦颐创作的一篇散文。这篇文章通过对莲的形象和品质的描写，歌颂了莲花坚贞的品格，从而也表现了作者洁身自爱的高洁人格和洒落的胸襟。

对莲花高洁的形象极尽铺排描绘之能事，揭示了莲花的比喻义。并以"莲"自况，抒发了作者内心深沉的慨叹。

"予独爱莲之出淤泥而不染，濯清涟而不妖，中通外直，不蔓不枝，香远益清，亭亭净植，可远观而不可亵玩焉"。对莲花挺拔秀丽的芳姿，清逸超群的品德，特别是可敬而不可侮谩的嵚崎磊落的风范，作了有力的渲染。

铁画《爱莲说》

《爱莲说》这篇文章，储金霞读过不止一回，可以说是烂熟在胸。文学意境的领会和精神实质的参透，使得她"下笔（锤）如有神"，游刃有余地很快锻制成功。

《咏莲图》画面表现的是，一位身穿官服长袍的智者（周敦颐），踱步在池塘旁，满池的荷叶莲花，向他发出阵阵清香，智者忽然生出灵感，他昂首向天，脱口颂出："水陆草木之花，可爱者甚蕃。晋陶渊明独爱菊。自李唐来，世人甚爱牡丹。予独爱莲之出淤泥而不染……"

前来参观展览的一位中国美院教授看过以后，对铁画《咏莲图》的主题立意和画面结构的经营布局，赞不绝口，连称"好画！"

储金霞笑着告诉那位美院教授，这幅铁画除了画面外，铁画锻制自身也有自己摸索出来的独到之处，也就是她研究多年的铁画锻制技艺上的一个创新——"淬火叠锻"，用在"荷叶"的叶面上，通过锤点和淬火的掌握运用，在一块黑颜色的铁块上面，表现出中国画"墨分五色"的特殊效果。

所谓"淬火"，是锻工在进行金属件加工时，将金属工件加热到某一适当温度，并且保持一段时间，随即浸入淬冷介质中，使之快速冷却的一种金属热处理工艺。包括加热、保温、冷却三个阶段；退火、正火、淬火、回火四种基本工艺。

淬火的目的，原本是调节金属件的硬度。储金霞在多年实践中发现，金属铁件不同的淬火程度，可以在光合作用下，映现出不同的亮度。用在铁画锻制上，便能反映出黑颜色铁"墨分五色"的层次。

用在铁画《咏莲图》的"荷叶"处理上，效果更佳。

正巧那位美院教授也是教习中国画的，对中国画"墨分五色"的绘画技法有着一定研究，便同眼前这位"草根派"中国工艺美术大师储金霞探讨起来。

在中国画里，"墨"并不是只被看成一种黑色。一幅水墨画，即使只用单一的墨色，也可以使得画面产生色彩的变化，完美地表现物象，这就是通常所说的"墨分五色"。

质本洁来还洁去。

铁画是黑白颜色的画面，黑色是铁的本色，如果离开了黑色，改用其他颜色，铁画也就不能叫作"铁画"了。因此，要想在铁画锻制上有所创新，必须在技艺上有所改进。这种"淬火叠锻"的技艺处理手法，是储金霞在锻制瓷盘铁画《熊猫盼盼》时，受到制瓷"窑火淬变"的启示，摸索出来的。经过多少次失败，终于取得了成功。

探讨交流过程中，储金霞谦虚地告诉那位美院教授，其实关于铁画锻制的"淬火"技艺，早在300多年前铁画创始人汤鹏创立铁画时，就曾有过或是尝试过，只不过当时以及后来相当长的一段时间，没有引起人们足够的重视。

清代黄钺《汤鹏铁画歌》里有这样的诗句："清泠水入中江流，以水淬铁铁可柔……"

第十一章　传承：大道无疆

　　智慧的畅想，文化的传承，同具体技艺实现的可能性相结合，成为储金霞深入思考的一个重大课题，抑或是人生更大追求。

　　飞机平稳地降落在北京首都国际机场。

　　储金霞拎着手提箱，风尘仆仆地走下飞机，随着熙熙攘攘的人流，来到宽敞明亮的候机大厅。她深深地呼吸了几口新鲜空气，调整由时间差造成的旅途疲乏倦劳，活动活动身子，重又精神抖擞地朝门外走去。

　　等候在候机大厅门外迎接储金霞的是，特地从芜湖赶来北京的女儿储苾文和小外孙聪聪。

　　储金霞是在参加完2007年俄罗斯"中国年"活动，进行铁画锻制技艺现场演示顺利完成任务后，回到祖国的。

　　俄罗斯"中国年"，是2005年7月国家主席胡锦涛访问俄罗斯期间与普京总统达成的协议，两国元首共同确定举办"国家年"活动。2006年在中国举办"俄罗斯年"，2007年在俄罗斯举办"中国年"，全面推动中俄两国之间战略协作伙伴关系向前发展。

在俄罗斯举办的 2007 年"中国年"活动，主要展示中国改革开放和现代化建设丰硕成果，展示中华民族悠久的传统文化和伟大的创造精神，让俄罗斯人民进一步了解中国，热爱中国。

经中俄双方商定，在 200 多项俄罗斯"中国年"活动中，有铁画锻制技艺现场演示这一项，演示者责无旁贷也是毫无悬念地落在了中国工艺美术大师储金霞的肩上。

储金霞以她精湛的技艺和气度不凡的风采，给俄罗斯人民留下十分美好的印象，带着满满的友谊和荣誉，登上了回国的班机。

"奶奶！"聪聪眼尖，从众多人群中，一眼就发现出了储金霞，他欢快地奔跑着，扑向前去。

"哎！我的小聪聪，乖……"储金霞弯下腰，又打算像过去那样，将聪聪抱在怀里，亲聪聪的脸。可是聪聪长大了，身子变沉了，怎么也抱不动他。

细心的储苡文，帮母亲储金霞接过手中的手提箱。

储金霞的手提箱跟别人不一样，里面除了装着很少几件日用洗漱物品，其余基本上都是一些锻制铁画的工具，锤子钳子锉刀之类。这些东西非常重，所以储苡文首先想到的就是，接过母亲储金霞手中未必不是锻制铁画"工具箱"的沉甸甸的手提箱。

"妈，聪聪都这么大了，过年就是 11 岁，再过几年就成了大小伙子，您还像过去那样疼他抱他，您能抱得动吗？当心不要把您的腰给弄闪了。"储苡文不无关切地埋怨道。

储金霞没去理会储苡文一旁的唠叨，只顾着同聪聪说话："聪聪，这些日子没有见到奶奶，想奶奶了吗？"

"想！"聪聪稚气地回答道。

女儿储莛文在锻制铁画

　　平日里尽管储金霞忙于铁画锻制，这事那事的比较多，又加上各种社会活动的参加应酬，基本上很难享受得到像她这种"奶奶级"年纪生活情趣的天伦之乐。可是只要一有空，她还是尽最大可能地挤出时间，跟聪聪在一起，嘘寒问暖，关心聪聪的成长进步。

　　祖孙二人关系特别亲切。

　　有时候姚士鑫生出"妒意"，同储金霞开着玩笑，说是自从有了聪聪这个孙娃娃，就把他这个"娃娃亲"的丈夫给撂在一边，不管不问了。

　　"祖孙'隔代亲'，这点道理难道你都不懂？"储金霞辩白解释道，同时心存爱意地嗔姚士鑫。

　　虽然口头上解释"隔代亲"，可是在储金霞心底还是隐藏着一个秘密，那就是希望聪聪从小受到铁画艺术的影响，耳濡目染，长大以后，把铁画锻制这个事业传承下去。

　　储金霞自己就是这么一路走过来的。

　　储金霞这心中秘密，"小九九"打的什么算盘，自然瞒不过"大智若愚"的丈夫姚士鑫。

　　对此，姚士鑫也不止一次地思考过：人各有志，将来聪聪长大了，究竟怎么样设计人生，路怎么走，那是他自己的事，别说是"隔代"的祖辈，即便是直系亲属的父母也不一定能左右得了。

再也不会像他们那个年代出生的人，甚至连女儿储苣文，基本上也都是父母怎么说，自己就怎么做，不会也不可能越雷池一步。

每想至此，姚士鑫心中就像是打翻一个酱油瓶子似的，五味杂陈。

其实姚士鑫跟储金霞一样，心里面很喜欢聪聪，只不过表现形式不一样。一个是把疼爱藏在心里，不予表露，另一个是溢于言表，尽情地显露。这就是中国式爷爷奶奶疼爱孙辈的区别。

"聪聪"这个乳名，就是姚士鑫给取的。

"聪聪想奶奶，奶奶也想聪聪啊！"储金霞一边说着，一边从储苣文手中要回手提箱，摊放在大理石台阶上，打开箱盖，从里面取出一样东西，"聪聪你看，奶奶从俄罗斯给你带什么好东西回来了？"

聪聪拿在手上，好奇地问道："奶奶，这是什么呀？"

"是套娃。奶奶给你从俄罗斯带来的礼物，是俄罗斯特产套娃。"储苣文在一旁回答道。并且告诉聪聪，套娃是俄罗斯特产的木制玩具，由好多个图案一样的空心木制娃娃，一个套一个地组成，最多的时候可以套上10多个。普通的图案是一个穿着俄罗斯民族服装的姑娘，叫作"玛特罗什卡"，它是俄罗斯娃娃的通称。

储金霞诧异女儿储苣文，怎么会知道的那么多？

储苣文笑着回答道："妈，从您一开始接到参加俄罗斯'中国年'活动的通知，到俄罗斯演示铁画锻制技艺，我就在网上搜索这方面的资料，特别是关于俄罗斯传统特产方面的，都有一些了解。我知道俄罗斯的套娃很有名，也很有代表性，估计您会买回来带给我们，果然就被我猜到了。"

储金霞伸出食指，慈爱地指戳着储苣文的额头："你这个鬼灵精！"

聪聪对套娃从肚子里能"生"出一个又一个"宝宝",而且一模一样,产生很大兴趣:"奶奶您看,套娃生宝宝,生出这么多的小套娃宝宝。"

储金霞说:"套娃生宝宝,一个接着一个,就像奶奶生你妈妈,妈妈又生你一样,一代接着一代,而且还长得一模一样。聪聪你看,你妈妈长的像不像奶奶,聪聪你长得像不像你妈妈?"

"像,很像!我长得像我妈妈,我妈妈长得像我奶奶。不光是长得像,妈妈和奶奶锻制铁画的动作,也很像。把锤子举起来,再把锤子砸下去,动作一模一样。"聪聪兴奋地说。

"锻制铁画,奶奶是妈妈的师父,妈妈是奶奶的徒弟,妈妈锻制铁画是奶奶手把手教会的,动作当然像了,何止是动作像……"想起从小被母亲"逼"着拿起锻锤,练习铁画"童子功"砸煤块,放弃心爱的舞蹈,不再做女孩子的"演员梦",当了名"女铁匠",这一路走过来的经历,跟母亲储金霞是惊人地相似。简直就是"一个模子倒出来"的一样,储茇文的鼻子有点发酸。

储茇文拉着儿子聪聪的小手:"聪聪,咱们走吧,到火车站去,搭乘晚班火车回芜湖,回家。"又对储金霞说,"妈,一接到您今天要回来的电话,我爸他就早早让人把火车票买好,我和聪聪来北京的,我们三个人一起回芜湖的。这会儿,我爸他正在家等我们回去呢。"

储茇文叫来一辆出租汽车,正准备出发,前往火车站赶火车,忽然储金霞手提袋里的手机响了。

"奶奶,您的电话!"聪聪耳朵灵,第一个听见。

储金霞打开手机,接听了一会,通上几句话,对储茇文说:"茇文,你先带着聪聪回芜湖,我还要在北京开个会,过几天再走。"

"不!我要和奶奶一起走,我们一起回家。"聪聪不乐意。

储金霞疼爱地对聪聪说："好，聪聪不走，跟妈妈在北京玩几天，等奶奶开完会以后，我们一道回家。"吩咐储苾文：改签火车票。

电话是安徽省文联一位负责同志从合肥打来的，他首先向储金霞表示祝贺，高兴地告诉储金霞，经过严格程序的层层筛选，储金霞的"中国民间文化杰出传承人"称号已获正式通过，要她到了北京以后，先不要急着回芜湖，直接赶往大会报到处报到，参加"命名仪式"大会。

大会将于2007年6月3日也就是储金霞到达北京的次日，在北京人民大会堂隆重召开。

人类一边前进，一边把它创造的精神财富留在遗产里，这种遗产就是文化遗产。文化遗产的存在形态极其丰富和繁复，当代人共同认定的区分方式是分为两大类，即物质文化遗产和非物质文化遗产。

物质文化遗产是物质性的、静态的、看得见摸得着的，以物为载体的，它首要的价值是对远去的历史文化做确凿的见证。非物质文化遗产主要是非物质的、无形的、活态的，以人为载体的；它依靠人的口传心授而世代相传，因此它是活着的历史，也是人们精神生活的重要部分。

自觉地传承这种非物质文化遗产的，就是传承人。他们是非物质文化遗产当之无愧的主角，智慧超群，才华在身，技艺高超，担负着民间众生的文化生活和生活文化。灿烂的文明集萃般地表现在他们身上，并靠着他们代代相传。在他们的身上承载着大量历史讯息，特别是传承人自觉而严格地恪守着文化传统的种种规范与程式，常常使生活在现代社会的人们，能够穿越时光，置身于文化古朴的源头，所以民间文化被称作历史的"活化石"。

非物质文化遗产大都存在于民间文化中。民间文化既是现代民族

北京人民大会堂民间文化杰出传承人命名现场

北京人民大会堂前留影　　　　　　民间文化杰出传承人命名现场留影

国家整体文化的基石，也是国家文化产业发展战略的基石，它是一种文化的生命。

在全国展开的对五十六个民族的民间文化传承人的普查，得到了中宣部的直接支持，定名为"中国民间文化杰出传承人调查、认定和命名工作"。

该项目属于中国民协主持的中国民间文化遗产抢救工程中一项重要与核心的工作，起始于2005年3月，项目对象是杰出的民间文学、艺术和手工技艺传承者三大类。

经过两年多有条不紊的工作，产生了首批"中国民间文化杰出传承人"，共161位，他们都是经过了普查发现、申报推荐、专家鉴定、调查核实和网上公示等多道严格的程序筛选，最终才被认定。

在首批161位"中国民间文化杰出传承人"中，安徽省共有4名，他们分别是：界首市传承界首剔花陶艺技艺的卢山义大师、凤台县传承凤台花鼓灯技艺的陈孝功老艺人、灵璧县传承淮北琴书技艺的高成富老艺人、芜湖市传承芜湖铁画技艺的储金霞大师。

其中卢山义、储金霞二人，是时都为国家评定的中国工艺美术大师。

凤台县传承凤台花鼓灯技艺的陈孝功，这一年已是88岁，比卢山义还要年长，也是在被评定为"中国民间文化杰出传承人"没多久，便不幸病逝，享年94岁。

2007年6月3日，中国文学艺术界联合会、中国民间文艺家协会在人民大会堂举行隆重仪式，对首批"中国民间文化杰出传承人"进行命名。

储金霞在俄罗斯留影

中宣部、中国文联、文化部、国家民委等有关部委领导，出席了命名仪式，颁发荣誉证书并做重要讲话，对传承人为保护非物质文化遗产，发展民间文化做出的贡献给予高度评价，寄予深切厚望。

参加完命名仪式，储金霞便带着女儿储苈文和小外孙聪聪往回赶。

在由北京开往芜湖的特快列车上，储金霞和女儿储苈文、小外孙聪聪坐在车厢内，望着车窗外一排排迎来又倒向后面的绿色的白杨树，高大笔直的树干，储金霞不由思绪万千。

历史的车轮滚滚向前，沉默的路轨躺在车轮下面，伸开两只长长的臂膀，拥抱远方。

大道无疆。

壮阔的自然，壮阔的人生；人在世界上自由地游走，心中涌泛着豪情，这便是真正的人生。

储金霞孜孜以求地为国家非物质文化遗产一支的铁画锻制技艺，做出一番事业，她从来也不计较自己从哪里起步，不计较前进路上有多少艰难险阻。在储金霞的字典里，只有前进、前进、再前进，不达目的，誓不罢休。

一条道路，宽阔的没有边际。

"妈，您又在想些什么？"储苾文悄声问道。

女儿储苾文的问话，小外孙聪聪一旁无拘无束的戏耍，打断了储金霞的思绪万千。

"哦，我没在想什么。"储金霞喃喃回答。

火车还在"轰隆轰隆！"向前开，储金霞想了想，终于还是要跟女儿储苾文说些什么。

储金霞说："苾文，我在想，这传承人并不是那么好当的，传承的担子，可不轻啊！"

储苾文说："妈，我也在想这个问题，您现在是'中国首批民间文化杰出传承人'，代表着的是国家，担负着保护国家非物质文化遗产的历史重任，再不像过去那样，爷爷将铁画锻制技艺传给您，您又传给我，我再接着往下传的家庭作坊式。传承的担子，的确是很重。"

储金霞自言自语地："传承不能简单化，也不能物质化，要有数十年如一日的严谨和执着，一颗赤子之心……"

储金霞是这样想，也是这样去做的。她并没有把铁画锻制技艺当作自家的私有财产，而是作为社会财富，一代一代地传承下去。

在多年从事铁画锻制实践中，储金霞越来越感觉到，铁画锻制事业要想进一步发扬光大，得到有效传承，单靠现有的这些铁画艺人不行，还要不断地培养有思想有文化的年轻人。

在之后的多年时间里，储金霞在芜湖市有关领导的关心支持下，陆续在芜湖职业技术学院、安徽机电职业技术学院两所高校，分别开办了铁画选修班，设立铁画实训基地。几乎是一拍即合，储金霞关于培训铁画人才的设想，很快得到了校方的积极响应，铁画生产工作室、材料间、装裱间，铁画工艺实训室和展示厅等基础设施的建设，已经摆上重要议事日程，正一件件地抓落实。

储金霞还欣喜地得知，跟铁画恢复发展特别是跟晋京铁画《迎客松》有着不解之缘的安徽师范大学美术学院，正在为申报国家艺术基金"芜湖铁画艺术人才培养"项目，做着大量前期准备工作。计划以芜湖铁画为创作研究对象，面向全国展开艺术创新人才培养，培养出坚定踏实、技艺精湛、兼具美术创作、设计与锻造技艺的创新型铁画艺术创作人才，从而促进芜湖铁画艺术的振兴和繁荣发展。

当储金霞得知这一消息，心头不由翻腾起波澜：目前芜湖从事铁画行当的工艺美术师，平均年龄都在40岁以上，铁画艺人逐步老龄化，铁画艺术传承正面临着后继无人的尴尬境地，令人十分担忧。

国家艺术基金"芜湖铁画艺术人才培养"项目的实施，使芜湖铁画人特别是使储金霞看到了铁画的春天，看到了希望。传承有致，后继有人。

国家艺术基金"芜湖铁画艺术人才培养"
项目开班仪式

这项国家级的基金项目在经过大量筹备，从申报并通过专家评审最后立项，再到组织招生、确定学员名单，又经过整整一年时间，终于在2016年获得批准。

项目批准后，正式发布招生简章，短短不到3个月时间，便收到来自全国各地的60余份报名表。本着"优中

国家艺术基金"芜湖铁画艺术人才培养"项目学员结业作品展

选优"的原则，通过对报名人员的资质审核，以及业绩成果、专业技能的评定，最终遴选出30名学员参加培训，他们分别来自天津、河北、河南、山西、山东、安徽、江苏、上海、江西、四川、重庆、云南、湖北、广西等14个省市。

项目培训采取全脱产集中面授方式教学，分专业理论课程、技艺实训、考察与创作三个阶段。师资团队主要由安师大美术学院教授和储金霞等有一定造诣的铁画艺人组成。并邀请了国内外艺术学院、创作和研究机构的著名专家、设计师、铁画非遗传承人及工艺美术大师等参与授课。培训结束后，由主办方授予学员结业证书，学员锻制成功的铁画作品将在有一定规格的美术场馆举办汇报展。同时出版画册和论文集等。

智慧的畅想，文化的传承，同具体技艺实现的可能性相结合，成为储金霞深入思考的一个重大课题，抑或是人生更大追求……

在被评定为国家首批"中国民间文化杰出传承人"没多久，储金霞又被推选为国家级非物质文化遗产项目代表性传承人，并获批准。

国家级非物质文化遗产项目代表性传承人，是根据中华人民共和国文化部第45号令颁布的《国家级非物质文化遗产项目代表性传承人认定与管理暂行办法》评选设立的，该办法自2008年6月14日起正式施行。

国家级非物质文化遗产项目代表性传承人，掌握并承续着国家级非物质文化遗产，在一定区域或领域内被公认为具有代表性和影响力，积极开展传承活动，培养后继人才。他们是非物质文化遗产的重要承载者和传递者，掌握着非物质文化遗产的丰富知识和精湛技艺。

作为非物质文化遗产活态传承的代表性人物，经过国务院文化行政部门严格认定，承担着国家级非物质文化遗产名录项目的传承保护责任，具有公认的代表性、权威性和一定的影响力。

2012年7月，储金霞又一次登上了北京人民大会堂领奖台，接受了"国家级非物质文化遗产项目代表性传承人"荣誉证书，同时接收了国家文化部颁发的"做出突出贡献的国家级非物质文化遗产项目代表性传承人"的奖励证书。

据初步统计，截至本书付梓前，国家级非物质文化遗产项目代表性传承人共1986人，安徽省71人，其中芜湖市2人，即储金霞和她的二师兄杨光辉。杨光辉同时也是中国工艺美术大师。

国家级非物质文化遗产项目代表性传承人奖牌

第十二章　锻制《中华颂》

> 壮哉中华，雄踞东方。五岳峥嵘，柱立禹甸，携群峰
> 耸苍叠翠；四渎浩荡，横贯九州，纳百川东流入海。丽象
> 美景，展画卷层层无尽……
>
> ——北京人民大会堂金色大厅《中华颂》

这是一间十分简陋的平房，但是被储金霞收拾得齐齐整整，作为她的办公室兼铁画锻制研发工作室。

当初储金霞同姚士鑫商量把开店改为同时办厂的时候，开店的店铺倒是好找，租赁一间价格不怎么贵的门面房，就可以解决。可是办厂的车间厂房却是非常地难找，既要求可用空间建筑面积比较大，起码能够容得下锻炉以及砧台的摆放，否则施展不开身子，拽不开手脚，无法进行铁画的挥锤锻制；又对车间厂房的建筑面积要求不能过大，否则面积大了，租金费用多，一时还承受不起。

储金霞和姚士鑫夫妻二人，甚至发动亲戚朋友，满芜湖市的寻找，可是找来找去，也找不到合适的车间厂房。

正当为难之际，区里一位领导及时伸出援手，帮助储金霞在一家

企业的旧厂房内，协调解决了适合铁画锻制的车间厂房。面积不怎么大，但也不怎么小，租金比一般工业用房要便宜得多。

签订租赁合同的时候，"房东"的这家企业负责人对储金霞说："清代汤鹏一开始在芜湖创立铁画时，租赁黄钺祖屋'大夫第'一间房子，前店后场的锻制和售卖铁画，黄钺祖父黄尔昌考虑到汤鹏创业不容易，便让汤鹏用锻制的铁画折算成钱，抵交房租。储总您现在是初期创业，估计您的周转资金眼下也很困难，既然区领导都这么关心支持您，我们企业也不能熟视无睹，为了表示我们对铁画事业的支持，就用您锻制的铁画，按批发价格计算，抵交房租吧。反正我们企业每年对外交往赠送铁画的用量不少，到哪里买也是买，不如就买我们自己家'房客'，储总您的。"

区领导半开玩笑地对那位"房东"身份的企业负责人说："你倒是很会算账的，这种时候把储总锻制的铁画用低价买下来，抵交你们房租，等到哪天储总他们锻制的铁画升值了，你再把抛售出去，赚上老大一笔，还美其名曰'支持储总创业'，好人都让你给做尽了。"

那家企业负责人脸涨得通红，连忙分辩道："领导您误会了，我根本不是那个意思。我主要是看储总创业不容易，我们也都是从这条路上走过来的，何况她还是个女同志。"

区领导沉吟了一会，说道："是啊，我也是这样考虑的。"深有感触地说，"储总这种精神，实在让我们感动！"又对储金霞说，如果有什么困难，区里面能解决的，尽量区里解决；区里面解决不了的，再向市里反映，请求市里面帮助解决，"今后遇到什么困难，储总您可以直接来找我。"

储金霞感激地说："你们对我这么样支持，已经让我感激不尽，我还有什么好说的？请领导们放心，困难再大，也难不倒我储金霞，因为我从小就跟着父亲锻制铁画，像铁画一样，经过千锤百炼的考验，身上还有股子铁的劲头，是不会被困难吓倒和压倒的。"又对"房东"身份的那家企业负责人说，"谢谢您！您的这份情义我领了，不过房租该交多少，我们一分钱也不会少地实数相交。您已经帮我们解决了这么多的困难，而且还对我们租金收得这么便宜，大家都是办企业的，你们的企业也不容易。"

说到铁画的收藏升值，储金霞苦笑笑："铁画跟任何艺术品一样，不是每一件作品都能收藏升值，都能产生影响的。要想得到社会的认可，被受众所接受，那是要花大力气，吃大苦头的，需要像铁画自身那样，经过无以计数的锻打与磨炼，任何时候，任何情况下都浮躁不得，才能取得最后成功。"触动起往事，又说道，"过去我虽然跟着父亲和师兄们在锻制铁画上取得了一些成绩，但那还差得很远，就像那年我跟我家老姚到黄山，观察体验实际生活中的'迎客松'，站在离'迎客松'不远的'光明顶'上，放眼望去，那真是'山外有山，天外有天'，心胸豁然开朗，很自然地就想到'人外有人'的道理。一个从事铁画的艺人，锻制出来几件作品，获得几次奖，又算得了什么？"

不待扬鞭自奋蹄，储金霞在铁画锻制事业上，不断追求不断努力。

在储金霞的办公室兼铁画锻制研发工作室的小平房内，储金霞拿着一件当年她与姚士鑫合作的《兰蕙吐香》铁画，仔仔细细地，一遍又一遍地瞅望着，观察琢磨着。

"你是不是又在想那年我跟你合作锻制铁画的往事？《兰蕙吐香》，'花瓣'和'花蕾'，'兰叶'和'兰根'；究竟哪一个是'主角'，哪一个是'配角'，一直没有讨论完的话题。"姚士鑫问道。

"那些陈芝麻烂谷子的过去往事，谁还会把它记在心上？"储金霞头也不抬地说。

"那你老是在看当年的《兰蕙吐香》铁画，看了一遍又一遍，到底是为着什么呢？"姚士鑫接着又追问道。

储金霞停下对《兰蕙吐香》铁画的观察琢磨，乜眼对姚士鑫说了一句："你是个榆木脑袋，说了你也不一定会知道。"

"那倒未必吧，也许你不用说，我就知道是为什么。"姚士鑫憨笑着说。

储金霞从头到脚把姚士鑫打量了一眼，调侃道："真是看不出来，你姚士鑫还有这样的本事，不用我说出来，就能知道我在做些什么！那你现在就说给我听听，我这样老是在观察琢磨《兰蕙吐香》铁画，究竟是为着什么？"

姚士鑫说出来的一番话，让储金霞大吃一惊：简直是神了！

尽管夫妻之间一起生活的时间长，了解得比较深，夫妻一方想做什么或是心里想着什么，对方多少能知道一些，可他姚士鑫怎么会知道的那么细，了解的那么透？难道他是自己肚子里的蛔虫不成？

姚士鑫说："你老是对着我们当初合作的《兰蕙吐香》铁画，仔仔细细地观察，是琢磨着怎么样才能把你的'淬火叠锻'技艺，用在这件铁画作品的实际锻制中。'淬火'，反映'花瓣'和'兰叶'墨分五色的效果；'叠锻'，表现'花蕾'和'兰根'的层次。"

储金霞不解地问道："你是怎么知道这些的？"

姚士鑫回答说："那还用问吗？是《兰蕙吐香》这件铁画告诉我的。你可给我记清楚了，《兰蕙吐香》铁画，是我们共同合作的结果，'花瓣'和'花蕾'，'兰叶'和'兰根'，哪一个是'主角'，哪一个是'配角'。"

两人正说着话，妹妹储银霞拿着账本找来。

"姐夫，姐姐，你们都在，这个月的账……"储银霞正待报告财务收支情况，储金霞不耐烦地打断了她的话。

"你就干脆点说，我们还在哪个地方需要开支？"

储银霞简单地报了一下账，说道："今年下半年的房租我把提前交了，人家给我们的合同已经很优惠，按常规最少是提前一年交房租，有的是提前两年，甚至是提前三年，可我们却是提前半年交，所以一有钱，我就先把房租交了。还有就是水电费，都是代扣的，不交不行。"

"银霞你怎么这么样啰唆，我让你把哪些要用钱的地方跟我说一声，我们把开支掉不就行了吗，跟我说那些干什么？家里人管账，你又是老会计，这个家让你来当，做姐姐的还有你姐夫，我们会对你不放心吗？"储金霞又一次打断了妹妹储银霞的话。

"这个穷家，你让我这个做妹妹的，实在是难当……"储银霞几乎是带着哭腔地，继续往下说道，"还有进材料的钱，该付我也把付了。"

"那不就行了吗。"储金霞说。

"可是……"储银霞吞吞吐吐地说，"可是这么长时间，都快半年了，你自己的工资一分钱都没拿。"

"其他人的呢，你的，还有孩子们的工资？"储金霞一连串地问道。

"都领了。"银霞说完，垂下脑袋。

原来储金霞给自己规定，在收入情况不怎么好的时候，所有成本开支，涉及工资部分，先让其他人支领，自己放在后面。只有等到收入情况好的时候，再把补回来。

"其他人都领到工资，我也就放心了。特别是孩子们，再苦也不能苦了孩子们，他们都是有家有口的人了，没有钱可不行。"储金霞说。

"可是，姐姐你，老是这样拖欠也不是个事，而且你还要操持企业，铁画锻制研发也需要钱。"储银霞说。

"我?"储金霞望了储银霞一眼,"我还有你姐夫,他拿了工资,有了钱,不就是我有了钱了吗,什么时候你把我们分开了?"储金霞说完,"哈哈"笑了起来。

姚士鑫也在一旁"嘿嘿"直笑。

办公桌上的电话铃响了起来。

储金霞拿起话筒,接听了一会,边听边变得神色凝重,最后郑重地说:"我知道了,收拾收拾,我立即就赶今晚的特快列车过去。请领导放心,我们保证完成任务。"

姚士鑫在一旁问道:"是不是北京打来的,又有什么政治性任务了?"

储金霞不可思议地说:"你又是怎么知道我要到北京,去完成政治性任务的?"

姚士鑫说:"我是通过看你的脸色,观察你的神态,估摸出来的。难道不是吗?"说完,声调低了下来,流露不出像储金霞那样的激情。

储金霞神采飞扬地说:"老姚,这回又让你给猜对了,是去北京,是完成政治性任务,而且是一项特别重要的政治性任务……"

又是一年国庆节,而且是每逢10年一次的"大庆"。

2009年10月,共和国迎来60周岁华诞,国务院有关部门研究决定,在北京人民大会堂金色大厅,安装陈设一件巨幅铁画《中华颂》。

这是继铁画《迎客松》进京以后,又一铁画巨作在北京人民大会堂落户,展现她的不凡风采。

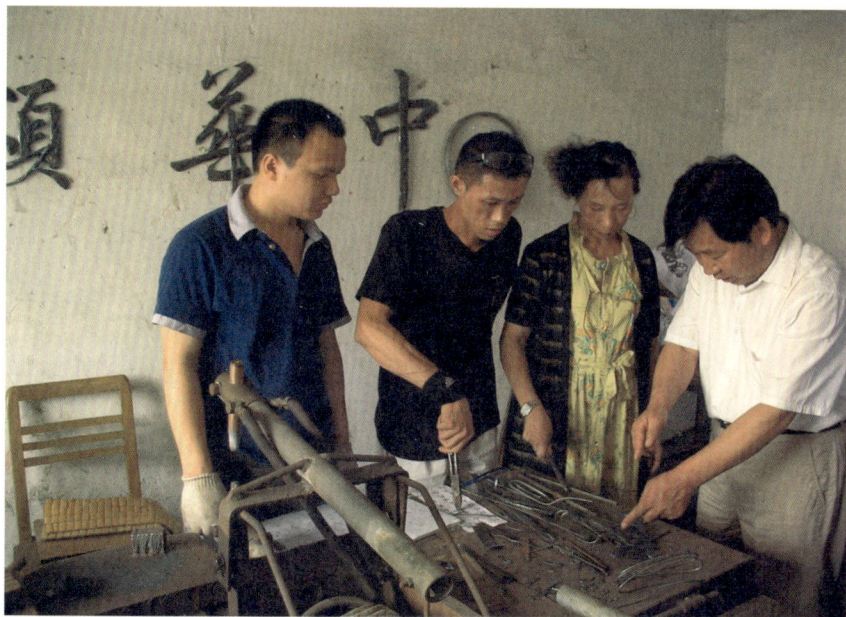

人民大会堂金色大厅《中华颂》创作现场1

人民大会堂金色大厅《中华颂》创作现场 2

人民大会堂金色大厅，即人民大会堂三楼的中央大厅，由于平时不对普通公众开放，人们一般对它了解得不多，显得比较神秘。

金色大厅是党和国家领导人接见外国政要和各国大使递交国书的重要场所，被称为人民大会堂"第一厅"。

金色大厅还是党和国家领导人举行我国最高规格新闻发布会的场所，她是我国重大政策动向的"窗口"。在这个1000多平方米的"窗口"，见证了共和国的发展进程。每年全国"两会"召开期间，总理记者招待会通常便会安排在人民大会堂金色大厅，成为中外瞩目的焦点。

金色大厅金色梦。这里是中国政府和中国人民，寻梦筑梦，不懈追求，实现崇高理想的最高殿堂。

自1959年人民大会堂建成开放，金色大厅伴随着共和国成长的步伐，已经走过了50年的历程。2009年3月"两会"结束后，根据国务院有关部门统一安排，进行重新设计装饰。设计工作由清华大学建筑学院资深教授、一代才女林徽因的表妹王炜钰主持完成。

王炜钰是一位年过80的老人，受她表姐夫梁思成的影响，在中国传统建筑装饰领域有着一定造诣，她先后担纲过中国革命历史博物馆、毛主席纪念堂等重大设计任务。

按照王炜钰的设计理念，大厅要做到中国传统装饰风格与西洋古典建筑风格相结合。在灯光、音响等方面现代感要强一些，但在装饰上传统的东西比以往的要多。在做到中西结合的同时，更要有强烈的民族特色，既保持历史风格，又展示祖国的丰功伟绩，实现民族传统文化与时代精神有机结合；使用功能和象征功能完美统一，将金色大厅真正打造为现代装饰的经典之作、国际建筑装饰的典范，名副其实的"中国符号"。

作为"中华一绝"的芜湖铁画，当之无愧地成为装饰上的首选。

储金霞来到北京，人民大会堂管理局负责人告诉她，《中华颂》撰文和书写作者张志和，早已等候她多时。

张志和，1958年出生，河南邓州人。中国书法家协会理事，北京故宫博物院研究员，是一位享受政府特殊津贴的专家。1992年考入北京师范大学中文系，师从启功先生，攻读文学博士并学习书法艺术，取得成就斐然，在国内外有着一定影响。

为了体现中华文化的厚重灵动，《中华颂》采用楷书大字书写，全文加上落款，一共是398个字。

张志和虽然治学严谨，但在性格上却是风趣幽默，一见到储金霞的面，便快人快语说道："真是想象不出，德高望重的中国工艺美术大师、国家级非物质文化遗产项目代表性传承人、中国民间文化杰出传人储金霞，竟然如此年轻。"

储金霞笑着回答道："我已经不年轻了。按照'四舍五入'计算法则，今年我65周岁，是一位年近七旬的老人。只不过遇上人民大会堂金色大厅锻制铁画的大喜事，人逢喜事精神爽，所以就显得年轻了。"

张志和说："不，储大师您不光心理年龄年轻，生理年龄也很年轻。刚才您跟我握手的时候，我感觉到您比年轻男同志的手劲还要大，到现在我被您握过以后的手，还有点疼痛。"说罢，甩了甩被储金霞握过的右手，表露出很是疼痛的样子。

储金霞笑了，说道："您张教授也不是不知道，我是个锻制铁画的艺人，说得通俗一点，就是打铁的铁匠。长年累月拿着锻锤锻制铁画，在砧台打铁，手劲自然也就大了。"

出于尊重，张志和没好多说，眼前的储金霞，长得也很年轻。尤其是在着装打扮上，跟年轻人一样，时尚不俗。

"中华儿女多奇志，不爱红装爱武装。"就不知道储金霞在穿上工装拿着锻锤锻制铁画的时候，是个什么模样？

作为从事艺术创作的职业习惯，张志和在心中琢磨着。

于是，张志和自然而然地就想到了《中华颂》撰文中"韶山杜鹃，渠江清流"，"菽禾飘香，花木争艳，处处披锦绣"的佳句绝章；想到了"壮哉中华，雄踞东方"起始句的卓越、恢宏……

从北京一回到芜湖，储金霞立即召集公司全体员工，开了一个动员会，对相关工作进行了布置。鼓励大家，一定要珍惜这一来之不易的机会。

50年前铁画《迎客松》进京，作为国庆10周年献礼，陈列在人民大会堂会见大厅，既反映中国人民用铁一样的意志建设新中国，不断取得新的胜利，同时又是作为中国人民对外友好象征，迎接来自世界各国的友人。

50年后铁画再次进京，布置在人民大会堂金色大厅，她有一个非常振奋人心的名字，《中华颂》。这是继铁画《迎客松》以后，铁画艺术无论内涵还是外延的一次升华，它既是向世人展示新中国成立特别是改革开放以来，勤劳勇敢的中国人民经过坚持不懈的奋斗努力，不断开拓进取，取得举世瞩目的骄人成绩，同时又是对中华民族精神的弘扬光大，传承与创新，展现了中华民族傲然屹立在世界民族之林。

储金霞激动地说："如果说50年前铁画《迎客松》进京，是老一辈铁画人为我们创下的业绩，铺设了一条不断进取的道路，50年后铁画《中华颂》再次进京，可以让我们这些铁画人在前人业绩的基础上，再创新的辉煌。"

姚士鑫拉了拉储金霞的衣袖，小声地说："既然意义这么重大，你看我们要不要举办一个庆祝仪式。当年锻制进京铁画《迎客松》时，父亲储炎庆就举办了一个'点火'仪式，那激动人心的场面，到今天我还一直记着。"

储金霞说："这个庆祝形式，我在回芜湖的火车上就已经想好，既然是锻制传统题材的铁画作品，宣传弘扬的又是中华民族传统文化，要办我们就办一个传统的庆祝仪式，'打铁花'。"

"打铁花"，是芜湖特有的民俗活动，流传多年。

新中国成立后，由于讳忌"封建迷信"，已经很多年没有举办过。即便是锻制进京铁画《迎客松》那年，曾经有人提出举办"打铁花"的动议，也被储炎庆否决，结果便按"大办钢铁"的流行做法，举办了"点火"庆祝仪式。

当姚士鑫听储金霞说到"打铁花"，先是一愣，接着拍手叫好，说道："这个庆祝仪式，已是很多年都没有举办过，如果再不举办，恐怕就要被遗忘掉！"问女儿储苍文道，"苍文，你见过'打铁花'是个什么样子吗？"

储苍文把头摇得跟拨浪鼓似的："没见过。"

姚士鑫说："你当然没有见过，'打铁花'那场面，就像你们现在年轻人的流行说法，够刺激的，热闹极了……"沉浸在往事的回忆中，"铁汁滚烫炙热，铁花漫天飞舞，整个地就是一个铁的世界，花的海洋。"

"别扯那么远了，你就跟我说说，往年那些'打铁花'的用具，'上棒''下棒'的'彩棒''彩勺'什么的，你那里还能找得到吗？"储金霞很是当一回事地问姚士鑫。

"过去我倒是收着一些，'破四旧'那阵子，被当作'四旧'给毁掉了。"姚士鑫苦笑笑，很是遗憾地摇了摇头，问储金霞，"要不要我再重新做一些。"

储金霞说道："你就是再心灵手巧，能够做出来'彩棒''彩勺'什么的，'彩楼'你能马上扎起来搭起来吗？而且现在市区房子这么拥挤，即便是想搭也找不到地方给你搭。"

"那你说这事怎么办呢？这个'铁花'还打不打，庆祝仪式还搞不搞？"姚士鑫也感到为难，认为储金霞说的不是没有道理。

"'铁花'还是要打，庆祝仪式还是要举办。"储金霞说。

"怎么'打'？怎么举办？"姚士鑫问。

储金霞与她的家人、弟子和员工们

储金霞朝姚士鑫笑了笑："尽管我们是举办传统庆祝活动，但我们也不能拘泥于传统，而是要在继承传统的基础上有所创新，做到因时而异，因地而异。我考虑，根据目前现状，'彩楼'我们就不搭了，'彩棒''彩勺'什么的也不做了，就在我们的车间厂房里，在锻炉砧台旁，用我们手中的锻锤，按照平时锻制铁画那些操作流程，把烧红的料铁从锻炉里取出来，放到砧台上，然后我喊一声口令，大家一起跟着把锻锤落下，朝砧台上烧红的料铁'打'下去，那些飞溅起来的铁汁，不就成了'铁花'了吗？"

"好！"大家跟着姚士鑫一起，齐声叫好。

于是说干就干，当场就把锻炉和砧台在院内摆放开来，一共是6口锻炉，10尊砧台，寓意祖国"60大庆"。

13岁不到的储金霞小外孙聪聪，嚷嚷着也要参加到"打铁花"庆祝仪式的行列，缠着外婆储金霞，帮他也设立一尊砧台。

储金霞疼爱地说："聪聪，你年纪还小，砧台就不为你单独设立了，你就跟着奶奶，在奶奶的砧台上，'打铁花'吧。"

"那锻锤呢，我总不能也用奶奶您的。"聪聪调皮地说。

"先把奶奶的锻锤用着再说，过几天爷爷我再帮聪聪打一把新的，专门给你们这些小孩子用。"姚士鑫抚摸着聪聪的小脑袋，高兴地说。

此时此地，储金霞和姚士鑫二人心中，简直是乐开了花。

一场别开生面的"打铁花"庆祝仪式开始。锤声铿锵，铁花飞舞，整个车间厂房院内沸腾了，尽情释放着储金霞和她的徒弟们，铁画艺人们，炽热的情怀，火红的精神。

在短短不到97个工作日的期间内，从承接任务到安装验收完成，储金霞带领着她的徒弟们，就像当年储炎庆领着他的徒弟们一样，由储金霞主锤，徒弟们跟进，顺利完成了长17米、高3.72米的巨幅铁画《中华颂》，安装在人民大会堂金色大厅主墙壁，向世人展示泱泱中华博大精深的文化，中华儿女伟大的生生不息的坚强意志。

铁画《中华颂》全文加上落款，一共是398个字，经过二度创作后的所有铁字书法，均为1∶1比例，仅一个铁字的重量就超过500克，标题字样超过1000克。

这幅由张志和撰文并书写创作，储金霞带领她的徒弟们共同铸就的巨幅铁画，每字径尺，规模罕见，成为人民大会堂金色大厅一道绚丽的风景。

《中华颂》全文：

壮哉中华，雄踞东方。五岳峥嵘，柱立禹甸，携群峰叠苍

《中华颂》全景

耸翠；四渎浩荡，横贯九州，纳百川东流入海。丽象美景，展画卷层层无尽；沃野桑田，育斯民生生不息。韶山杜鹃，渠江清流，仰胜迹胸怀激荡；楼宇参差，殿阁巍峨，焕人文举世称奇。放眼望，巨坝出高峡，长桥卧清波；旧时穷乡矗广厦，昔日僻壤接康庄。车水马龙，穿梭于神州大地；箭飞船发，遨游乎玉宇苍穹。更有菽禾飘香，花木争艳，山河处处披锦绣；恰值政通人和，笙歌满衢，人民声声唱和谐。

华夏血脉，源远流长。燧人取火，人猿自此揖别；神农播谷，文明于兹肇始。尧立典章，克明俊德；汤武革命，讲信修睦。春秋百家争鸣，战国雄才辈出。自秦一统，以迄后世，人文焕彩，光耀千秋。虽有干戈玉帛、兴衰治乱，终归民族融和、骨肉一家。

迨乎近世，列强入侵。金瓯残缺，大地陆沉。赖无数英烈，抛头颅、洒热血，挽狂澜于既倒，扶大厦之将倾。救亡图存，重整山河。丰功伟业，彪炳千秋。

今日中华，欣逢盛世。改革、开放、创新，致力科学发展；继承、弘扬、借鉴，构建和谐世界。且看我炎黄子孙，放眼未来，大展宏图，和衷共济，共襄盛举，定实现民族之伟大复兴！

《中华颂》词语解释：

禹甸：本意是说远古时期，禹的垦辟之地。后引申开来，便称中国大地为"禹甸"。"信彼南山，维禹甸之。畇畇原隰，曾孙田之。"（《诗经》）

《毛诗故训传》："甸，治也。"

《诗经朱熹集传》："言信乎此南山者，本禹之所治，故其原隰垦辟，而我得田之。"

四渎：是指古代四条独立入海的大川，分别是河（黄河）、江（长江）、淮（淮水）、济（济水）。

"四渎"主要支脉为"八流"，其分别是渭水、洛水（黄河支脉），汉水、沔水（长江支脉），颍水、汝水、泗水、沂水（淮水支脉）。"四渎八流"源出名山，"河"出自昆仑，"江"出自岷山，"济"出自王屋，"淮"出自桐柏。"八流"中的沂水为最小，且先是流入泗水，再流入淮水，为支流的支流，但因其发源于神圣的泰山，故跻身于名水。

九州：中国古代的地理称谓，主要有三种含义：一是对古代中国的区域划分,分为九个不同的州;二是泛指天下,全中国;三是指"大九州",将世界分为九州,中国是其中之一。

人猿自此揖别:语出毛主席诗词中的《贺新郎·读史》,意思是人从猿进化成功了,跟猿已经有本质的不同。

毛主席在《贺新郎·读史》一词中写道:"人猿相揖别,只几个石头磨过。小儿时节,铜铁炉中翻火焰,为问何时猜得? 不过几千寒热。人世难逢开口笑,上疆场彼此弯弓月,流遍了,郊原血。"描述了人类刚诞生的时候,那惊心动魄的一刻。

克明俊德:出自《尚书·尧典》"克":能够;"明":弘扬,发扬;"俊":通"峻",大,崇高;"德":德行,品德。意为能够弘扬光明的品德。

黎元:指黎民百姓。几千年前,黄河流域集中着几个势力比较大的原始部落,有黄帝族、炎帝族、夷族和九黎族等。经过多年征战,最后以黄帝、炎帝族为首的部落联盟共同战胜了九黎族,因为黄帝族、炎帝族、夷族的联盟由大约100个氏族构成的,故统称为"百姓",而被俘虏的九黎族则称作"黎民",在当时,百姓与黎民是奴隶主与奴隶的区别。到了西周时期,百姓便成为贵族的通称,这时候的黎民(也称庶民),则包括自由民、农奴、奴隶,与百姓形成互相对立的两大阶级。

春秋末期,随着宗族世袭制的破坏和土地私有制的出现,百姓中的大部分人都降为黎民,因此就将黎民与百姓统一称谓,随即诞生了"黎元""黎庶"等称谓。

唐太宗李世民《晋室帝总论》称:"天地之大,黎元为本。"

《中华颂》赋文内容共由四个部分构成：第一部分，回顾中华民族五千年发展史；第二部分，歌颂祖国壮美河山；第三部分，颂扬56个民族的大团结；第四部分，展望中华民族发展远景。

红红的炉火旁，铿锵不绝的锤声中，一幅铁画《中华颂》，把储金霞激情的思绪，带向远方……

沿着黄河与长江源头，漂流而下：从《诗经》"坎坎伐檀"的江边，到《史记》"金戈铁马"的楚河汉界；从郦道元神秘的《水经注》，到苏东坡豪放的《大江东去》；青藏高原的脉动，黄土高坡的起伏，烟雨苍茫，千帆竞发，百舸争流；祖国群峰腾跃，祖国平原奔驰，长河扬鞭；爬满甲骨文的钟鼎，诵读祖国童年的灵性；布满烽火的长城，感受祖国青春的豪放；缀满诗歌与科学的大地上，拥抱祖国壮年的成熟。

尽管祖国也有过孱弱，圆明园烧焦的废墟，祖国是一摊血；邓世昌勇猛的"致远舰"，祖国是一团火。而祖国没有沉没，她用宽厚的臂膀，挽起大海高山，将炎黄子孙揽于怀中；茅草和土砖修复残缺的岁月，野菜和稀粥喂养饥饿的生活；革命者先驱孙中山，在漫漫长夜规划治国方略；人民领袖毛泽东，在贫瘠的土地上支撑民族的血肉与骨骼；改革开放总设计师邓小平，饱经沧桑的目光眺望着前方，指引多灾多难的祖国，从世纪的风雨中豪迈地走过。

沿着黄河与长江的源头，漂流而下：过壶口，越关东，走三峡，奔大海；在河西走廊，在华北平原，祖国的富饶与辽阔，千里马般日夜兼程地超越；在长江三角洲，在珠江三角洲，祖国的崇高与巍峨壮丽，繁荣的霓虹灯日夜闪烁，灿若银河。

尽管在乡村，还有辍学孩子渴望的目光；尽管在城镇，还有下岗女工无奈的诉说，但改革的浪潮迭起，冲破旧的观念，旧体制的束缚，将迎来新世纪磅礴的日出。

作为铁画《中华颂》的锻制主锤，《中华颂》三个标题大字，由储金霞领衔完成。储金霞举起手中锻锤，那是姚士鑫专门为她这次打制的锻锤，最后一记落下，打在《中华颂》最后一个"颂"字上，浑身感到一种说不出来的舒畅，回肠荡气，荡气回肠。

在人民大会堂金色大厅安装铁画《中华颂》期间，高翔又通过多方打听，来到安装现场！

高翔从部队转业后，在他儿子开办的一家文化传媒公司，当了名编剧。他想以储金霞的人生经历为题材，写作一部书，或是影视剧。

储金霞听后，不由从嘴角露出一丝微笑，淡淡地问道："人生这些道理，你懂得的到底有多少？"

镜湖烟雨墩

第十三章　天行健

天行健，君子以自强不息。

——《周易》

正可谓"一叶浮萍归大海，人生何处不相逢。"经过人生路上的坎坷跌宕，起落沉浮，寻寻觅觅，储金霞与阔别已有30多年的闺蜜好友韩玉环，在一个特殊场合特殊环境中，重又久别相逢。

这次久别重逢，储金霞是作为具有一定成就的中国工艺美术大师、国家级非物质文化遗产项目代表性传承人、中国民间文化杰出传人，带着自己亲手锻制的铁画作品，参加在上海举行的第四十一届世界博览会作品展览，同时进行铁画锻制技艺现场演示。

韩玉环则是以旅美华人经营商的身份，应邀前来世博会，一是参观考察，再就是订点货带回去经营销售。

尽管在此之前，韩玉环回过几次国，甚至到过离储金霞居住地芜湖不远的省城合肥，但每次都是为着生意上的事情奔波，来去匆匆，没有一次能够跟储金霞见上面。

当然，每次当韩玉环回国的时候，储金霞也都是在为着铁画锻制事业四处奔忙，顾不上同韩玉环见面说话。

　　或者说虽然有几次能够见面说话的机会，但都由于时间不凑巧，或是由于其他原因被遗憾地错过，只能在书信来往中发几句感慨。

　　也只是发发感慨而已。

　　30多年没有见面的储金霞和韩玉环，真是太想见面了！

　　储金霞想见面，是因为她与韩玉环曾经是那么样地友好，一段时期内，亲如同胞姐妹，无话不说，形影不离。尽管彼此之间也曾有过芥蒂疙瘩，如"文革"期间，韩玉环揭发储金霞父亲储炎庆，害得储炎庆差点坐牢，并险些丢掉性命。但那都是时代原因造成，性情豁达的储金霞，早就不把记在心上，更多想到的是韩玉环同自己亲密无间的友谊，想到韩玉环对自己的好。

　　而每当想到这些，储金霞的思念之情便尤为迫切，她把这种思念之情说给姚士鑫听，姚士鑫对她说："这都是变老的表现，人一变老，就容易怀旧。"

　　储金霞嗔姚士鑫："说人家老，你不也老了吗？"

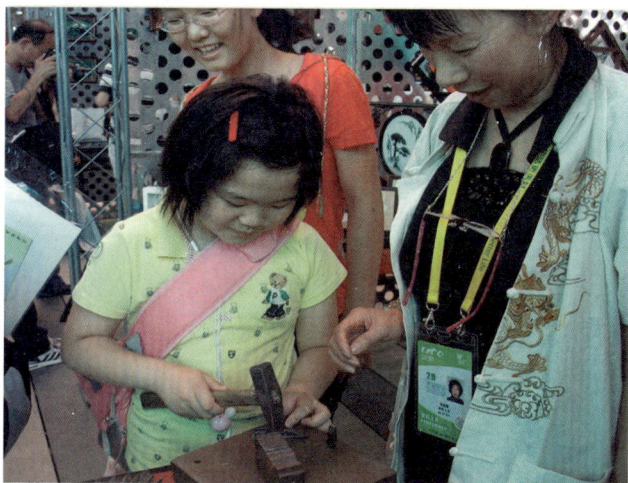

储金霞在世博会现场1

　　老人爱唠叨，爱回忆往事，记挂故人。

　　韩玉环的想见面，除了有跟储金霞一样的心情，一样的感受，亦如姚士鑫说的那样，"老了，容易怀旧。"另外还有一个原因就是，在韩玉环的心中，隐藏着一个多年的秘密，抑或是心结，总想等到有一天，当着储金霞的面把话说清楚，把心结打开。

这一等就是30多年过去，30多个风雨春秋。

岁月不饶人，等到两人见面的时候，都已是花甲早过，周岁65的老人。

两人见面，是在世博会中国馆展览大厅。

储金霞的送展作品铁画《鸡趣》，因为作画材质特别，是用铁作为材料，经过千锤百炼锻制而成，一定意义上代表着中国的创造精神。加之题材蕴涵深刻，画面生动有趣，与安徽省一共参展的其他7件工艺美术作品一道，被推选在国家展馆的"中国馆"展出。

储金霞在世博会现场2

比较有意思的是，中国馆展馆的展示，是以"寻觅"为主线，引领参观者行走在"东方足迹""寻觅之旅""低碳行动"三个展区。

寻寻觅觅，于"寻觅"之中发现并感悟"城市发展中的中华智慧"，感受生活的美。

细说起来，"寻觅"一词既有"寻求""寻找"的释义，也有"探索"的意义包含在里面。

亦如唐代诗人元稹在《遣行》诗中所写，"寻觅诗章在，思量岁月惊。"按照古人对仗修辞，"寻觅"与"思量"对，可见其意义非比寻常。

"蓦然回首，那人却在灯火阑珊处"的"众里寻他千百度"是"寻觅"，是沉雄豪迈且又不乏细腻柔媚的词人辛弃疾，对其"意中人"的"寻找"，抑或是"寻求"。

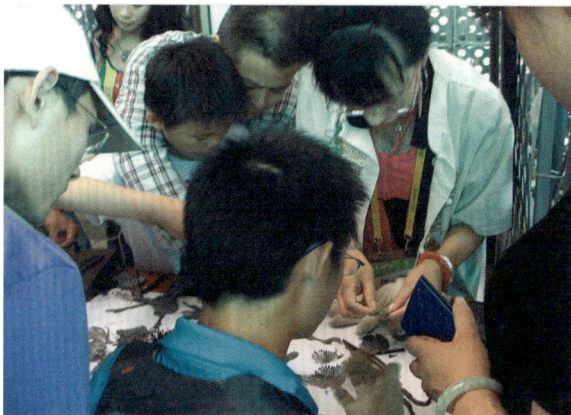
储金霞在世博会现场3

"路漫漫其修远兮，吾将上下而求索"也是"寻觅"，是伟大的爱国主义诗人屈原，对思想真理的苦苦"寻求"与"探索"。

而储金霞与韩玉环分手30多年后的重逢，又何尝不是一种"寻觅"？滚滚红尘，人生路上的寻寻觅觅。

"千山万水憧憬向往，彼此遥远却在身旁……"

著名歌唱家宋祖英和成龙在世博会开幕式上演唱的《和谐欢歌》，一次又一次地，在储金霞与韩玉环的心头响起，令她们感动唏嘘不已。

"渴望的目光穿越海洋，所有的祈愿幸福流淌……"

当储金霞看到30多年没见面的韩玉环时，激动得想哭。

韩玉环也激动得直流眼泪。

揩去脸上的泪花，韩玉环告诉储金霞，她这次来世博会，一下飞机，便直奔世博会安徽馆。当看到门前高大挺拔的《迎客松》时，心中大喜：久违了，迎客松！可等到她仔细一看，这才发现，《迎客松》是现代科技的激光成像，不由感到有点失望。

工作人员笑着对韩玉环说："您想看的北京人民大会堂铁画《迎客

245

松》，那已是半个世纪以前的作品。现在时代发展，科技进步，采用激光成像制成。但作品的图形，还是依照原来的版本，只不过表现形式上有所改变。"

"80后"的展馆工作人员，虽然对半个世纪以前的铁画《迎客松》知道一些，但知道的并不怎么多。

韩玉环急不可耐地问工作人员："铁画呢？芜湖铁画，那可是传统文化的'中华一绝'，世博会上，代表安徽的特色工艺美术品，不能没有铁画。"

工作人员回答道："铁画，当然有。不过她不仅仅只是代表安徽，也代表着我们国家，所以您在国家馆的'中国馆'，就能看到了。"

几句寒暄过后，韩玉环问储金霞："你为什么不用别的题材参展，比如晋京铁画《迎客松》，而是用《鸡趣》？"

储金霞告诉韩玉环："按照组委会要求，世博会参展作品的规格尺寸都有规定，所以最后就选定了这件《鸡趣》。"一边说着，想起挑选参展作品的往事，幸福之情，溢于言表，"一开始选择拿什么作品参展时，我跟我家老姚，也就是你的老同学姚士鑫商量，能不能把我们合作的铁画《兰蕙吐香》送去参展，毕竟这些年我在锻制铁画上做出成绩，与老姚的支持分不开。可老姚他硬是坚持，非用《鸡趣》参展不可。玉环，你知道不知道，老姚他为什么要我把《鸡趣》送到世博会参展？"

韩玉环说："从作品的介绍来看，《鸡趣》获得过第四届中国国际文化产业博览交易会工艺美术'百花奖'金奖，同时还获得了'中国工艺美术文化创意奖金奖'等级别很高的大奖，选择这样的作品到世博会参加展览，应该是实至名归。"

储金霞说："不对，玉环你只说对了一半。"

韩玉环笑了："另一半原因还要我说吗？别人不知道，难道我还不知道，如果我没有记错的话，你我年龄一样大，都是属鸡，你家老姚之所以这样做，其用意已是昭然若揭。"

"哈哈哈……"

储金霞和韩玉环两人，都开心地笑了起来。

笑的爽朗透彻，无拘无束，仿佛又都回到童年时代。

储金霞在世博会现场 4

"金霞，我想跟你，说一件事……"过了一会，韩玉环吞吞吐吐，犹犹豫豫，欲言又止的样子。

"有什么事你就直说吧。"储金霞大大咧咧地。

"我想……"韩玉环话到嘴边，还是把咽了回去，没有继续往下说。

储金霞正准备问，"到底是什么事，干吗老是吞吞吐吐，犹犹豫豫？"忽然工作人员过来通知，要她马上到组委会开会，有要紧事情布置。

储金霞抱歉地对韩玉环说："对不起，我去开会了。晚上到我住的房间来，我们好好聊一聊。"把住的宾馆和房间号写在一张纸条上，匆匆忙忙交给了韩玉环。

韩玉环接过写有宾馆和房间号的纸条，对储金霞说："晚上我请你吃饭，我们边吃边聊，这样一来，谈话的时间可以长一些。"

储金霞苦笑笑："玉环，你可能不知道，世博会期间，时间活动安排得非常紧，经常我们都是集体用餐，一起吃盒饭，要不然这顿饭肯定是我来请，不管怎么说，你是客人，礼节上应该是我请你吃饭。好了，不说这些了，反正这次我们在世博会见面，有的是机会，再见……"

果然如储金霞所说，这次会议开的很晚，会后又是集体用餐，大家一起吃盒饭。

吃完饭以后，储金霞回到住的宾馆房间，忽然听到有人敲门，她以为是韩玉环来了，喜滋滋地，急忙迎上前去，打开房门，谁知道站在门口的人，竟是姚士鑫！

"你怎么来了？"储金霞诧异地问。

"我跟你合作的铁画《兰蕙吐香》不能拿到世博会参展，我本人就不能到世博会来参观吗？"姚士鑫嘻嘻哈哈地回答。

储金霞一听这话，有点不高兴了："当初选送作品到世博会参展时，我说要选我们俩合作的《兰蕙吐香》，你偏不同意，现在反过来说风凉话，你这样做，不是故意为难人吗？谁说不让《蕙兰吐香》到世博会参展啦？谁又说过不让你来世博会参观啦？"

姚士鑫还是一副笑嘻嘻的样子："金霞，我这不是同你开玩笑，何必当真？当初不同意选送《兰蕙吐香》到世博会参展，那是我的主意，我怎么会说话不算数，自己打自己的耳光呢？再又说了，我们俩是结婚多年的夫妻，你的就是我的，我的也就是你的，你的作品在世博会参展，也就是我的作品在世博会参加展览，我们俩是一个整体一个人，怎么能分开？"

储金霞说："你嘴巴皮子会讲，我讲不过你。好了，参展这个话题我们就不再提了，你就跟我说

储金霞与梅派传人合影

说，你是怎么知道我住在这里，又是怎么想到要来世博会的？"

姚士鑫故作神秘地说："你住的地方在哪里，你不告诉我，难道就不会有人告诉我？"转又换了一种口气，像是一个老大哥疼爱小妹妹似的，"金霞，你来之前身体就有点不大好，按照常规，过去你每次外出参加展览，都要进行铁画锻制演示，我估计你这次也不例外。锻制铁画那可是力气活，是要出力气，出大力气的，我不来照顾你，谁来照顾你？"

储金霞听后，心头一热，发出感叹地："你这个人啦……"忽然想起来什么，问道，"刚才你说什么，有人告诉你我住的地方？那个人是谁啊？你总不会又跟我编故事，八成是从组委会办公室那里，打听得来的吧！"

姚士鑫告诉储金霞，他本来找到组委会办公室那里，向工作人员打听，芜湖来的储金霞住在什么地方，没有想到他正在向工作人员打听的时候，被一旁的韩玉环听到，于是从韩玉环那里，知道了储金霞

的住处，于是便一路找来。

"哦？你遇见玉环了！"储金霞问道。

"是的，我遇见韩玉环了。这么多年没有见到她的面，她完全变样子了，变得我都认不出来她，穿金戴银，珠光宝气，一副阔太太女老板的派头。"姚士鑫回答道。

"那你跟她说些什么，不，她跟你说些什么没有？"储金霞问道。

"她告诉我你住的地方以后，我就问她，你来了，你丈夫汪抗存他怎么没有来？"姚士鑫说。

"是啊，这次我也只见到玉环一个人，汪抗存怎么没有来呢？"储金霞也感到奇怪。

"韩玉环她低下脑袋，吞吞吐吐地告诉我，她丈夫汪抗存，三年前得病死了。"姚士鑫说。

储金霞"哦！"了一声，心中在想：她韩玉环要跟我讲的，会不会就是这件事？生老病死，大自然规律，很正常，没有什么不好说的。

感到韩玉环有点迂腐，想不开。

可转念又一想，韩玉环同自己一样，向来性格开朗，不是迂腐想不开的那种人，不会这样。

晚上，储金霞等了很长时间，韩玉环还是没有来，不由犯起嘀咕："说好了要来的，怎么到现在还没有来，明天我还要演示铁画锻制技艺，想提前做些准备，早一点休息呢。"

下午组委会召集开会，就是为的这件事，要储金霞代表中国铁画艺人，进行铁画锻制技艺现场演示。

演示现场设在世博会分会场的上海宝山钢铁总厂大礼堂，离储金霞住的地方比较远，为了不耽误整个日程安排，组委会要求，必须提前赶到。

姚士鑫对储金霞说："在家时我就考虑到了，既然来世博会参展，肯定要演示铁画锻制技艺，睡吧，早一点睡觉休息吧，明天一大清早还要赶那么远的路，到了现场，还要干那么重的活，毕竟你年纪不小，已经是快70岁的人了，而且还是个女同志。"

储金霞执拗地："不行，我一定要等她，玉环说好了要来的，我也说好了要等她来，我不能说话不算数。"

姚士鑫摇了摇头，无奈地："我说你这个人啦，怎么一辈子这个脾气都改不了？她韩玉环西方生活搞习惯了，晚上睡的迟，熬夜过夜生活很正常，我们怎么能跟她比？再又说了，她该向你说的话都已经跟我说过，不就是她丈夫汪抗存死了，心里面难过，想找一个人，特别是想找你这样的闺蜜好友，诉说一下内心的痛苦，心里面好受一些吗？"

储金霞依旧执拗地："不，事情并没有你说的那么简单，玉环她肯定还有什么话要跟我说，我要等她来。"

一直等到凌晨2点，韩玉环还是没有来，在姚士鑫一再催促下，储金霞只好怏怏睡下。

储金霞躺在床上，翻来覆去，怎么也睡不着，整整一夜都没有合上眼睛，失眠了。

第二天一大清早，储金霞起了床。她两眼红肿，头发蓬松，显得十分疲倦。洗漱过后，发出几声咳嗽，咳的一声比一声高，越咳越厉害。

姚士鑫帮储金霞捶着后背心，很不放心地说："咳的这么厉害。金霞，咳嗽药我给你带来了，要不要吃上几片，止止咳，我们再出发？"

储金霞白了姚士鑫一眼："你又不是不知道，这么多年来，我只要有点小毛小病，头疼发烧，感冒咳嗽什么的，一拿起锻锤在砧台前锻制铁画，就什么毛病都没有，全都好了？"说罢，止不住又咳嗽起来。

姚士鑫无可奈何地："我知道，铁画能帮你治病！可这回你好像同往常，有点不大一样。"

"怎么不一样啦？"储金霞截住姚士鑫话头，"要说同往常不一样，那就是这回我是在世博会演示铁画锻制技艺，向全世界展示中国人民的创造智慧，展示芜湖铁画的艺术魅力。作为一名铁画艺人，而且还是名女铁画艺人，我一定要表现出非常饱满的精神状态，让全世界都能看到和感受到，我们中国人尤其是中国女人，在世界人民面前的风采！"

铿锵有力，掷地有声。

令人感到奇怪的是，储金霞说完以后，咳嗽真的也就止住了。

姚士鑫无可奈何地摇了摇头，既感到一种暂时的安慰，又不无忧虑地始终怀有担心。

世博会分会场。上海宝山钢铁总厂大礼堂，铁画锻制技艺演示现场。

姚士鑫将事先准备好的锻炉和砧台，从汽车上往下卸，工作人员不知道他是干什么的，上前询问："老师傅，您有世博会发的证件吗？"

姚士鑫头也不抬地："有。"

工作人员很有礼貌地："请您出示一下。"

姚士鑫指向储金霞："在那里。"

储金霞笑着告诉工作人员，这位"老师傅"是自己的丈夫。自己是来参加铁画锻制技艺演示的铁画艺人，自己丈夫是来给自己当助手，搬运物件和安装现场，"他昨天晚上才从外地赶来，到现在世博会相关证件还没有来得及办理。"

工作人员有点不大相信，好奇地打量着储金霞：看上去虽然精神矍铄，但却显得有点瘦小羸弱，估计跟自己奶奶差不多上下的年纪，难道眼前这位"奶奶"级的老人，就是现场向全世界演示铁画锻制技艺的铁画艺人？

姚士鑫在一旁看出工作人员的心思，瓮声说道："看不出来吧，这位老奶奶还是位铁画艺人，还能拿着锻锤在砧台锻制铁画？"

工作人员不好意思地说："对不起，我真的看不出来。在我以为，锻制铁画的铁画艺人，肯定是结实粗壮力气很大的男人，想不到竟是位虽然精神矍铄，但却瘦小羸弱的女性？"

姚士鑫笑着对工作人员说："你猜猜看她有多大年纪，她今年65啦！65还是周岁，日本鬼子投降那年，1945年出生。"

"啊？"工作人员惊讶地说，"比我奶奶的年纪还大啊！还能拿起锻锤锻制铁画？"不尤生出敬意，佩服得不得了，接着又用怀疑的目光，望着姚士鑫，"大叔，不，爷爷您……"

姚士鑫咧开嘴巴，笑着说："你是不是想要问我，作为一个男人，为什么要给锻制铁画的爱人，给自己的女人当助手，而不是自己亲手操锤上砧台，锻制铁画，是不会锻制还是怎么一回事？"

工作人员不置可否地，笑着点了点头。

姚士鑫正要回答，"我嘛……"被储金霞抢过话头，"我爱人他不是不会锻制铁画，而是很会锻，甚至锻得比我好。待一会你们看我到现场演示锻制技艺，那件在现场展示的，就是我爱人和我合作锻制的铁画《兰蕙吐香》，其中'花瓣'和'花蕾'，就是我爱人他亲手锻制。"

姚士鑫对工作人员说："你别相信我爱人她说的话，其实我不是锻制铁画的，即使会那么一点，也没有我爱人她锻制得好。我是给锻制铁画锻打专用工具，锤子钳子什么的。主要是锻打锻锤，铁画'以铁为墨，以锤为笔。'锻锤对铁画锻制很重要，所以我们把它叫作'锤笔'。锻制铁画用的锻锤，跟别的锻锤不一样，必须专人锻打。要说耳濡目染跟我爱人学习锻制铁画，也只是会那么一点点，跟我爱人他们没有办法比。《兰蕙吐香》虽然是我爱人和我合作锻制，但我锻制的是'花瓣'和'花蕾'，给'兰叶'和'兰根'当陪衬。跟我从事的行当一样，只是个辅助工，配角。"

储金霞纠正道："我爱人他说的不对，'兰叶'和'兰根'，'花瓣'和'花蕾'，究竟谁是主角谁是配角，连他自己也说过，很难分得清。譬如这件铁画《兰蕙吐香》，在艺人锻制作画过程中，或者是人们观赏的时候，究竟是'兰叶'和'兰根'重要，还是'花瓣'和'花蕾'重要？人们究竟是喜欢看'兰叶'和'兰根'，还是喜欢看'花瓣'和'花蕾'，是说不清道不明的。这就需要因人而异，因时而异，因地而异。"

姚士鑫讷讷地："不管怎么说，我这一辈子，任何时候任何情况下，都是给我爱人当配角，没有任何怨言地，老老实实给她当……"

"你！"储金霞还要接着跟姚士鑫往下辩，被工作人员走上前来，微笑着制止住了。

工作人员感动地说："大叔、阿姨：按年龄我应该称呼你们'爷爷'、'奶奶'才是，可你们的这种精神，这种心理年龄和精神状态，比你们生理年龄要年轻许多，你们这种敬业奉献的精神，是我们年轻人学习的楷模。衷心祝愿阿姨您和大叔，演示成功！"

铁画锻制技艺现场演示，在宝钢总厂大礼堂舞台进行。

储金霞的锻造台

姚士鑫手脚麻利地，很快将锻炉支好，砧台装好。把带来作为展示的铁画作品，如《四君子图》《蔡文姬》《奔马》《松鹰图》，还有《兰蕙吐香》等，一一摆放在舞台的台口。

等一切安排停当，姚士鑫发现锻炉里的火不怎么旺，便朝里面添了一把煤，让炉火烧得旺起来，炉内升腾起蓝茵茵的火光。接着姚士鑫又把砧台再一次扶扶稳，扶得平实，这才放心地走下舞台，退到幕后。

大红帷幕拉开，在聚光灯照耀下，储金霞脚步轻盈地走上舞台。

这一天，储金霞穿了一套洗得发白的蓝色工装，腰系一条赭色帆布工裙，为了显出干脆利落，她特地把头发盘到脑后，再直直地绕蠹到头顶，脸上化了点淡淡的妆。

在化妆的时候，储金霞忽然又想起了闺蜜好友韩玉环。她学化妆，是年轻那会儿，韩玉环偷偷教她的，韩玉环是储金霞学化妆的师傅。

储金霞心中在想，要是韩玉环今天在场的话，肯定会以师傅的目光，对自己化的妆，提出批评意见。说不定还会亲手为自己化上一个，非常漂亮的妆。

演示就是演出，要给观众一个好的形象，更何况眼前面对的是，来自世界各个国家各个地区的观众。无数双眼睛在盯着你，盯着一位中国女铁画艺人，神奇的锻锤下，锻制出世界上最精美的图画。

登上舞台之前，在姚士鑫问储金霞："锻锤带好了吗？"

"带好了。"储金霞回答。

"带了几把？"姚士鑫问道。

"带了一副，2把，一把平头锤，一把尖头锤。"储金霞回答道。

储金霞工作照

因为锻锤的使用，是根据铁画锻制的样件来决定。大件及相对复杂一点的铁画，要用多种多把锻锤来完成。其实种类再多，也就是平头锤和尖头锤两种，只不过在锻锤重量上有所区别，重的达10多公斤，轻的也只有0.05公斤样子，拿在手上轻飘飘的，跟捏着根"绣花针"似的。

储金霞现场演示的，是铁画小件作品锻制，无须使用各种重量的锻锤来完成，也就是说不需要带上多少把锻锤，两把重量适宜的就够了。

姚士鑫"哦！"了一声，他知道，那两把锻锤，平头锤和尖头锤，是储金霞那年过生日，姚士鑫作为生日礼物，亲手打制送给她的。

通常情况下，每把锻锤的使用年限，时间在10年左右的样子，姚士鑫从结婚那年作为新婚"信物"，送给储金霞一副亲手锻打的平头锤与尖头锤，以后每隔10年就要再锻打一副，算起来这已是第四副了。

而每当姚士鑫为储金霞锻打了新的锻锤，储金霞都把使用过的，平头锤和尖头锤，细心地收藏在一个小工具箱里。

工具箱很精致，打开以后，平头锤和尖头锤的锻锤，整整齐齐地躺在工具箱底部，不多不少，一共三副，六把。

按照组委会的安排，储金霞这回现场锻制演示的铁画，是中国文化典型代表作的《四君子图》。

"天行健，君子以自强不息；地势坤，君子以厚德载物。"

君子处世，像天一样，刚毅坚卓，发愤图强，永不停息；君子为人，如大地一般，厚实和顺，仁义道德，容载万物。

储金霞锻锤下的"梅"，如探波傲雪，剪雪裁冰，傲骨正气；"兰"，似空谷幽放，孤芳自赏，香情雅怡；"竹"，筛风弄月，潇洒飘逸，澹泊致远；"菊"凌霜挂露，特立独行，不趋炎附势，给人以无穷遐想。

每当锻制出一件作品，尚存留一点热气，抑或是只有锻制者才能闻出的一股奇香，储金霞便笑盈盈地拿起来，展示给台下观众观看，欣赏。

而每当台下观众看过以后，都会情不自禁地爆发出好一阵子热烈的掌声、欢呼声、赞许感叹声。有的甚至还流下激动的眼泪，用世界各种不同的语言，称赞道："太美，太不可思议……"

这时候谁也没有发现，台下有一双眼睛，正一眨也不眨地盯着储金霞，盯着储金霞手中锻制的《四君子图》，看的专注、入迷，定了神。

这个人正是说好了要见面，却又食言毁约，迟迟未见，害得储金霞整整等了一夜没有睡觉的韩玉环。

原来那天晚上，按照储金霞给的地址，韩玉环找到了储金霞住的宾馆。可是到了宾馆以后，她在接待大厅转悠了很长时间，为见面还是不见面，见面后原本要说的话是说出来还是不说出来，产生了激烈的思想斗争。

韩玉环犹豫、徘徊，痛苦，内心纠结。最终还是狠了狠心，选择不见面，逃脱。

从工作人员处韩玉环了解到，储金霞第二天要进行铁画锻制技艺演示，地点在世博会分会场上海宝钢总厂大礼堂，于是韩玉环及时乘车赶到，目睹了铁画锻制技艺演示全过程以及储金霞的不凡风采。

这是一种特殊的见面方式：分别已有30多年，十分想见面的闺蜜好友，久别重逢，一个在舞台上面，一个在舞台下面；一个是在进行铁画锻制技艺演示，一个是在观看铁画锻制技艺演示。

台上演示的储金霞，看不到台下观看的韩玉环，或者说她根本就不知道台下有她很想见面的韩玉环；而台下的韩玉环却对储金霞看得清清楚楚，一招一式，锤起锤落，锻锤音乐般悦耳的锤声，"铿铿！铿铿！铿铿！锵锵！"韩玉环听得真真切切。

观众报以热烈掌声，韩玉环跟着一起鼓掌；观众呐喊欢呼，韩玉环也跟着欢呼呐喊。

韩玉环的巴掌鼓疼了，嗓子喊哑了，眼泪成串成串地往下流，模糊了她的视线……

演示结束后，很多观众拥上台，掏出随身携带的笔记簿和纸笺，请储金霞为他们签名。储金霞工装未脱，工裙未解，含着微笑，帮他们一一签了名。有的观众热情未减，兴致勃勃地挽着储金霞的胳臂，要和储金霞一起合影。储金霞也满足了这些观众的要求，跟他们合影留念。

姚士鑫在一旁看着，乐得合不拢嘴巴，"呵呵"直笑。

正在这时，工作人员递给储金霞一封信，说是场内有位观众让交给储金霞的，那位观众是位女士。

"是位女士？她人呢！"储金霞一愣，忽然下意识地想到，这位女士，会不会就是韩玉环？

工作人员告诉储金霞说："那位女士她走了，临走时要我向你打个招呼，她回国有点急事，要不了多久她还会来看你的。"

等热情的观众离开以后，储金霞打开信封观看，只见信的末尾落款，果然就是"玉环……"

韩玉环在信中对储金霞说，分别30多年，这次久别重逢，她很想同储金霞见面，很想同储金霞长谈，后来不愿见面的缘由是，她感到太对不起储金霞，不敢直面跟储金霞说出，一个隐藏多年说不出口的秘密。

"……那年我被送往精神病医院，给人的印象是，我受不了'造反队'的折磨，逼成了精神病。其实那是我故意装的，是个假精神病患者。当时很多人都没发现出来，连我丈夫汪抗存也没发现出来，被我骗了，一直到死他都不知道这个秘密。可是我再怎么骗，也不应该骗你，因为在那件事以前，我曾揭发过你父亲储炎庆，给你和你们家带来那么大的伤害，我要是再对你骗下去，不是又给你造成一次新的伤

259

第十三章　天行健

害吗？

"分别30多年，我一直想找个机会跟你把话说清楚，把心中的纠结打开，可我一直没有这个勇气。今天，我终于把这个秘密说了出来，把心结打开，得到释放与解脱。

"金霞，我对不起你，你对我那么好，我不应该骗你，而且骗了你这么多年，请你原谅……"

信的末尾还附上一句话："今天我在看你演示铁画锻制技艺时，你好像化了点妆，化的很好看。女人，就应该要这样，尤其你还是搞艺术的女人。要是再抹上一些'腮红'，那就更好看了。不过你双腮在炉火映照下，红扑扑的，一种自然的美，比化上去的更好看。"

储金霞看完信，默默地把信笺叠好，装进信封，收了起来，对愣在一旁的姚士鑫说："演示结束了，快把东西收拾好，我们回去。"

姚士鑫答应一声，又问："刚才那封信，是谁写给你的？"

从储金霞神色反映上，姚士鑫能够猜得出，那封工作人员转交的信，肯定有些不寻常。

"是玉环写给我的。"储金霞回答道。

"信上写些什么？"姚士鑫问道。

"信上写什么，我还要告诉你吗？"储金霞苦笑着，反问道。

"你要真的不想告诉，我也不会问的。"姚士鑫讪笑着。

"好吧，那我就告诉你，玉环在信中，透露了一个在她以为不得了，在我看来很平常的所谓'秘密'。30多年前她得精神病，是故意装出来骗人，装疯卖傻，是假的。"储金霞说。

姚士鑫听后，生出感叹："那个年代，有的人为了逃避批斗挨整，什么事都能做出来，韩玉环那也是实在没有办法，被逼得走投无路，才这么做的。"

储金霞就着自己的思路，继续往下说："玉环是觉得她这样做对不起我，不应该时间过去这么长，还一直瞒着我，不跟我说实话。当然，玉环在没有告诉我之前，没有向任何人说过这件事，甚至连她丈夫汪抗存一直到死，都不知道有这个秘密。"

姚士鑫说："那是韩玉环对你的信任，非常的信任，连她丈夫汪抗存一直到死都不知道的秘密，她都告诉你了。这样的闺蜜好友，交的值得。"

储金霞忽然歪过脑袋，瞪大一双眼睛，望着姚士鑫，好像不认识似的："老姚我来问你，人家韩玉环连至死都不肯跟她丈夫说的秘密，都告诉给了我这个闺蜜好友，你就为什么不能把你隐藏多年的秘密告诉我，告诉你口口声声说是'指腹为婚'的妻子呢？"

姚士鑫慌了："我，我有什么秘密，我有什么秘密没告诉你？"

储金霞叹了一口气，说道："我就弄不明白，明明你铁画锻制的那么好，为什么就不肯锻制铁画，而只是埋头锻打铁画专用工具的锻锤……"

高山仰止　景行行止

第十四章　国礼

　　　　　　这件被视作"国礼"的作品,就是出自铁画大师储金霞长满老茧的"纤纤之手",铿锵有力的"锤笔"(锻锤)之下。

　　这是一封来自国家外国专家局的感谢信,信是写给芜湖市人民政府的。信中写道:

　　"5月8日,中共中央总书记、国家主席、中央军委主席习近平与俄罗斯专家及其家属座谈活动,在莫斯科举行并取得圆满成功。本次活动是中国最高国家领导人,首次在国外专门主持召开与外国专家的座谈会,增进了中俄两国传统友谊,彰显了我国对国外人才和智力的重视,具有重大的现实意义和深远的历史意义。

　　"活动的成功举办,是我局与各相关单位齐心协力、密切配合的结果。经上级批准,铁画艺术品被指定为活动纪念礼品。中国工艺美术大师储金霞克服工期短等诸多困难,按期交付礼品。该礼品受到了俄专家及其家属的一致好评,宣传了中华传统艺术,为活动的成功做出重要贡献，在此表示衷心感谢……"

2015年5月8日，国家主席习近平出席红场大阅兵及俄罗斯纪念卫国战争胜利70周年庆典活动期间，在莫斯科会见了俄罗斯援华专家及其亲属代表，并召开了座谈会进行亲密友好的座谈。座谈会上，习近平主席向他们赠送了中国政府特别制作的礼品，感谢援华专家及其亲属为中国建设和发展作出的贡献。

这件被视作"国礼"的作品，就是出自铁画大师储金霞长满老茧的"纤纤之手"，铿锵有力的"锤笔"（锻锤）之下，是一件用铁画锻制技艺锻制而成的金质铁画《神韵》。

2015年4月初，国家外国专家局相关负责同志，在全国范围内寻找最能代表国家水平的传统工艺品作为"国礼"，赠送给俄罗斯援华专家及其亲属，在一时还找不到合适礼品的情况下，辗转来到安徽芜湖，当看到中国工艺美术大师储金霞锻制的铁画，不由得眼前一亮："好啊，这才是我们要找的'国礼'！"

储金霞对那位负责同志说："铁画曾多次作为'国礼'，赠送给外国政要和国际友人，受到良好赞誉。"并且告诉他，1990年亚运会赠送前来参赛的各国体育官员和运动员的礼品瓷盘铁画《熊猫盼盼》，就是她带领铁画车间工人加班加点制作的。1993年国际奥委会派出官员来到中国考察时，国务院总理李鹏代表中国政府赠送给国际奥委会官员的，就是用金质材料锻制成的铁画《迎客松》，可以毫不谦虚地说，芜湖铁画为奥运会在中国成功举办，做出了一定贡献。

国家外国专家局相关负责同志经与储金霞一番长谈，并实地考察后，对铁画作为"国礼"，赠送俄罗斯援华专家及其亲属很有信心。由于时间紧急，当即拨通电话，请示了国务院有关领导，经研究决定，同意用芜湖铁画作为"国礼"赠送。

"储大师，您打算锻制什么样的题材？"负责同志问储金霞。

"鹰。"储金霞几乎是不假思索地回答。

"用什么材质？"联想起储金霞说的亚运会礼品瓷盘铁画《熊猫盼盼》和赠送国际奥委会官员的金质铁画《迎客松》，那位负责同志不由又问。

"金。用金质材料锻制铁画。"储金霞回答。

储金霞告诉国家外国专家局相关负责同志，1958年，父亲储炎庆带着他的徒弟们锻制铁画《松鹰图》，参加在匈牙利首都布达佩斯举行的社会主义国家造型艺术展，受到高度称赞，并获得金奖。时隔半个多世纪，至今仍记忆犹新。

储金霞说："我之所以选择'鹰'为题材，是因为我发现东欧那边对鹰这个动物非常喜爱，撇开铁画《松鹰图》获金奖不说，单就我在2007年参加俄罗斯'中国年'活动期间，现场演示铁画锻制技艺，亲眼看见和亲身感受俄罗斯民众对我锻制《鹰》的喜爱之情，便更加坚定了我锻制以'鹰'为题材的铁画，赠送给俄罗斯援华专家及其亲属的信心。"

"时间这么紧，剩下只有两个月

储炎庆作品——《松鹰图》

不到，需要完成70件礼品（寓意世界反法西斯胜利70周年），储大师，您来得及吗？"负责同志说完以后，不由生出后悔：早要是找到储金霞大师，选择铁画作为赠送俄罗斯援华专家及其亲属的礼品，也就不会弄得时间这么紧。

一旁的姚士鑫笑着说道："没关系，能来得及。我爱人储金霞也就是你们喊的'储大师'，她一个人忙不过来，我们全公司一起上。到时候她只要把模板锻制出来，储苞文、储铁艺这些年青一代铁画艺人，都可以上砧台锻制。具体锻制的时候我爱人在旁边进行指导，最后由她验收，确保按时交货。"

负责同志笑了："您作为储大师的丈夫，又是公司的一位负责人，您在这种时候做些什么呢？"

"我啊，跑'龙套'，做后勤。"说罢"哈哈！"大笑，拍着负责同志的肩膀说，"您就放心吧，到时候保证按时交货给你们，'国礼'嘛，我们一定会确保。"

负责同志感动地："那就多谢了！"

储金霞就着原来的话题，又说："我之所以选择'鹰'为题材，还有一个原因就是，鹰与铁画有缘。鹰的羽毛很黑，黑得像涂上了一层墨，铁画的制作材料铁，也是黑颜色的。特别是鹰的那对机警的圆眼睛，白里泛黑，简直就是铁画黑白艺术的形象代言人！"

一番话把大家都说得都乐了起来，不仅风趣幽默，而且还很有哲理，且具深刻的教育意义。

于是说干就干，下料、制作、焊接、造型、整理……10多道工序，一道一道地，一丝不苟地完成。

铁画《神韵》与《松鹰图》相同的是，都是以"鹰"为题材，鹰占据主要画面，其他如"近实远虚"技法处理的松树、山石以及中国画"大写意"透白的蓝天白云，均作为陪衬。

与《松鹰图》有所不同的是，《松鹰图》的"鹰"是栖息在一棵古松的枝干上，于茂盛葳蕤松枝之中，探身向前，傲视苍穹，展翅欲飞。而铁画《神韵》的"鹰"，则是展开两只硕大无比的翅膀，飞翔在万里长空；松树在鹰的脚下，幻化出"卧龙"形状，寓意"中国龙"；鹰的身后是绵延不绝的崇山峻岭，让人感觉到在那莽莽群山之中，有着无数的松树和鹰。

《神韵》

储金霞在解释《神韵》作品含义时说："如果说50多年前中国还像是一头兀立古松，雄伟苍劲，蓄势待发的鹰，50年后的今天，勤劳智慧的中国人民通过自力更生，奋勇拼搏，取得了一个又一个胜利，栖息在古松上的鹰，飞起来了！能取得这一系列的成就，除了中国人民自身的努力，还有世界各国人民的大力支持，这中间就包括俄罗斯援华专家及其亲属做出的贡献。世世代代的中国人民，都不会忘记他们，中俄两国传统友谊，源远流长。"

并且解释，用金质材料代替铁质材料锻制铁画，说明中俄两国人民结下的深厚友谊和相互支持，比金子还要宝贵……

鹰，在历经数千年的宗教意识中，被蒙上神秘的色彩，奉为"神鸟""天鸟""神鹰"。

雄鹰展翅风飞扬，搅起千里尘沙，摇撼五岳昆仑，激荡江河沧海；威震五洲，势盖乾坤，气冲霄汉，扶摇直上万里长空。

综观世界上有两种动物，能够十分自豪地站在金字塔的顶端，一种是力量弱小的蜗牛，另一种就是力量强大的鹰。

前者的蜗牛，因为坚持不懈的努力，冲破重重阻力，以它特有的毅力完成一生中的蜕变，日复一日，年复一年地不断攀升，终于在某一天阳光射向塔尖的一刹那，蜗牛的身影，骄傲地出现在金字塔的顶端。

后者的鹰，源于自信沛满的实力，搏击层层空气，秒杀种种威胁，用它特有的斗志实现一生中的重大转折，秒秒振翅，扇动双翼，高飞长空，终于在某一日烈阳垂射塔尖的那一刻，鹰的身影也出现在金字塔的顶端，成功地向世人证明它的志向，它的辉煌。

前者出于精神，内心的强烈斗志，即便是力量微乎其微，也要让自己登上塔尖，决定自己永不气馁的行动。

后者源于自身实力，内心的远大志向，纵然是目标再强大，也要让自己站在塔尖，实力决定自己言出必行的行为。

或许人们只欣赏蜗牛坚持不懈的精神，认为和鹰相比，值得瞻仰，可有谁了解鹰的成长历程？

鹰之所以能够凭借自身敏锐的目光寻找猎物、锐利的鹰爪捕获食物、矫健的翅膀冲击长空，那是用生命为代价换来的。

位于高山之巅的小鹰，在巢中嗷嗷待哺，当羽毛稍微长得丰满一点，鹰妈妈就把小鹰赶出巢中，从高山之巅向下自由坠落。小鹰接受一生中第一次挑战，只有在粉身碎骨之前，勇敢的挥动翅膀，飞翔起来，才可以幸免于死亡，继续实现人生的梦想。

这不是鹰妈妈的绝情，而是大自然的挑战。生命的抉择，让鹰发挥出自己的潜能，比其他鸟类飞得更早，飞得更高。

勇气，让鹰有了第一次搏击长空的能力。

"物竞天择，适者生存。"

鹰之所以存在，是因为曾经勇敢地迈出自己的第一步，一生中的第一次飞翔，来自生命死亡的挑战。

鹰是强劲的，敏锐的，同时也是苦难的，艰辛的。它拒绝安逸的生活，宁愿挑战环境，挑战天空。正是这样成长起来的鹰，才有勇气明知有危险，仍然去尝试、去冒险。

在鹰的眼里，没有懦弱、没有屈服、没有胆怯，没有放弃。只有凌云壮志，傲视群雄，与森林，乃至高山大河，相映成趣。

而在储金霞看来，人和鹰一样，一定要有目标，找到适合自己的方式，好好地生活下去。

幸福没有尺度，看以什么样心态面对眼前，适合自己的就是最好的，适合社会的就是神圣的。一个人不可能或者是很难做到最好，但做一些自己力所能及的事，可以得到更好。

人生在世，风风雨雨谁都难免。

一个人要想有所作为，必须高举着热情的火炬前进，火炬照亮着人的心路历程。

在储金霞心中，这个火炬，就是把自己的人生与铁画事业紧紧融合在一起的不懈奋斗。在锻制铁画作品的同时，也在不断锻冶自己的品格、修养、情操，如同升腾而起的炉火，燃烧着炽热，辉映着生命的火红。

心路历程总是在延伸，不断地延伸，人生还有很长的路要走，储金霞和她"指腹为婚"的爱人姚士鑫，两人相互帮扶着，共同前进。

不再感叹路难行，心难平；不再感慨烦恼，哀怨伤痛；不再为成功而欣喜，为失败而落寞。

闻涛声依旧，解开困扰心灵的枷锁；看星稀月迷，打开心中的寂寞。

滚滚红尘，观世事斗转星移，阅沧海潮起潮落；迎日出，逐霞光；循着心路万般曆景，飞向通往灵犀的远方。

让灵魂有个栖息的天堂，充满幻想与希望；无论飞得何等艰辛与迷茫，始终让自己每一缕心迹中，都有一段动人的乐章。

从无知飞向稚嫩，从稚嫩飞向成熟，从青丝缕缕飞向两鬓如霜。

这就是一位大国工匠，用她火热的心灵，智慧的双手，超越世俗的精神，不断提升品质，矢志冶锻人生，奉献给祖国最好的礼品……

附录：《芜湖铁画保护和发展条例》及解读

《芜湖铁画保护和发展条例》全文：

2016年9月30日芜湖市第十五届人民代表大会常务委员会第三十次会议通过，2016年11月10日安徽省第十二届人民代表大会常务委员会第三十四次会议批准。

第一章　总则

第一条　为了继承和弘扬优秀传统文化，加强对芜湖铁画的保护和传承，促进芜湖铁画的创新与发展，根据有关法律、行政法规，结合本市实际，制定本条例。

第二条　本条例适用于本市行政区域内芜湖铁画的保护、传承、创新和发展等活动。

第三条　本条例所称芜湖铁画，是指始创并根植于芜湖，经三百多年的传承和发展，以铁为主要原料，通过剪、叠、錾、锻、铆、焊、锉等多道工艺手工制作，其锻制技艺已列入国家级非物质文化遗产名录的传统工艺美术品。

以铁或者其他金属为主要原料，兼收芜湖铁画锻制技艺制作的现代工艺美术品，适用本条例的有关规定。

第四条　芜湖铁画的保护和发展，应当坚持保护为主、合理利用、创新发展的原则。

第五条　市和有关县（区）人民政府应当将芜湖铁画保护和发展工作纳入本级国民经济和社会发展规划。

市和有关县（区）人民政府应当设立芜湖铁画保护和发展专项资金，用于芜湖铁画珍品及相关实物和资料的收购、传承与展示场所的建设和维护、锻制技艺的传习以及制作人员的补助等事项。

第六条　市和有关县（区）人民政府文化主管部门负责本行政区域内芜湖铁画的保护和发展工作。

市和有关县（区）人民政府工业经济行政主管部门和其他有关部门在各自职责范围内，负责芜湖铁画保护和发展的相关工作。

第七条　芜湖铁画行业促进机构是保护和发展芜湖铁画的社会团体法人，依法开展芜湖铁画的保护和发展工作。

市和有关县（区）人民政府文化主管部门、工业经济行政主管部门可以委托本行政区域内的芜湖铁画行业促进机构办理有关芜湖铁画保护和发展的具体事务。

第八条　鼓励和支持公民、法人和其他组织参与芜湖铁画的保护和发展工作。

任何组织和个人对危害芜湖铁画保护和发展的行为有权举报。

第九条　对在芜湖铁画保护和发展工作中做出显著贡献的组织和个人，按照国家和省有关规定予以表彰、奖励。

第二章　保护与传承

第十条　市人民政府文化主管部门应当做好芜湖铁画锻制技艺本级代表性传承人的认定工作。

第十一条　市和有关县（区）人民政府文化主管部门应当采取下列措施，鼓励、支持芜湖铁画锻制技艺代表性传承人开展传承与传播活动：

（一）建立芜湖铁画传习基地，作为代表性传承人的传承场所；

（二）采取助学、奖学等方式，资助代表性传承人的学徒学习技艺；

（三）资助代表性传承人整理、出版芜湖铁画锻制技艺资料；

（四）支持代表性传承人开展芜湖铁画锻制技艺讲座、交流、研讨等活动；

（五）支持代表性传承人参与芜湖铁画锻制技艺的展示、传播等社会公益性活动；

（六）支持代表性传承人开展传承与传播活动的其他措施。

第十二条　对长期从事芜湖铁画制作且技艺精湛、成就显著的人员，由芜湖铁画行业促进机构组织评审，可以授予芜湖铁画大师称号。

第十三条　对芜湖铁画锻制技艺代表性传承人以及参与芜湖铁画锻制技艺传承工作的中国工艺美术大师、安徽省工艺美术大师和芜湖铁画大师，市和有关县（区）人民政府应当给予相应的补助。

依照前款规定获得补助的人员应当履行下列义务：

（一）传授芜湖铁画锻制技艺，培养后继人才；

（二）收集、整理和保存与芜湖铁画锻制技艺相关的实物、资料；

（三）参加与芜湖铁画保护和发展有关的公益性宣传。

第十四条　市人民政府文化主管部门应当建立芜湖铁画样稿版权数据库和芜湖铁画原创作品、首发作品以及各类获奖作品数据库，开放数据库中可以公开的信息，供公众查阅。

市人民政府文化主管部门开展数据库信息采集工作，芜湖铁画作品的著作权人应当予以配合。

鼓励和引导芜湖铁画作品的著作权人利用数据库信息依法维权或者开展版权交易。

第十五条　市人民政府文化主管部门应当会同工业经济行政主管部门，将被命名为中国工艺美术珍品和被认定为安徽省工艺美术珍品的芜湖铁画作品以及其他具有代表性的芜湖铁画优秀作品认定为芜湖铁画珍品，并建立芜湖铁画珍品名录，向社会公布。

市和有关县（区）人民政府文化主管部门和工业经济行政主管部门可以按照自愿、公平的原则，征集、收购芜湖铁画珍品及相关实物、资料。

第十六条　市人民政府应当支持设立芜湖铁画博物馆，收藏、展示芜湖铁画珍品及相关实物、资料，宣传芜湖铁画的历史。

芜湖市博物馆等相关公共文化机构应当设立芜湖铁画展示厅，用于芜湖铁画的宣传和展示。

鼓励公民、法人和其他组织设立芜湖铁画收藏、展示场馆，市和有关县（区）人民政府应当在资金、场地等方面予以扶持。

第十七条　市和有关县（区）人民政府文化主管部门应当搜集、整理并保存与芜湖铁画相关的原始文献、资料，编辑、出版芜湖铁画名家名作、名人名画选集。

鼓励和支持公民、法人和其他组织编辑、出版芜湖铁画历代优秀作品图文集，创作反映芜湖铁画历史文化、艺术人物的文化艺术作品。

第十八条　市和有关县（区）人民政府应当保护、恢复或者修建反映芜湖铁画历史、体现芜湖铁画特色且与芜湖铁画锻制技艺直接关联的建筑物、场所、遗迹及其附属物，具备条件的应当免费向公众开放。

第十九条　市人民政府教育主管部门应当组织编写芜湖铁画知识读本，并纳入全市中小学的素质教育内容。

鼓励和支持本市行政区域内的高等院校和中等职业学校设置与芜湖铁画相关的专业和课程，与芜湖铁画生产企业联合建立芜湖铁画人才实训基地，培养芜湖铁画专业人才。

第二十条　市和各县（区）人民政府应当结合节庆、民俗等文化活动，宣传或者展示芜湖铁画。

市和各县（区）人民政府有关部门应当利用广场、公园、景区、特色街区、公交车站和公益广告牌等公共场所和公共设施，宣传或者展示芜湖铁画。

新闻媒体应当开展芜湖铁画的宣传活动。

第二十一条　任何组织和个人不得实施下列行为：

（一）盗窃、损毁博物馆等公共文化机构或者其他公共场所展示的芜湖铁画及相关实物、资料；

（二）侵占、破坏与芜湖铁画锻制技艺直接关联的建筑物、场所、遗迹及其附属物；

（三）危害芜湖铁画保护与传承的其他行为。

第三章　创新与发展

第二十二条　市和有关县（区）人民政府文化主管部门、工业经济行政主管部门应当定期举办芜湖铁画创新成果展览和创意设计竞赛，为芜湖铁画的创新与发展提供服务平台。

第二十三条 芜湖铁画行业促进机构应当组织芜湖铁画企业和芜湖铁画制作人员参加国内外工艺美术、文化艺术博览会。

第二十四条 对芜湖铁画产业园、产业集群和产品集聚地的建设，市和有关县（区）人民政府应当在项目、资金等方面予以扶持。

第二十五条 芜湖铁画锻制技艺代表性传承人、芜湖铁画大师和从事芜湖铁画制作的工艺美术大师创办企业或者建立个人工作室的，享受市和有关县（区）人民政府的创业扶持政策。

第二十六条 鼓励芜湖铁画生产企业在继承传统工艺的基础上研发新品种、新工艺，开发芜湖铁画衍生品、宣传品和适应现代生活需求的工艺美术品，市和有关县（区）人民政府应当在资金、技术服务等方面予以扶持。

第二十七条 市和有关县（区）人民政府应当培育和发展芜湖铁画艺术品收藏和拍卖市场。

鼓励公民、法人和其他组织开展芜湖铁画艺术品评介、鉴赏和收藏活动。

鼓励拍卖企业举办芜湖铁画艺术品拍卖会。

第二十八条 市人民政府旅游主管部门应当将具备参观条件的芜湖铁画生产、经营场所纳入工业旅游示范点。

鼓励芜湖铁画企业与旅游企业合作，开发、制作旅游工艺品，向旅游者宣传、介绍芜湖铁画。

第二十九条 市人民政府工商行政管理部门应当指导有关组织申请注册芜湖铁画地理标志证明商标或者集体商标，并引导符合条件的企业使用芜湖铁画地理标志证明商标或者集体商标。

鼓励芜湖铁画企业申请注册商标。

第三十条　市和有关县（区）人民政府管理专利工作的部门应当指导公民、法人或者其他组织申请与芜湖铁画相关的专利。

第三十一条　市和有关县（区）人民政府标准化行政主管部门、工业经济行政主管部门以及芜湖铁画行业促进机构应当推动芜湖铁画产品各类标准的制定。

鼓励芜湖铁画生产企业申请企业质量体系认证和产品质量认证，市和有关县（区）人民政府产品质量监督部门应当给予支持和指导。

第三十二条　芜湖铁画企业和其他企业合理利用芜湖铁画锻制技艺、开展创新与发展活动的，依法享受国家和省规定的税收、信贷、行政事业性收费等方面的优惠待遇。

第三十三条　芜湖铁画生产、经营活动中禁止下列行为：

（一）侵犯芜湖铁画相关权利人的知识产权；

（二）侵害芜湖铁画经营者权益的不正当竞争行为；

（三）妨害芜湖铁画创新与发展的其他行为。

第四章　法律责任

第三十四条　芜湖铁画制作人员在申报市级或者县级芜湖铁画锻制技艺代表性传承人过程中弄虚作假的，由认定机关撤销对代表性传承人的认定，并责令退还依照本条例给予的补助。

第三十五条　芜湖铁画锻制技艺代表性传承人以及参与芜湖铁画锻制技艺传承工作的中国工艺美术大师、安徽省工艺美术大师和芜湖铁画大师不履行本条例第十三条第二款规定义务的，由市或者有关县（区）人民政府停发依照本条例给予的补助。

第三十六条　违反本条例第二十一条、第三十三条规定，由有关部门依照有关法律、法规的规定给予行政处罚;构成犯罪的，依法追究刑事责任。

第三十七条　国有博物馆等公共文化机构未妥善保管其收藏、展示的芜湖铁画及相关实物、资料，造成损毁或者流失的，对直接负责的主管人员和其他直接责任人员依法给予处分;构成犯罪的，依法追究刑事责任。

第三十八条　文化主管部门、工业经济行政主管部门、其他有关部门及其工作人员违反本条例规定，在芜湖铁画保护和发展工作中玩忽职守、滥用职权、徇私舞弊的，对直接负责的主管人员和其他直接责任人员依法给予处分;构成犯罪的，依法追究刑事责任。

第五章　附则

第三十九条　市人民政府可以依照本条例制定实施办法。

本条例所称有关县（区），是指镜湖区以及由市人民政府确定的与芜湖铁画相关的县或者区。

第四十条　本条例自2017年1月1日起施行。

《芜湖铁画保护和发展条例》解读：

为了推进法治中国建设，推进国家治理体系、治理能力现代化以及全面深化改革且重大改革都要于法有据。

2014年10月，党的十八届四中全会决定提出，"明确地方立法权限和范围，依法赋予设区的市地方立法权"。

2015年3月，十二届全国人大三次会议修改《立法法》，赋予所有设区的市对该市的城乡建设、环境保护、历史文化保护以地方立法权。

芜湖市制定和颁布实施的第一部地方实体法就是，《芜湖铁画保护和发展条例》（以下简称《条例》）。

《条例》起草工作自2016年1月成立领导组开始，历时1年，数易其稿，经过芜湖市人大常委会一审、二审通过，并报安徽省人大常委会三审批准，于2017年元月1日正式颁布实施。

芜湖铁画自新中国成立恢复以来，凝集着历届党委政府的关心支持。如果说此前的关心支持多在经济和政策扶持层面，则《条例》的颁布实施便是以法律的形式固定下来，是质的提升。

《条例》第一章第三条，"本条例所称芜湖铁画，是指始创并根植于芜湖，经三百多年的传承和发展，以铁为主要原料，通过剪、叠、錾、锻、铆、焊、锉等多道工艺手工制作，其锻制技艺已列入国家级非物质文化遗产名录的传统工艺美术品。"

主要是对保护对象的定性，特指始创并根植于芜湖的"芜湖铁画"，而不是其他。

本着"保护和发展"原则，又对铁画作画的材质做了规定，即"以铁或者其他金属为主要原料，兼收芜湖铁画锻制技艺制作的现代工艺美术品"，不再局限于传统的铁金属。

《条例》第一章第四条，突出了"保护为主、合理利用、创新发展"的原则，是"保护和发展"，不是狭义的"保护"或"发展"。在保护中发展，在发展中保护。

《条例》第一章第四条，对市和所属有关县（区）人民政府提出了要求，"应当将芜湖铁画保护和发展工作纳入本级国民经济和社会发展规划。"并且明确要求"设立芜湖铁画保护和发展专项资金，用于芜湖铁画珍品及相关实物和资料的收购、传承与展示场所的建设和维护、锻制技艺的传习以及制作人员的补助等事项。"

此处的"有关县（区）"，指的是有芜湖铁画锻制企业的县（区）。

《条例》第一章第六条，明确了"政府文化主管部门负责本行政区域内芜湖铁画的保护和发展工作。"并要求"政府工业经济行政主管部门和其他有关部门在各自职责范围内，负责芜湖铁画保护和发展的相关工作。"避免了多头管理，"都管"，"都不管"的乱象。

《条例》第一章第七条，对铁画行业自律组织性质进行了界定，即"芜湖铁画行业促进机构是保护和发展芜湖铁画的社会团体法人。"并对其工作开展提出要求，"依法开展芜湖铁画的保护和发展工作。"

在《条例》第二章中，对芜湖铁画的保护与传承，提出了十分具体的要求。《条例》第二章第十条，明确"芜湖铁画锻制技艺本级代表性传承人的认定工作"的主体单位为"政府文化主管部门"。

《条例》第二章第十一条，要求"建立芜湖铁画传习基地，作为代表性传承人的传承场所"；"采取助学、奖学等方式，资助代表性传承人的学徒学习技艺""整理、出版芜湖铁画锻制技艺资料"；"支持代表性传承人开展芜湖铁画锻制技艺讲座、交流、研讨等活动""参与芜湖铁画锻制技艺的展示、传播等社会公益性活动。"

《条例》第二章第十二条，明确"芜湖铁画大师"称号"由芜湖铁画行业促进机构组织评审"，标准为"长期从事芜湖铁画制作且技艺精湛、成就显著"。

《条例》第二章第十三条，要求市和有关县（区）人民政府"对芜湖铁画锻制技艺代表性传承人以及参与芜湖铁画锻制技艺传承工作的

锻
红尘
——储金霞铁画人生

中国工艺美术大师、安徽省工艺美术大师和芜湖铁画大师”，给予相应补助。

同时也对获得补助人员应履行的义务，提出要求，即：“传授芜湖铁画锻制技艺，培养后继人才”；“收集、整理和保存与芜湖铁画锻制技艺相关的实物、资料”；“参加与芜湖铁画保护和发展有关的公益性宣传”。

《条例》第二章第十四、十五条，要求政府文化主管部门“建立芜湖铁画样稿版权数据库和芜湖铁画原创作品、首发作品以及各类获奖作品数据库”；“鼓励和引导芜湖铁画作品的著作权人利用数据库信息依法维权或者开展版权交易”；“会同工业经济行政主管部门，将被命名为中国工艺美术珍品和被认定为安徽省工艺美术珍品的芜湖铁画作品以及其他具有代表性的芜湖铁画优秀作品认定为芜湖铁画珍品，并建立芜湖铁画珍品名录，向社会公布。”

同时还要求市和有关县（区）人民政府文化主管部门和工业经济行政主管部门，“按照自愿、公平的原则，征集、收购芜湖铁画珍品及相关实物、资料。”

《条例》第二章第十六条，提出了市政府要“支持设立芜湖铁画博物馆，收藏、展示芜湖铁画珍品及相关实物、资料，宣传芜湖铁画的历史。”并要求芜湖市博物馆等相关公共文化机构，“设立芜湖铁画展示厅，用于芜湖铁画的宣传和展示”；鼓励公民、法人和其他组织设立芜湖铁画收藏、展示场馆，“市和有关县（区）人民政府要在资金、场地等方面予以扶持。”

《条例》第二章第十七条，对“搜集、整理并保存与芜湖铁画相关的原始文献、资料，编辑、出版芜湖铁画名家名作、名人名画选集”等，向市和有关县（区）人民政府文化主管部门，以及公民、法人和其他组织，提出了具体要求和鼓励意见。

《条例》第二章第十八条，对"反映芜湖铁画历史、体现芜湖铁画特色且与芜湖铁画锻制技艺直接关联的建筑物、场所、遗迹及其附属物"，要求"市和有关县（区）人民政府应当保护、恢复或者修建"，"具备条件的应当免费向公众开放。"

《条例》第二章第十九条，要求教育主管部门"组织编写芜湖铁画知识读本，并纳入全市中小学的素质教育内容。"

鼓励和支持本市行政区域内的高等院校和中等职业学校，"设置与芜湖铁画相关的专业和课程，与芜湖铁画生产企业联合建立芜湖铁画人才实训基地，培养芜湖铁画专业人才。"

《条例》第二章第二十条要求，市和有关县（区）人民政府"结合节庆、民俗等文化活动，宣传或者展示芜湖铁画"；有关部门要"利用广场、公园、景区、特色街区、公交车站和公益广告牌等公共场所和公共设施，宣传或者展示芜湖铁画"；新闻媒体要"开展芜湖铁画的宣传活动。"形成浓厚氛围，感受铁画文化魅力。

《条例》第二章第二十条，"对盗窃、损毁博物馆等公共文化机构或者其他公共场所展示的芜湖铁画及相关实物、资料；侵占、破坏与芜湖铁画锻制技艺直接关联的建筑物、场所、遗迹及其附属物；危害芜湖铁画保护与传承的其他行为"，发出了法律严正警告。

在《条例》第三章"创新与发展"中，不仅使大家看到了芜湖铁画的美好未来，同时也在实施过程中，提出了切实可行的具体要求。

《条例》第三章第二十二、二十三、二十四条，分别对"举办芜湖铁画创新成果展览和创意设计竞赛""组织芜湖铁画企业和芜湖铁画制作人员参加国内外工艺美术、文化艺术博览会""芜湖铁画产业园、产业集群和产品集聚地的建设"提出要求，落锤有声、抓雪有痕，不搞

锻
红
尘
——
储金霞铁画人生

282

推诿扯皮，工作落到实处。

《条例》第三章第二十五、二十六条，提出了"两个扶持"，即"芜湖铁画锻制技艺代表性传承人、芜湖铁画大师和从事芜湖铁画制作的工艺美术大师创办企业或者建立个人工作室"，享受创业政策的扶持；"芜湖铁画生产企业在继承传统工艺的基础上研发新品种、新工艺，开发芜湖铁画衍生品、宣传品和适应现代生活需求的工艺美术品"，享受资金、技术服务等方面的扶持。

《条例》第三章第二十七条，要求市和有关县（区）人民政府"培育和发展芜湖铁画艺术品收藏和拍卖市场。"鼓励公民、法人和其他组织"开展芜湖铁画艺术品评介、鉴赏和收藏活动"；"举办芜湖铁画艺术品拍卖会。"

《条例》第三章第二十八条，要求政府旅游主管部门"将具备参观条件的芜湖铁画生产、经营场所纳入工业旅游示范点。"鼓励芜湖铁画企业与旅游企业"合作、开发、制作旅游工艺品。"向旅游者宣传芜湖铁画、介绍芜湖铁画。

《条例》第三章第二十九、三十、三十一条，分别就"商标注册""专利申请""标准制定"，对各有关部门作出具体要求，使芜湖铁画创新与发展，步入规范化轨道。

《条例》第三章第三十二条，对芜湖铁画企业和其他企业合理利用芜湖铁画锻制技艺、开展创新与发展活动的，明确提出"依法享受国家和省规定的税收、信贷、行政事业性收费等方面的优惠待遇。"

《条例》第三章第三十三条，明令禁止芜湖铁画生产、经营活动中不法行为，界定为："侵犯芜湖铁画相关权利人的知识产权、侵害芜湖铁画经营者权益的不正当竞争行为、妨害芜湖铁画创新与发展的其他行为。"

《条例》第四章"法律责任"，特别在第三十八条中指出，"文化主管部门、工业经济行政主管部门、其他有关部门及其工作人员违反本条例规定，在芜湖铁画保护和发展工作中玩忽职守、滥用职权、徇私舞弊的，对直接负责的主管人员和其他直接责任人员依法给予处分；构成犯罪的，依法追究刑事责任。"

　　体现了法律的尊严，神圣不可违犯。

审议法案

锻
红
尘
——储金霞铁画人生

后 记

全书写完，情不自禁地，又使我回到开篇（代前言）的语境："铁陨石：生命的启示"，乃至生命的永恒。

铁画是画，"此画铮铮长不毁"。

铁画是铁，"铁汁淋漓泼墨水"。

铁画是科技与艺术交叉发展的成果，"是画是铁技微至"。

一部铁画史，就是一部中国科技与艺术发展史。

铁为肌骨画为魂，铁画的精神在于创新。

而创新是一切事物的生命，这种物质与精神的生命，未必不是天外来客的陨石从很久很久以前的宇宙中带来的。

由此使我联想到本书的主人公，中国工艺美术大师、中国民间文化杰出传承人、国家级非物质文化遗产项目代表性传承人储金霞。

大凡认识或只要跟储金霞见过面说过话的人，都有这样一种感觉，她精力充沛精神可嘉，人生路上从来没有把脚步停下。

虽已年过七旬，但还像个年轻人似的，说起话来带着一种勃勃向上的咄咄的生气，脸上始终洋溢着自信无疑的笑容。跟人握手时，手劲比年轻小伙子还要大，像是攥着一把锻锤的锤把，上下有力地晃动，让人感到有点微痛。这时候，她会很不好意思地露出微笑："对不起，我是个打铁的，打了这么年的铁，习惯了，请不要介意。"

而更让人感到惊奇的是，储金霞虽然长得有点瘦小，弱不禁风的样子，可她从来没有生过病，即使有点小毛病头痛脑热的，她只要一拿起手中锻锤锻起铁画来，立马就会好。

储金霞似乎天生就跟铁画有缘。

铁画是储金霞生命中不可或缺的重要组成部分。

储金霞已经与铁画紧紧融为一体。

不由又使我引发联想：给地球带来最初生命体的铁陨石……

本书从正式着手写作到截稿将于付梓，已有2年多时间。期间，本书主人公储金霞和她的丈夫姚士鑫，以及与本书有关的一些人物，都发生了不小的变化。

对铁画恢复发展做出一定贡献的郑家琪、王石岑、赖少其，都已先后作古。十分巧合的是，郑家琪在去世前的一次行程中，还与芜湖工艺美术厂的铁画艺人见上了一面，询问了铁画的一些情况。

储炎庆和姚宣祥相继去世，书中已有交代，此处不予赘述。

中华人民共和国成立后的第一批铁画艺人，即储炎庆的"八大弟子"中，储春旺、张良华、颜昌贵等已先后离开人世。

令人深感痛惜的是，储金霞的二师兄，同为中国工艺美术大师、国家级非物质文化遗产项目代表性传承人的杨光辉，于2016年8月不幸病逝，享年84岁。

张德才、吴智祥等在世的这些老艺人们，虽都已年事高迈，但仍宝刀未老，继续在为铁画锻制事业做着他们的贡献。

储金霞的闺蜜好友韩玉环，那年世博会两人见过面以后，回到美国，安排料理了汪抗存生父的后事，不久又辗转找到了她当年的养父约翰牧师。可是让韩玉环感到伤心的是，见到的只是约翰牧师墓葬处的墓碑。

早已淡出表演舞台，走上写作道路的高翔，曾与一度相恋的韩玉环邂逅，当得知其"装疯"真相以后，复又中断往来。

储金霞和姚士鑫这对"指腹为婚"的夫妻，继续在他们漫漫人生路上，诠释和演绎他们朴实无华的纯真爱情，淡定、从容、平静，跳动着两颗始终如同年轻人一样火热的心。

这也许就是人们所说的爱情力量。

尽管他们已不再年轻。

而真正的爱会使生命永葆青春。

陨石与地球碰撞，带来生命的永恒，亦是如此。

尤为值得一提的是，全国人大赋予设区的城市以立法权以后，芜湖市制定的第一部地方实体法《芜湖铁画保护和发展条例》，于2017年1月1日正式颁布实施。从立法的角度为铁画的未来发展，找准了发力点，绘出了前进的路线图。

这一里程碑式的重大举措，对储金霞和被她视为第二生命甚至与生命融为一体的铁画来说，无疑是又一次强劲的助推导航，为她的事业插上有力的翅膀，在艺术生命的天空中飞翔。

就《芜湖铁画保护和发展条例》（以下简称《条例》）的颁布实施，笔者与储金霞进行了访谈对话：

问：对《条例》的颁布实施，您是怎么看的？

答：《条例》颁布实施是件好事，但真正要落到实处不是件容易的事情，根据我从事铁画锻制60年的经历和经验，首先必须要解决好"四个冲突"。

问：哦，哪"四个冲突"？

答：第一是传统与现代的冲突。芜湖铁画是有着300多年历史的传统工艺，不可避免地要与现代社会人们的思想观念、审美情趣产生冲突，不是在冲突中前进，就是在冲突中消亡，这是必然的。

问：怎样才能解决好这一冲突，或者说是如何才能在冲突中前进，不在冲突中消亡？

答：这就回到我要说的第二个冲突，也就是个人努力和政府支持的冲突。铁画的个体性比较强，但又离不开政府的支持，如何做好两者有机结合，即个人积极性得到发挥和政府支持到位，需要做深入细致的工作。

问：那么第三个冲突呢？

答：第三个冲突是人才培养和人才流失的冲突。这么多年培养了一些铁画人才，但流失的比较多，其中不少"流失"是人为的半途而废。铁画要发展，人才是关键，如果没有一支敬业奉献的人才队伍，只能是一句空谈。

问：是的，做任何事情，人才是关键。您刚才分别从形势、平台和主体的人才三个方面进行了分析，第四个冲突是什么？请您告诉我！

答：第四个冲突就是艺术和市场的冲突。铁画是门艺术，但同时又是商品，在社会主义市场经济条件下，必须要经得起市场的考量。打铁还需自身硬，这就要求我们每一位铁画艺人，从自身做起，从每一件作品做起，不搞急功近利，多出铁画精品，才能站稳市场，立于不败之地。

访谈中笔者还了解到，尽管储金霞已经取得很大成绩，但她并不满足，她立志要像她父亲储炎庆锻制铁画《迎客松》的经典之作那样，也锻制一幅作品可以传留后世，给自己的铁画人生画上一个圆满的句号。

笔者预祝储金霞的集山水、人物、花鸟、虫草和书法等于一体的铁画精品，早日面世……

本书在写作过程中，得到了安徽省博物馆、北京人民大会堂管理局、安徽师范大学文学院、安徽师范大学历史与社会学院、安徽师范大学美术学院、安徽工程大学艺术学院，以及美国麦克丹尼尔大学历史系等单位和个人的大力支持。在中共芜湖市委宣传部直接领导和关心支持下，芜湖市人大教科文卫委员会、芜湖市政协教科文卫体委员会、芜湖市文化委的领导，对本书写作给予了关心指导。在此特致诚挚的谢意。

本书中的图片除部分由笔者提供外，绝大多数由储金霞、安徽师范大学美术学院及鸠兹古镇等个人和单位提供，在此一并表示感谢。

不当之处难免，诚请读者批评指正。

王永祥于九莲塘畔

2017年5月

后
记